発達と育ちの心理学

佐藤公治 編著

増山由香里　長橋聡　青木美和子 著

萌文書林

はじめに

　発達研究者は保育や幼児教育にどのように向き合うべきだろうか。

　子どもの発達を支え、育てていく「保育」と「幼児教育」の重要性とその役割については時代を超えてあるものだし、またそれを誰もが認めることである。それでは、これらの中身そのものは全く変わらずあるのだろうか。あるいは変える必要などもないのだろうか。もちろん、子どもの発達の姿や人間として成長していくべき目指す方向は時代を超えて基本的に変わらない部分はあるだろう。だが、人間は社会の中で生き、社会の変化と共に子どもに求められるものが変化をしているのも事実である。

　「保育心理学」の中心的な部分を構成している「発達心理学」の学問分野でも新しい研究が展開されて、発達や学びをどのような視点から捉え、論じていくべきかということも変化をしている。

　近年は保育や幼児教育の現場とそこで求められる実践的な課題に「対応」しながら学問研究を志向しようという研究者が増えてきているし、そのような研究の重要性も認知されてきている。発達の研究者が保育や幼児教育の実践の場と関わりながら、人間の成長の事実とそれを可能にしている保育・幼児教育の内実に迫っていくことで新しい発達研究の展開が起き始めている。理論と実践をつなぐことで、発達研究の成果を子どもたちの発達に関わっている現場実践に「活かしてもらう」こと、そしてそれはなによりも発達研究者の学問研究が豊かになっていくことでもある。

　本書は、子どもの保育や幼児教育に携わっていこうとしている人たち、あるいは既に保育や幼児教育の場に身を置いている人たちにもこれまでの「実践」を振り返り、理論的にも実践の方向の正しさをもう一度「確認」してもらう「学びの」機会を提供していきたい。

2019 年 3 月

佐藤公治

本書の活用について

保育所保育指針、幼稚園教育要領の改定（訂）

　2017年に新しい「保育所保育指針」「幼稚園教育要領」そして「幼保連携型認定こども園教育・保育要領」が告示された。これらのいわゆる「3法令」と呼ばれているものでは、「幼保連携型認定こども園教育・保育要領」を除いて「保育所保育指針」と「幼稚園教育要領」は2008年の改定（訂）以来、およそ10年ぶりの大きな変更となっている。ここでは、「保育所保育指針」と「幼稚園教育要領」について、その改定（訂）の概要をみていこう。

　今回の新しい「保育所保育指針」の全体的な特徴として、以下の諸点をあげることができる。第一は、いわゆる3歳未満児の0、1、2歳児の保育の内容とねらいについて以前のものよりも詳しい記述が加わり、養護として行き届いた環境の中で保育することの重要性を強調していることである。これは近年の0、1、2歳児の保育の必要性が高まっていることが背景にある。そして、この3歳未満児の保育では、子どもの愛着、信頼感、自己肯定感などを育て、いわゆる社会的、情動的なものの成長とそれを支えていくことが基本として位置づけられている。第二は、子ども自身の主体的な活動や意欲を伸ばしていくことを保証する人的、物的環境を豊かにすることである。これは前回の「保育所保育指針」でも重視されていたものだが、子どもの社会的なものと知的なものの両面を育てることが一層目指されている。第三には、3歳以上児の保育については、養育に加えて幼児教育の役割を位置づけていることである。これは、幼稚園と認定こども園が果たしている役割と同様に、保育所保育は3歳以上児には幼児教育を行う施設であるという性質を位置づけたということである。幼児教育については、小学校からの学校教育の基本的な目標である「資質・能力」の基礎を育てていくことが目指されている。幼児教育として何を目指そうとしているのかは次の「幼稚園教育要領」でみ

ていく。「保育所保育指針」の第四の特徴は、保育所の基本方針と全体像を明確にしながら、保育士の資質、専門性の向上を図りながら、保育の質的レベルを高めることを目指すことを明確にしていることである。さらに保育所は子育て支援としての機能を果たしながら保護者や地域の中でその役割を果たしていくことも強く位置づけられている。

　本書は基本的には2017年改定の「保育所保育指針」に準拠しながら「保育の心理学」のためのテキストとして編まれているが、内容としては幼稚園教諭の養成のための発達心理学などの関連分野のテキストとしても十分に対応するものになっている。そこで、2017年改訂の「幼稚園教育要領」の特徴を簡単にみながら、本書との関連についてもふれておきたい。
　前のところでもふれたように、3歳以上児の教育的機能に関しては、保育所保育指針は、「幼稚園教育要領」との整合性が図られており、幼稚園の教育との連続性が言われるようになっている。
　「幼稚園教育要領」の基本的な骨格は、移行措置を経て2020年実施の「小学校学習指導要領」、2021年実施の「中学校学習指導要領」、学年進行で2022年実施の「高等学校学習指導要領」の改訂とリンクしている。幼稚園の教育目標の基本は、幼稚園としての独自の幼児教育の展開を目指しながらも、最終的には小学校からの学習の基礎部分を育成していくということである。今回の小中高の学習指導要領の改訂で共通して位置づけられているのは、次のものである。つまり、「育みたい資質・能力」として、①知識及び技能、②思考力、判断力、表現力、③学びに向かう力、人間性等、の3つの柱を身につけていくことが学習で目指されることで、これらは「主体的・対話的で深い学び」としてまとめられている。教育関係者の間では「アクティブ・ラーニング」と称されているものである。これまでの「学習指導要領」でもこれらの学習目標は各教科の中で位置づけられてはきたが、今回の新しい「学習指導要領」では、3つの柱を全ての教科で実施することが求められているのが大きな違いであることと、特に高等学校での教育改革をより実効あるものとするために大学の高等教育機関でも「アクティブ・ラーニング」を重視

した教育改革を求めていることである。これらについての是非はここで述べることが目的ではないので、ここでは「幼稚園教育要領」に限定してみていくことにする。

「幼稚園教育要領」でも先の小学校からの学校教育と同じように、幼児教育の資質・能力の3つの柱として、「知識及び技能の基礎」、「思考力、判断力、表現力等の基礎」、そして「学びに向かう力、人間性等」が位置づけられている。そしてこの3つの柱について幼稚園教育の5領域、「健康」、「人間関係」、「環境」、「言葉」、「表現」を通して養うこととされ、いわゆる「アクティブ・ラーニング」のための「基礎」を育てることが幼稚園教育の基本的目標となっている。幼児教育の場合は、「アクティブ・ラーニング」は子どもたちが主体的に遊びを経験する中で、知識・理解、さらには人間関係といった社会性の伸張も目指されることになり、特に、保育所では「保育」「養育」が中心になっているのと比べて幼稚園教育では、「幼児教育」の側面が重視されている。

そこで、保育所でも3歳以上児の場合は、幼稚園、認定こども園との整合性を確保するために保育の中に幼児教育を積極的に位置づけることが図られている訳である。このことは既に p.ⅱ でふれておいた。

「保育の心理学」の新しいカリキュラム

「保育所保育指針」の改定に伴って、厚生労働省で保育士養成のカリキュラム、つまり「指定保育士養成施設の指定及び運営の基準について」の一部が改正されている。ここでは、この中の「保育の心理学」に関連するところをみていく。

これまで「保育」に関わる心理学として「発達心理学」と「幼児教育心理学」がカリキュラムの中心に位置づけられてきた。2008年改定の「保育所保育指針」とそれに基づいた2011年施行の保育士養成課程のカリキュラムでは、「保育の心理学」は「保育の心理学Ⅰ」と「保育の心理学Ⅱ」で構成されるように改定された。この2つの科目では、従来までの「発達心理学」

と「教育心理学」が統合されて、発達と教育的支援とを切り離すことなく議論するようになった。「保育心理学Ⅰ」では、人間発達と学習についての基礎的な内容を整理することで、必要な知識を体系的に論じていくことが目指された。そして、「保育の心理学Ⅱ」では、これらの知識を基礎にしながら実践的な問題について考察していくことが位置づけられた。従って、「保育の心理学Ⅰ」は「講義形式」で知識を体系に整理しながら学んでいくこと、そして、「保育の心理学Ⅱ」では「演習形式」で学習者が主体的に考え、問題点を出し合い、議論していくことで、現場に結びつく「力」を養っていくことが目指された訳である。このような保育所保育指針に基づきながら多くの「保育の心理学」のテキストは編まれてきた。

　ところが、2017年に「保育所保育指針」が改定され、2018年度からは新しい「保育所保育指針」に基づいた保育が実施されることとなり、保育士養成のためのカリキュラムと科目の大きな変更が行われている。そこでは、これまでの「保育の心理学Ⅰ」と「保育の心理学Ⅱ」という組み立て方とは違った新しい発想で保育実践を行い、また、保育士養成を行うことが求められている。従って、これまでの保育心理学の枠組みを変更して、それに対応する形で保育心理学のテキストを作成していくことが必要になっている。このテキスト『子どもの発達と育ちの心理学』も新しい「保育所保育指針」の考えを反映する形で作成されている。

　2017年改定の新しい「保育所保育指針」で求められている科目として、「保育の心理学」に関連する部分はどのように変わっているのだろうか。

　「保育の対象の理解に関する科目」は「保育の心理学」、「子どもの理解と援助」、「子ども家庭支援の心理学」の3つの科目である。以下、これらの科目についての主な変更内容をみていこう。

　「保育の心理学」（講義・2単位）は、2011年施行の保育士養成課程による「保育の心理学Ⅰ」に対応しているが、改正によって科目として設定された授業目標と内容はかなり変わっている。表0−1に改正後の「保育の心理学」と改正前の「保育の心理学Ⅰ」の新旧対照表を載せておくが、これを比べてみ

表 0-1
「保育の心理学」のカリキュラム新旧対照表

改正後	改正前
【保育の対象の理解に関する科目】	【保育の対象の理解に関する科目】
<教科目名> 保育の心理学（講義・2単位）	<科目名> 保育の心理学Ⅰ（講義・2単位）
<目標> 1．保育実践に関わる発達理論等の心理学的知識を踏まえ、発達を捉える視点について理解する。 2．子どもの発達に関わる心理学の基礎を習得し、養護及び教育の一体性や発達に即した援助の基本となる子どもへの理解を深める。 3．乳幼児期の子どもの学びの過程や特性について基礎的な知識を習得し、保育における人との相互的関わりや体験、環境の意義を理解する。	<目標> 1．保育実践にかかわる心理学の知識を習得する。 2．子どもの発達にかかわる心理学の基礎を習得し、子どもへの理解を深める。 3．子どもが人との相互的かかわりを通して発達していくことを具体的に理解する。 4．生涯発達の観点から発達のプロセスや初期経験の重要性について理解し、保育との関連を考察する。
<内容> 1．発達を捉える視点 (1) 子どもの発達を理解することの意義 (2) 子どもの発達と環境 (3) 発達理論と子ども観・保育観 2．子どもの発達過程 (1) 社会情動的発達 (2) 身体的機能と運動機能の発達 (3) 認知の発達 (4) 言語の発達 3．子どもの学びと保育 (1) 乳幼児期の学びに関わる理論 (2) 乳幼児期の学びの過程と特性 (3) 乳幼児期の学びを支える保育	<内容> 1．保育と心理学 (1) 子どもの発達を理解することの意義 (2) 保育実践の評価と心理学 (3) 発達観、子ども観と保育観 2．子どもの発達理解 (1) 子どもの発達と環境 (2) 感情の発達と自我 (3) 身体的機能と運動機能の発達 (4) 知覚と認知の発達 (5) 言葉の発達と社会性 3．人との相互的かかわりと子どもの発達 (1) 基本的信頼感の獲得 (2) 他者とのかかわり (3) 社会的相互作用 4．生涯発達と初期経験の重要性 (1) 生涯発達と発達援助 (2) 胎児期及び新生児期の発達 (3) 乳幼児期の発達 (4) 学童期から青年期の発達 (5) 成人期、老年期の発達

（厚生労働省, 2018『「指定保育士養成施設の指定及び運営の基準について」の一部改正について』）

てすぐに気づくのは、＜目標＞として設定されているのが、保育実践や発達の援助に結びついた子ども理解であるということである。さらに、保育現場で起きている子ども同士、子どもと保育者の相互的な関わり、そこで体験すること、さらには環境設定のあり方といった具体的なレベルに則しながら発達と子ども理解が重視されている。明らかに子どもの活動やそこで得られた発達や学びの実態、その過程を射程に入れた保育心理学や発達心理学が求め

られている。その考え方は先にも述べたように、発達研究を豊かなものにしていくものとして決して間違ったものではないことは強調しておきたい。

＜内容＞をみていくと、改正前では細かく発達の各領域について書かれており、いわば発達心理学の研究内容が整理された形で示されていたが、改正後では、表のように、「1．発達を捉える視点」「2．子どもの発達過程」が同じように継続する形で位置づけられている。新しく加わったものは、「3．子どもの学びと保育」で、そこでは「学び」という言葉を使って、子ども自身の主体的な活動を通した経験と、さらには学童期へとつながっていく基礎的な知識の習得が位置づけられていることである。このことと関わっているのが、「保育所保育指針」でも、3歳未満児と3歳以降の子どもを区別して、後者には新たに「幼児教育」の要素を加味していることである。既にみてきたように、3歳以上児からは幼稚園における幼児教育との整合性を図ろうというものである。主体的な遊びを中心とした教育内容を位置づけている幼稚園、あるいは認定こども園との統一性を確保しようというもので、3歳以上児の保育に幼児教育を積極的に位置づけていくことが保育所に求められている。

今回の新しいカリキュラムである「子どもの理解と援助」(演習・1単位)は、改正前の「保育の心理学Ⅱ」(演習・1単位)と同じく、演習形式の科目になっているが、ここでもいくつかの変更点がある。新旧対照表（表0－2）を比べてみると、＜目標＞では、改正前よりも具体的な目標が設定されていることと、「2．子どもの体験や学びの過程において、子どもを理解する上での基本的な考え方を理解する」ことが保育の実践のうえでの基本として押さえられている。

新たに＜内容＞に設けられた「3．子どもを理解する方法」では、5つにわたって具体的な内容があげられており、保育記録、保育者同士の子どもの活動の実態と記録の共有によって保育の質の向上を目指すことが積極的に位置づけられているといえるだろう。そして、保育の活動と子ども理解を保護者と共有していくことの重要性が位置づけられているのも変更点の一つであ

表 0-2

「子どもの理解と援助」のカリキュラム新旧対照表

改正後	改正前
【保育の対象の理解に関する科目】 <教科目名> 子どもの理解と援助（演習・1単位） <目標> 1．保育実践において、実態に応じた子ども一人一人の心身の発達や学びを把握することの意義について理解する。 2．子どもの体験や学びの過程において、子どもを理解する上での基本的な考え方を理解する。 3．子どもを理解するための具体的な方法を理解する。 4．子どもの理解に基づく保育士の援助や態度の基本について理解する。 <内容> 1．子どもの実態に応じた発達や学びの把握 (1) 保育における子どもの理解の意義 (2) 子どもの理解に基づく養護及び教育の一体的展開 (3) 子どもに対する共感的理解と子どもとの関わり 2．子どもを理解する視点 (1) 子どもの生活や遊び (2) 保育の人的環境としての保育者と子どもの発達 (3) 子ども相互の関わりと関係づくり (4) 集団における経験と育ち (5) 葛藤やつまずき (6) 保育の環境の理解と構成 (7) 環境の変化や移行 3．子どもを理解する方法 (1) 観察 (2) 記録 (3) 省察・評価 (4) 職員間の対話 (5) 保護者との情報の共有 4．子どもの理解に基づく発達援助 (1) 発達の課題に応じた援助と関わり (2) 特別な配慮を要する子どもの理解と援助 (3) 発達の連続性と就学への支援	【保育の対象の理解に関する科目】 <科目名> 保育の心理学Ⅱ（演習・1単位） <目標> 1．子どもの心身の発達と保育実践について理解を深める。 2．生活と遊びを通して学ぶ子どもの経験や学習の過程を理解する。 3．保育における発達援助について学ぶ。 <内容> 1．子どもの発達と保育実践 (1) 子ども理解における発達の把握 (2) 個人差や発達過程に応じた保育 (3) 身体感覚を伴う多様な経験と環境との相互作用 (4) 環境としての保育者と子どもの発達 (5) 子ども相互のかかわりと関係作り (6) 自己主張と自己統制 (7) 子ども集団と保育の環境 2．生活や遊びを通した学びの過程 (1) 子どもの生活と学び (2) 子どもの遊びと学び (3) 生涯にわたる生きる力の基礎を培う 3．保育における発達援助 (1) 基本的生活習慣の獲得と発達援助 (2) 自己の主体性の形成と発達援助 (3) 発達の課題に応じた援助やかかわり (4) 発達の連続性と就学への支援 (5) 発達援助における協働 (6) 現代社会における子どもの発達と保育の課題

（厚生労働省，2018『「指定保育士養成施設の指定及び運営の基準について」の一部改正について』）

る。

　「子どもの理解と援助」のカリキュラムでは4つの＜目標＞に対応させながら、＜内容＞がより詳細な形で項目が述べられている。この＜内容＞と＜目標＞によって演習を通して習得していくべきことが具体的に設定されているので、授業者にとってはどのような演習内容を想定していくべきか授業の方向と内容を考えていくためには参考になる。

　「子どもの理解と援助」の科目では、演習形式の授業として具体的な保育現場における実践的な問題を学習者同士の議論を交えながら考えていくことで、より実践力の育成を目指すことが図られている。その意味では、従来の科目と比べてより演習形式で行う授業の位置づけが明確になっているともいえるし、授業担当者にとっては授業構成のうえで資することが多いだろう。

　「子ども家庭支援の心理学」（講義・2単位）は、改正前の「保育の心理学Ⅰ」（講義・2単位）の中で扱われたものだが、新しいカリキュラムとして設定されたものである。内容的には改正前の「保育の心理学Ⅰ」とはかなり異なったものになっており、＜目標＞として、子どもの発達に果たす家族や親子関係の役割、子育て家庭をめぐる今日の社会的状況やその問題などを理解していくこと、さらには子どもの精神保健についての課題などが位置づけられている。そして具体的な＜内容＞も、これらの目標に応じた内容を教科として構成していくことが求められている。このように、これまでの「保育の心理学Ⅰ」では十分にカバーしていなかった授業の目標と内容になっている。

　本書では、この新しく設定された「子ども家庭支援の心理学」に対応する内容構成を目指すことはしないので、この科目の詳しい内容と新旧対照表は載せないでおく。

本書の内容とカリキュラムの対応

　ここで、本書の内容が新しい「保育所保育指針」によるカリキュラムとどのように関連しているのかを整理しておく。なお、従来までの演習科目の「保育の心理学Ⅱ」、そして今回の改定による「子どもの理解と援助」については、本書の第１部の一部の章、そして第２部の各章を授業者が適宜、演習のテキストや補助教材として利用していくことが可能になっている。その意味では、本書は「保育の心理学」と「子どもの理解と援助」の授業を通してテキストとして使用することができるようになっている。

　新しい保育士養成のカリキュラムの「子どもの理解と援助」の教科は、演習形式の科目であることから、本書の第２部の各章の内容を学習者同士が議論し、意見を交換しながら保育現場の問題を具体的に考えていく教材として活用していくことが可能になるだろう。

　本書は第１部の理論編・発達の年齢期ごとの特徴と、第２部の発達の領域ごとの子どもの発達の姿の二つで構成されている。第１部の理論編と第２部の実践編とは相互に補完し合いながら保育・教育の場で起きている子どもの発達のリアルな姿を捉え、その発達上の意味を理論的にも確認していける内容構成になっている。

　第１部「乳幼児の発達をみる視点」の５つの章では、保育・幼児教育の実践を進めていく上で重要な発達の本質についてこれまでに出されている諸理論を整理し、そこから発達を支える保育実践者が持つべき理論的支柱を理解し、それを背景にした保育・教育の実践を展開していくために必要な事項を取り上げている。

　第１章「保育と子どもの発達」は、「保育の心理学」のカリキュラムとして設定されている「1. 発達を捉える視点」についての部分を具体的な研究を交えながら詳しく述べている。また、第２章から第５章までは発達の時期ごとの特徴を述べながら、同時に社会情動的発達、身体運動機能、認知、言語などの領域ごとについての発達過程も取り上げている。従って、先の表０－１にある「2. 子どもの発達過程」「3. 子どもの学びと保育」については、

本書第1部の各章に書かれていることを通して確認していくことができる。

本書第2部「子どもの生活・活動と保育」は8つの章で構成されているが、そこでは発達の各領域の子どもの発達の実際の姿を捉えながら発達として押さえていくべき視点を提示している。さらに、実際の保育の現場で起きていることを取り上げながら、これらに対してどのように考え、またどのような姿勢で臨むべきかについても議論されている。これらの各章からは、どのようなことが保育者として求められるべきなのかを考え、確認していく機会になるはずである。以下、もう少し章ごとの内容をみていこう。

第6章は、子どもの日常生活の基本である食行動、身辺自立、排泄、睡眠を保育者の関わりと関連づけながら論じている。ここでは子どもの自立を支える保育者のあり方について考えていく立場から書かれているので、「子どもの理解と援助」の＜内容＞に位置づけられている、「1．子どもの実態に応じた発達や学びの把握」で求められている各項目を具体的に理解していくことにつながるはずである。

第7章、第8章、そして、第9章は、子どもの社会性や知性の発達・成長にとっての最も基本となっている遊びの活動を多面的に論じている。「保育の心理学」の＜内容＞として求められている「2．子どもの発達過程」を遊びの視点から考えていくための教材になっている。さらには、これらの章では人的環境の役割、物理的環境の設定といった保育者が果たしていくべき役割についても論を展開しているので、「子どもの理解と援助」の＜内容＞にある「2．子どもを理解する視点」としてあげられている各項目とも直接つながる内容になっている。

第10章の絵本と物語の世界、そして第11章の描画活動はまさに保育所、幼稚園における子どもの知的活動の具体的な姿を論じたものである。「保育の心理学」の＜内容＞にある「3．子どもの学びと保育」と密接に関わっているものである。

第12章の幼児とロボットとの出会いを論じたものは、一見すると保育の問題と直接関わらないという印象を持つが、実は、この章では、人と人の間の相互作用や関係を成立させていくための条件はどのようなものであるべき

かを幼児とロボットの関わりの実態を通して論じている。注意の共有や身体運動によって表される情動的な反応による共感が人と人を結びつけていく基礎にあることを述べている。ここからは、「子どもの理解と援助」の＜内容＞の1.「(3) 子どもに対する共感的理解と子どもとの関わり」を考えていくための視点を提供している。

　第13章は、子どもの見方、観察、記録の取り方、障害のある子どもと保育について論じているが、保育場面における子どもの現実の把握や、観察、保育記録・保育日誌の問題は、新しい保育所保育指針でも重視されている保育者の専門性の向上とも関わることであり、また保護者との問題共有を可能にするものでもある。また、障害児と保育者の関わりについても近年、重視すべき問題でもある。これらは「子どもの理解と援助」の＜内容＞の「3. 子どもを理解する方法」「4. 子どもの理解に基づく発達援助」を論じていく上で参考になることが多い内容になっている。

目次

はじめに i
本書の活用について ii

第1部　乳幼児の発達をみる視点

第1章　保育と子どもの発達　2

§1　人間の発達をみる姿勢とその変化 2
　(1)　発達という概念 2
　(2)　「子どもへの関心」のはじまり 3
　(3)　発達観と学校の誕生、その連関 4
　(4)　青年という時期の誕生 5
§2　生得論の発想からの解放と「遺伝か環境か」の不毛な対立 6
　(1)　「生得論」と「遺伝優位」の考え 6
　(2)　人間の心は「白紙」か? 9
　(3)　遺伝と環境の間の複雑な関係と「環境の応答性」 12
§3　発達を過程としてみる視点 15
　(1)　ピアジェの発達理論の特徴と「発達段階論」 15
　(2)　ヴィゴツキーの発達理論の特徴と「歴史・文化的接近」 19
§4　人間発達にみる可塑性と発達可能性 22

第2章　1歳までの子どもとその世界　29

§1　発達初期の子どもの基本的な姿 29
　(1)　反射から習慣へ 29
　(2)　社会的存在の出発 32
　(3)　言葉の発生と関係的関わりが生むもの 35
　(4)　大人との共同的関わりの開始 37
§2　乳児の知覚の世界 44
　(1)　生後1歳の乳児の知覚能力 44
　(2)　乳児が示す人の顔と人間的な動きへの関心 45
　(3)　モノの距離と動きの知覚 47
§3　身体と運動機能の発達 49
§4　基本的生活習慣と保育援助：食行為、排泄と感覚、睡眠 52

第3章　2歳の子どもとその世界　58

§1　表象能力と言語の初期発達 58
　(1)　「感覚運動期」から「前概念期」へ 58
　(2)　言語とその意味のはじまり 62
　(3)　言葉の意味の獲得と意味の共有のはじまり 66
　(4)　行動の世界と言葉の世界の間の往復 70
§2　感情と自己の発達 72
　(1)　「自我」の発達 72
　(2)　「要求と拒否」の行動 75
§3　社会的活動の開始：仲間への関心と共同遊びの始まり 77

第4章 3歳から就学前までの子どもとその世界　84

- §1 想像力と象徴能力の成長　84
  - (1) 遊びの世界に身を置き始める3歳児　84
  - (2) 4歳以降の空想とルールによる共同遊び　86
- §2 就学前までの子どもの知的世界　90
  - (1) 直観的思考：主観的なものの見方・考え方　90
  - (2) アニミズム的思考　93
  - (3) 思考が活動と未分化　94
- §3 思考と言語の関係：自己中心的思考と自己中心的言語・再考　95
- §4 言語と思考活動、概念的思考　97
- §5 発達を支える文化的装置　101

第5章 学童期以降の発達　107

- §1 学童期から青年期前期までの発達：論理的思考の獲得　107
  - (1) 具体的操作期　108
  - (2) 形式的操作期　111
- §2 青年期の発達とその課題：自我と社会的存在の確立　114
  - (1) 発達課題と青年期のアイデンティティ確立　114
  - (2) 女性の生き方とライフサイクル　122
- §3 成人期以降の発達とその課題：豊かに生きるために　126
  - (1) 成人期以降の人間発達の姿　127
  - (2) 人生を豊かに生きるために　129
  - (3) もう一つの目標を目指す　131

第2部　子どもの生活・活動と保育

第6章 生活行為の自立：食事・排泄・身辺自立・睡眠とその保育　138

- §1 自立へのプロセス　138
  - (1) 自立に必要な他者への信頼感　138
  - (2) 自立と心身の発達　140
  - (3) 子どもの自立と保育の環境　141
- §2 食行動の自立　142
- §3 排泄の自立と身辺自立　148
- §4 保育における睡眠　151

第7章 子どもの遊びの世界　154

- §1 模倣遊び：運動からシンボル的表現へ　154
  - (1) 行動の単純な移行としての模倣　155
  - (2) 意味レベルでの模倣　156
  - (3) 他者理解の手掛かり：シンボルの表現と理解　157

§2 ごっこ遊び：意味世界の創造としての遊び……………………… 159
　(1) 遊びの空間づくり…………………………………………… 159
　(2) 空間に応じた遊びの展開…………………………………… 161
　(3) 協同的な遊びを可能にするモノと空間…………………… 161
§3 発達の最近接領域としての遊び……………………………… 162
　(1) 知的能力の発達……………………………………………… 162
　(2) 自律性の発達………………………………………………… 164
§4 保育における遊びの意義……………………………………… 165

第8章　子どもの遊びを促す環境と保育　167

§1 モノ：行為を引き出すもの…………………………………… 167
　(1) 道具や遊具の役割…………………………………………… 167
　(2) 素材の役割…………………………………………………… 169
§2 空間：空間の使用と構成……………………………………… 172
§3 屋内の遊びと屋外の遊びにおける展開と発達的意義の違い… 174
　(1) 砂遊び：素材との関わりと協同…………………………… 176
　(2) ごっこ遊び：行為と空間構成の独自性…………………… 178
　(3) 屋外での遊びの特徴と発達的意義………………………… 183

第9章　子どもの遊びを支える保育　187

§1 乳児前期の遊びと環境：モノとの出合いや全身の運動発達… 188
　(1) 感覚や身体を使った遊び…………………………………… 188
　(2) 行為を遊ぶ…………………………………………………… 191
§2 乳児後期〜幼児の遊びと環境：目的を持った遊びとその援助… 195
§3 幼児の遊びと環境：他者とつながる遊び…………………… 199
§4 戸外の遊び：自然との関わりと科学的発見………………… 205

第10章　子どもの絵本と物語の世界　210

§1 想像の世界に身を置くことの意味…………………………… 210
　(1) 絵本と文学：想像と創造の二つの活動…………………… 210
　(2) 空想の世界にはリアリティがなければならない………… 212
　(3) 人は現実と想像の二つの世界を持つ……………………… 212
　(4) 時間を共有する営み………………………………………… 214
　(5) 子どもの絵本の中の表現活動とその意味について……… 217
　(6) 絵本から生まれる創造的活動……………………………… 218
　(7) 子どもの想像と創造の活動を幼児教育に位置づける…… 221
§2 文化に出合う場としての保育・教育の役割………………… 222
§3 物語の世界を楽しむ子どもたち……………………………… 224
　(1) 0歳から2歳の絵本の楽しみ………………………………… 224
　(2) 3歳からの絵本の楽しみ…………………………………… 226
§4 保育の中の絵本の役割：実践例を通して…………………… 229

第11章 子どもの表現行為：描画と保育活動　235

§1　子どもの描画と発達　235
- (1) 描画のはじまり：「スクリブル（なぐり描き）」と「象徴的スクリブル」　235
- (2) 描画を支えるもの：身体的経験と活動によるシンボル形成　237
- (3) 内的イメージと知的リアリズム　240
- (4) 知的リアリズムから視覚的リアリズムへ　242
- (5) 時間と運動を表現する　244
- (6) まとめ　247

§2　子どもの内的イメージと知的写実性　248

§3　出来事としての経験とその表現　260

第12章 幼児、ロボットと出会う：保育におけるICTの可能性　263

§1　ロボットがどこまで「人間」であるべきか　263
- (1) 心を感じるということ　263
- (2) 人間とロボットとのコミュニケーション　267

§2　ロボットと子どもの交流：他者理解や共感の本質を知る　272
- (1) 子どもとロボットが遊ぶまで　273
- (2) Naoと共有できる遊び：できることとできないこと　281

§3　ロボットの中にある「弱さ」とその意味　285

第13章 発達の心配がある子どもとその保育　291

§1　発達障害とは　292
- (1) 福祉・教育・行政における発達障害　292
- (2) 医学における発達障害　293

§2　代表的な発達障害　294
- (1) 知的障害（精神遅滞）　294
- (2) 自閉症スペクトラム障害　295
- (3) ADHD（注意欠如・多動性障害）　297
- (4) 学習障害（LD）　298

§3　子どもの発達アセスメント　299
- (1) アセスメントとは　299
- (2) 子ども理解のための心理検査　300

§4　保育の場における発達支援のポイント　303

事項索引　308
人名索引　314
著者紹介（執筆分担）　317

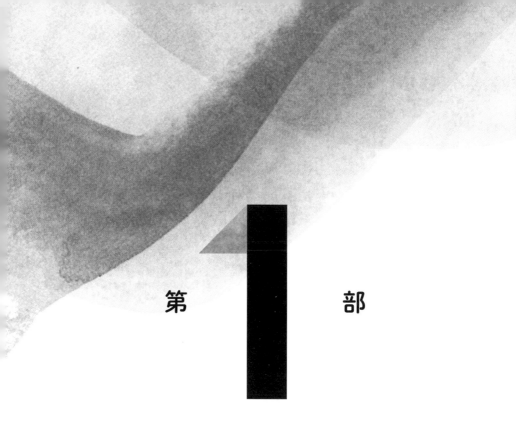

第 1 部

乳幼児の発達をみる視点

　第1部では、保育と幼児教育のあるべき姿と方向を確認していくために、これまで出されてきた主な発達心理学の理論とそこで行われた実験・調査研究の中でも特に重要なものを取り上げている。第1章の発達研究の概論的な記述からはじまり、第2章から第5章までは、ほぼ年齢順に人間の発達とその変化の姿を描いている。保育と幼児教育の実践と直接関わるのは就学前までのことを取り上げた第2章から第4章までのもので、ここからはこの時期までの子どもの発達と成長の具体的な姿を確認していけるはずである。

　第5章は、学童期以降の発達を成人期、老年期の発達にまで拡げて述べているが、人間の成長を考えた時、生涯にわたって豊かな人生を送っていくための最も基礎的なものは幼児期でつくられている。生涯発達という視点で人間の成長をみていこうということである。

保育と子どもの発達

　発達心理学の中心的な課題は、人間の発達を規定している条件を明らかにすることである。人間は家庭や保育の場、あるいは学校、そして社会と文化の中で、これらに支えられながらどのように成長・変化を実現していくか、その発達の変化と過程を解くことが発達心理学の重要なテーマである。従って、発達と保育の活動とは切り離すことのできない密接な関係になっている。人間の成長・発達の中でも特に変化が著しい学童期前後までの時期の子どもに関わっている保育の営みは、子どもの発達を実現していく「第一線の場」である。そして、ここから発達の生の姿を見ることができる。「保育心理学」は発達心理学の問題をより現実の場で考えていくことを可能にしてくれる。そして、「保育心理学」は発達心理学の学問成果を保育の場で検証していくことによって、現場で生きた学問となっていくことを目指すものである。理論と実践の良き「つながり」を可能にするのが「保育心理学」である。

§1　人間の発達をみる姿勢とその変化

(1) 発達という概念

　「発達」は英語の development の訳語だが、原義は巻物を開いてそこに書かれてある内容を読むことである。だから藤永（1992）が指摘するように、そこには必要なことはすでに書かれており、ただそれを読むだけだということになる。これを発達に当てはめると、発達の姿はあらかじめ決められているという「先決説」の考えになってくる。実際、人間の発達を考える時に生物学における進化思想が大きな影響を与えていた。例えば、生物進化を論じたヘッケルが言った「反復発生説」は、発達はあらかじめ決められていると考える起源になっていた。個体発生は系統発生を繰り返すといった言葉で知られている考えであるが、これは胎児の母体内での成長変化を説明したもの

である。生物学におけるヘッケルの「反復発生」の考えを拡大して人間の発達変化にそのまま当てはめてしまったのが児童心理学の創始者でもあるホールだった。彼は青年期までは祖型動物の持つ本能や情動が人間の発達では繰り返されるといった、今日では全く受け入れることができない考えを出していた。いずれにしても発達心理学の誕生に当たって、生物進化の考えが大きく影響を与えており、発達心理学の主要な論点の一つであった遺伝―環境をめぐる問題でも先決的決定論として登場してくることになる。発達心理学の誕生と生物進化の関係については藤永（1992）が参考になる。

(2)「子どもへの関心」のはじまり

　大人が子どもに関心を示したり、子どもを観察しようとするのは、大人と子どもは違うという考えからである。それでは、科学的な児童心理学がホールによって始められる前の時期では子どもを観察したり、理解することがどのように行われていたのだろうか。これをまとめたのが表1-1である。

　古代の時期には子どもは小さな大人であるという見方が大半であった。この当時は、子どもに特別の関心を払う必要を感じなかった。あるいはこの時期は子どもは立派な労働力の一部とされて、子どもは早くから大人の社会に組み込まれていた。日本の場合には仏教思想の影響で「前世」や「輪廻」の考えが広まっていて、子どもは大人の生まれ変わりであると考えられた。子どもといえども中身は前世の大人であって、ここでも西欧でみられたことと同じように子どもは小さな大人という考え方であった。

　これが、日本では室町時代頃から子どもは大人と違う存在であるという考えが出てきて、そうなると子どもには教育やしつけをして正しい方向に導く必要があるという発想が生まれてくる。その後、江戸時代になると武家社会の中では盛んに各藩ごとに子弟教育を行うようになる。そしてこの藩教育の中から独特の児童理解の動きが出てくるようになる。表1-1からわかるように、日本の方が西欧よりも子どもを理解しようとしたり、子どもに適切な教育をすることが必要であるといった認識を早くから持っていた。

　西欧では18世紀の中葉から子どもの理解や子どもを観察することが行わ

表 1-1

児童観の変遷と児童観察の歴史

日本	西欧
仏教思想に基づく「前世」「輪廻」の思想 子ども＝小さな大人という児童観	《古代》 子ども＝小さな大人という児童観 ・子どもは労働力の一部 ・子どもは社会の成員となるべき資材
室町時代 　寺子屋教育の普及 　子どもが7歳頃から始める	《中世》
江戸時代 　子どもと教育への関心の増加 　・中江藤樹「鏡草」(1647) 　・香月牛山「小児必用養育草」(1703) 　・貝原益軒「和俗童子訓」(1710) 　・大原幽学「微味幽玄考」(子育編) (1846)	《近世・近代》 子どもと教育への関心の増加 　・ルソー「エミール」(1762) 　・ティーデマン「児童の精神能力の発達についての観察」(1787) 　・イタール「アヴェロンの野生児」(1801) 　・ダーウィン「人間の由来」(1840) 　　　　　　「乳児の生育史」(1877) 　・プライヤー「児童の精神」(1881) 　・シン「子どもの発達についての覚え書き」(1893)
明治時代 　洋学の導入と和学の衰退	科学的児童心理学のはじまり 　・ホール「子どもの心と内容」(1883)

れている。ダーウィンも進化論の関心から子どもの成長の様子を観察している。この比較的素朴な形で子どもを観察することがいくつか行われた後に19世紀末になってホールが多数の子どもを使ってどのような社会的知識を持っているのか調べて「子どもの心と内容」をまとめている。これが、いわゆる科学的児童心理学のはじまりということになる。なお、児童理解と児童の観察の歴史については帆足(1986)、小嶋(1989)が詳しく述べている。コラム 1-1 に、表 1-1 にある貝原益軒の『和俗童子訓』に藤本(1983)が新しい解釈を加えたものを紹介しておく。

(3) 発達観と学校の誕生、その連関

　近代社会は人間の生き方と価値観を大きく変えた時代である。中世の時期までは、土地や制度に人間は縛られながらそこで生きてきた。そこでは親と同じことを次の世代の人間が繰り返していくことで済んでいた。ところが、工業化と共に社会が発展していく方向へ向かい、街には工場ができ、都会が生まれてそこに多くの人間が集まってきた。そこで働く人たちは賃労働者と

して自分の労働能力が収入を左右することになった。自分だけを頼りにして生きていくための能力を身につけ、たえず成長していくことが求められる。親も自分の子どもにより成長を続けること、より高い能力を身につけていくことを希望するようになった。競争社会の中で独り立ちしていける能力が子どもに求められたのである。それは、とりもなおさず近代の学校と教育の誕生である。このような近代主義社会の中でつくられた子ども観や能力観を背景にして、効率良く能力を身につけさせるための機関として学校が登場してきた（宮澤，1992・1998）。学校教育では自分で主体的にものごとを考え、また反省する能力も重視されてくる。だから、学校では悪い行いをした子どもに教師は「反省しなさい」といったことを求める。自律の精神が育つことが自己の成長に欠かせないことだと考えるからである。他人との競争の中でしか自分の自由を得ることができないという今日の教育の閉塞した状態は近代社会の誕生と同時に始まったのであって、それは今日でも解消されていない。

(4) 青年という時期の誕生

　青年と青年期という「装置」を生んだのは地域の共同体を解体させた近代という社会であり、その出現である。田嶋（1990）はそのことを日本を例にしながら述べている。近代以前の共同体社会では、ライフサイクルは子どもと大人の二つの段階区分しかなく、青年期という年齢区分はなかった。もちろん、成人になる前の若者はどの時代にもあった。問題なのは青年期という形で一つの長い時期を社会がつくり出したということである。かつては、子どもから大人への移行は「成年式」という地域の共同体の行事によって短い時間の中で変身を遂げる形で行われていた。いわば通過儀礼としての儀式の中で子どもの世界から大人の世界に一気に足を踏み入れることを可能にさせ、またそれを強制していった。「成年式」は大人に生まれ変わらせるために共同体がつくり上げた社会システムであった。若者組とか娘組といった自治集団で「成年式」が行われ、男子であれば「泊まり屋」と呼ばれたような所で寝泊まり、酒を呑み交わし、大人になることへの不安を通過儀礼として

一挙に昇華していった。ところが、共同体の解体によって、共同体が持っていた人間形成システムは壊れ、大人への変身を遂げていく上で生じる不安や思春期・青年期の特有の問題は個人が抱え込むようになった。近代社会というのは社会システムから自由になることであったが、同時にそれは大人になるための努力が本人に任されるという自己責任を伴った自由であった。自分の生き方や社会参加（職業選択）、「自分とは何か」というアイデンティティを獲得していく課題を自分で解決することが余儀なくされたのである。そこでこの問題解決のための時間的猶予・モラトリアムの時期として青年期がライフサイクルの中につくられた。自分探しの課題とその難しさの中で生きている青年の姿である。発達観の変化や教育の誕生を社会史の視点から論じたものに『叢書・産育と教育の社会史』第4巻（「産育と教育の社会史」編集委員会，1984）や、『叢書・産む・育てる・教える：匿名の教育史』第1巻（第1巻編集委員会，1990）がある。

§2　生得論の発想からの解放と「遺伝か環境か」の不毛な対立

　ここでは人間の発達についての基本原理のいくつかをみていく。人間の発達と成長ははじめから決まっているという生得論や、これとは反対に、人間はすべて環境と教育によってつくられるという素朴な環境万能論のような極端な考え方があった。ここでは、今日の発達研究で取られている考え方について確認していく。

(1)「生得論」と「遺伝優位」の考え
　人間の能力や特性は生まれつき決まっているという生得論や遺伝優位の考え方は早くからあって、それが支配的な時期があった。例えば、英国のゴールトン（Galton）は母方の従兄弟にあたるダーウィンの思想的な影響もあって、人間の知性は遺伝によって継承されていることを主張した代表的な人物である。彼は自己の信念を科学的に裏づけようとして**家系調査**や双子を使っ

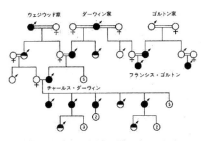

図 1-1　ダーウィン家の家系

(佐藤，1986，p.138：Galton,1874)

た研究などを行っている。ゴルトン自身も 2 歳の頃からすでに読み書きができるほどの天才児だったようだ。彼が 1874 年に書いた"English men of science: Their nature and nurture（イギリスの科学人―その遺伝と環境）"には自ら調べたダーウィン家の家系を紹介している（図 1-1）。この家系からは自分も含めてダーウィンのような優秀な研究者が多数輩出しているという。このような家系は「優秀家系」と称されたりしたが、音楽的才能を持った者が多数出ているバッハの家系や日本では最初のノーベル物理学賞を受けた湯川秀樹の家系などが知られている。

　もう一つの家系調査で、米国に実際に存在したものにゴッダードが調べたやや特殊な家系がある。これは、ゴッダードが偶然、犯罪者や障害者などが一つの家系から多数出ていることを見つけたことから明らかになったものである。ゴッダードはホールの生得論の考えを受け継いだ人物である。一人の男性（マーティン・カリカックと偽名で呼ばれている）が二人の女性と性的関係を持ったために生まれた二つの家系である。およそ 150 年間にそれぞれ 400 名以上の子孫が誕生することになった。知的障害があったと推測されている女性（ローザ・ザベス）との間に一人の男児が生まれたが、この子も知的障害があった。その後もこの家系には障害者、犯罪者などが多数出て、「劣悪家系」といったレッテルが貼られることになる。マーティン・カリカック

が別の女性と結婚することででき上がったもう一つの家系からはこのような問題を持った人たちは出てこなかったというのである。二つの家系の違いを生んだのはマーティン青年と関係を持った女性の側の資質であった。ゴッダードはこの家系調査から人の能力は遺伝によって決定されるという能力の生得性の考えを主張している。

　家系調査ではこのような遺伝優位の考え方が出されている。しかし、家系調査には重大な欠点がある。それは「優秀家系」や「劣悪家系」を生み、もう一つの人間の発達にとって重要な要因となっている環境の影響が考慮されていないからである。「優秀な家系」は家庭環境や教育環境が良いことは十分考えられる。実際、優秀な音楽家を多数輩出したバッハの家系の場合は、バッハは音楽教育に大変熱心で、子どもたちの音楽的才能を高めていったことはよく知られている。あるいはマーティン・カリカックの家系の「劣悪家系」とされた方の最初の子どもは私生児として生まれ、母親からも十分な養育を受けることができなかった可能性が高い。あるいは、優秀家系の場合は時々家系を操作して都合の悪い子どもを里子として出してしまうといったこともあり、資料の信憑性も問われかねないのである。

　そこで、人間の発達にどこまで遺伝の要因が関与しているかをより科学的に検証する方法として使われ出したのが双子を使った**双生児法**であり、特に遺伝子共有率が100％の一卵性双生児に注目し、それと二卵性双生児、親子、兄弟との類似度の比較が行われている。これらの研究では、一卵性双生児同士の間の類似度（相関係数）が高くなっている。特に知能指数の一致度が高いことから、双生児を使った研究者は知性とその発達は遺伝によって決められているとしばしば主張してきた。このような生得性や遺伝によって発達が決まってくるという考え方は教育の世界にも大きな影響を与えてきたし、時には人種差別の根拠として使われてもきた（コラム1-2）。しかし、この一卵性双生児間の知能の類似度の高さには遺伝の要因だけでなく環境の要因も入っている。つまり、二人は同じ環境で同じ親によって育てられ、また同じような経験をしているからである。そこで、何らかの事情で別々の環境の下で生活することになった一卵性双生児を比べることが行われている。この「異

表 1-2
異環境一卵性双生児の知能の類似度

異環境一卵性双生児の養育環境		対偶者間の相関係数
①	同じ村に育つ	.83
	別の村に育つ	.67
②	同じ村の同じ学校に通学	.87
	別の村の学校に通学	.66
③	2人とも親類に引きとられる	.82
	関係のない人に引きとられる	.62
④	産業や経済的基盤が似ている地域で育つ	.86
	産業や経済的基盤が異なる地域で育つ	.26

(佐藤, 1986, p.139：Bronfenbrenner, 1973)

環境一卵性双生児」と言われている人たちは育った環境が違うと二人の間の差も大きくなるという結果が示されており、環境の影響を無視することができないことが明らかになっている。このことを示す資料が表1-2である。ここからもわかるように、育った環境が違ってくると同じ遺伝子を持った一卵性双生児の間でも差が生じており、環境の要因が働いている。

(2) 人間の心は「白紙」か？

それでは環境の影響についてはこれまでどのように扱われてきたのだろうか。イギリスの経験論哲学の代表的な人物であるロックは1689年の『人間知性論』で、人間の心は何も書かれていない「白紙（white paper）」の状態で生まれてきて、そこに経験によって新しく書き加えられていくことになるとした。これが経験論の立場である。ロックのこの言葉をライプニッツは「白い石版（tabula rasa）」と読み替え、この言葉が今日では、イギリス経験論のキーワードになっている。この考え方は、心理学では米国の行動主義の学習論の基礎になっている。ワトソンは「誰であっても訓練次第で何にでもなりうる」、つまり「何にでもすることが可能である」と言って、教え込むことでどんな人間にもすることができる「環境万能論」を主張した。17

世紀にはロックのようなイギリス経験論だけでなくヨーロッパ大陸で広まった大陸合理論もあり、そこでは論争があった。この17世紀の論争を代表するのに**モリヌークス問題**がある。これは1693年頃にモリヌークスが出した生まれつき目の見えない人が開眼手術によって視力を回復した時、立方体や球体がわかるだろうかという問題である。大陸合理論の人たちは次のように考えた。この人は触覚によって立体や球体を識別することができていた。そして、人間は感覚モダリティを超えて触覚で得たことを視覚にも当てはめることができる能力を生得的に持っているので視覚の経験がなくても目が見えるようになると直ちにわかるとした。これに対して、イギリス経験論の人たち（ロックやバークリー）は、触覚で形の認識ができたとしても、視覚経験がないのでたとえ目が直ちに見えるようになっても形を目で見てわかることはないと考えた。改めて視覚の世界での経験を積むことが必要であるとした。

ただし、「モリヌークス問題」は、実は「問題」そのものが成り立たない内容になっていることが後になってわかってきた。この「問題」は開眼手術をするとすぐに視覚が可能になることを前提にしている。だが、先天盲の人は視覚系の神経細胞が正しく機能していないので視神経が形成されてくることが必要である。だから直ちに眼でモノを識別するためには時間が必要になるということで、モリヌークスが想定したようなこと、つまり「問題」そのものがあり得ない状況だということである。それでは先天盲の人の視覚系の神経細胞の成長というやっかいなことを除外して本来の「モリヌークス問題」を解くことはできないのだろうか。そこで考えられたのが乳児を使う方法である。メルツォフたちが生後2か月の乳児に2種類のどちらかの「おしゃぶり」を部屋を暗くして見えないところで与えた。一つは普通の「すべすべ」した「おしゃぶり」で、もう一つは「いぼいぼ」が付いた「おしゃぶり」である。その後、明るい所で二つの「おしゃぶり」を見せて、赤ん坊はどっちの「おしゃぶり」を多く見るかということを調べてみた（ブレムナー，1988より，図1-2）。そうすると、「いぼいぼ」の「おしゃぶり」をしゃぶった子どもは「いぼいぼ」の方に多く注目し、「すべすべ」した方を口にした子どもは「すべすべ」した方を多く見ていたのである。赤ん坊は口と舌でなじん

図 1-2
メルツォフたちが用いた二つの「おしゃぶり」

(ブレムナー，1988, p.138)

だ方を眼でも選んでいるということであった。これは「モリヌークス問題」そのものであった。赤ん坊を使ったということは、生得的に人間は触覚で経験したことを別の感覚である視覚と対応づけることができることを意味している。大陸合理論者が主張するように、人間には生得的能力が備わっていることを示している。赤ちゃんには生得的に優れた知覚能力があることや、赤ちゃんを使って「モリヌークス問題」を解いた研究は下條（2006）が『まなざしの誕生：赤ちゃん学革命』で詳しく述べている。

他方、鳥居と望月による先天盲の人が手術によって視力を回復していく様子を丁寧に調べた研究から、先に述べたように視神経の成長が必要であると同時に、視覚の世界でモノを正しく見ていくための経験＝学習の積み重ねが求められることがわかっている（鳥居・望月，2000）。つまり、触覚の世界と視覚の世界は直ちに結びつけることはできないのである。新しい視覚の世界で視覚によってモノを捉えるための地道な学習があってはじめて触覚と視覚の世界が結びついてくることになる。そうなるとここでは経験論の考え方を支持することになる。「モリヌークス問題」を例にしながら「経験論か合理論か」という「氏か育ちか」の問題、あるいは「遺伝か環境か」という論争の背景にあることも直ちに決着をつけることができない「難問」であることがわかる。

人間は知性の起源を明らかにしたいといつも思ってきた。言語の起源もその一つである。言語は神が人間に与えたものか、それとも慣習の中でつくり出したものかという論争が長い間あった。そこから生まれた悲劇が「カスパ

ー・ハウザー」と言われた人物の存在である。自分の名前をこのように紙に書いたものを持った少年が現れたのは19世紀初めのドイツ・ニュルンベルクの地であった。この少年は15年以上もの間屋内に幽閉されていたようで、そのために言語も概念も身につけることはなかった。そこで、この少年はいったい何語をしゃべるのだろうかという興味がもたれた。というのは、言語は神が授けた神授説の考えがあって、言語は生まれつき備わっているという「自然説」があったからである。この考え方を検証しようとして何人もの人が言語環境から強制的に引き離されたりもした。この少年もこういう期待の目で見られた。だが、この期待とは違っていた。何も話さなかったのである。その後、言語は慣習や人為的なものであるという考え方に変えられるが、このように、言語の起源をめぐる議論は長い人間の歴史の中にあった（互は『言語起源論の系譜』（2014）でこのことを述べている）。

(3) 遺伝と環境の間の複雑な関係と「環境の応答性」

　人間の発達と成長には遺伝と環境の二つが複雑に絡んでおり、しかも二つは「足し算」ではなく、「かけ算」の関係になっている。例えば、神経質な母親の遺伝的なものを受け継いだ子どもは、気質的に環境の変化に敏感に反応してしまう。そして母親も子どもを外に出すと泣いてしまうことを気にしてしまうので、外出が少なくなってしまう。そこに相乗効果が生まれてくる。その逆のケースもあり、子どもが気質的に神経質であっても母親がおおらかに子育てをするタイプであれば子どもの気質に支配された行動にも変化が出てくることになる。遺伝と環境の二つの要因は相互作用する関係になっている。後の§4でも取り上げるが、ハワイのカウアイ島の子どもたちの成長変化を30年以上にわたって追跡調査をしたワーナーの研究でも、早産や栄養状態が良くないために発達上の様々な課題を抱えた子どもたちも比較的家庭が安定していたり、経済的にも恵まれている時には発達はそれほど大きなダメージを受けないで済んでいる。だが、逆に家庭に色々な問題がある場合には子どもは発達上の大きなリスクを抱えてしまうという結果が出ている（コラム1-3）。ここからも遺伝と環境は複雑に影響し合っていることがわかる。

表 1-3
人格の二つの層に対する遺伝と環境

人　格　層		遺伝係数
知　性　的　上　層		2.6
内部感情的基　底　層	感　情　思　考	2.0 ～ 3.1
	感　情　触　発　性	4.7
	衝　　　　動	6.3
	根　本　気　分	12.3

(詫摩, 1967, p.130)

　性格の形成に遺伝と環境はどのように関係しているだろうか。東京大学教育学部の附属中等教育学校には双生児を使った研究目的でつくられた学級がある。そこには一卵性双生児が毎年何人か入学している。一卵性双生児の中で性格に差があるかどうかを調べてみると、性格に違いがある場合には親のしつけ方として兄弟としての差をつけているケースが多かったのである。そこには親が望んでいるような性格（兄的性格と弟的性格）にしつけによって変わっていく可能性を示している。双生児を使って性格形成に遺伝的要因がどこまで作用しているかを調べる研究が行われているが、そこでは**人格の層理論**で説明されている。つまり、根本気分などの内部感情的基底層は遺伝によって決まる割合が高いが、その人のらしさや価値観といった知性的上層の部分は本人自身が社会的役割などの環境の影響を受けながら自分の性格をつくり上げているのである（表1-3）。東京大学教育学部附属中等教育学校の「双生児学級」は現在も継続して生徒を受け入れており、研究も続いている。創立から現在まで900組の双生児が入学しているが、附属学校の教員を中心にまとめたものがこれまで2冊ほど出版されている。500組が入学した1978年までのことをまとめた『双生児：500組の成長記録から』と、2013年に出版された『ふたごと教育：双生児研究から見える個性』である。

　このように、人の発達や成長は遺伝だけでは説明できないことがわかった。それでは環境の中でも何が人の成長に関わっているのだろうか。このことを考えるヒントになっているのがスキールズとダイによって行われた乳幼児期に対照的な生活経験をした子どもの成長変化についての研究である（スキー

ルズ，1966)。この研究では乳児院に収容されていた子どもを二つの群に分け、Aグループの子どもを成人の精神遅滞の人たちが収容されている施設に移し、そこで精神遅滞の成人女性に母親代わりになって数年間世話をしてもらった。Bグループの子どもは元の乳児院で生活をしていた。二つのグループの違いとしてあるのは子どもに関わる大人の数で、Aグループは一対一、Bグループは2名の保育者と助手が子どもの世話をしていた。そこでは大人が子どもに細かく対応できるかどうかの違いが現れている。元々Aグループの子どもよりもBグループの方が発達が良好であったが、Aグループの子どもたちが母親代わりの女性に一人ずつ世話を受ける経験をすると、子どもたちの発達水準は逆転をしてしまった。Aグループの子どもの大部分で知能水準の大幅な改善が見られ、3人は知能指数で45以上の増加を示し、58の増加をした者もいた。平均して子どもたちの知能指数は15以上増加していた。Bグループの方は知能指数の増加は見られなかった。この二つのグループの違いはその後もそのまま継続していたことが成人期までの追跡の結果からわかった。表1-4は二つのグループの教育水準であるが、Bグループは十分な教育を受けることができない状態であったことを示している。そして、彼らの成人になってからの職業的水準にも大きな違いが現れ、Aグループでは配偶者にも恵まれ、専門職についている人が多かった。他方、Bグループのかなりの人は乳児期から育った施設にそのままいたり、熟練を必要としない仕事についていた人が大部分であった（コラム1-4）。

　このスキールズらによって行われた研究からわかったことは、子どもの発達と成長を促しているのは子どもの活動に応答的に関わることができる大人がいるかどうかということであった。このことが**環境の応答性**と呼ばれているもので、環境が果たしている役割として、物理的環境ではなく、人的環境の方であった。子どもは応答性のある環境に置かれることで、子どもは大人と関わっていく意欲や大人の反応を誘い出したという効力感を得ることができ、この経験の積み重ねが発達と成長を生んでいる。このことは図1-3のようにまとめることができる。スキールズらの研究によって応答的環境の重要性が認識されるようになって、施設に長期間滞在せざるを得ない子どもたち

表 1-4 二つのグループの教育水準

	Aグループ(13名)		Bグループ(12名)
	本 人	配偶者	本 人
	修了学年	修了学年	修了学年
平均値	11.7	11.6	3.9
中央値	12.0	12.0	2.8

（スキールズ，1966，邦訳 p.243を一部改変）

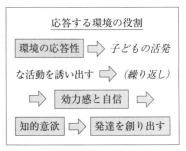

図 1-3 応答する環境の役割

への環境や教育の改善が図られ、施設にいる子どもたちの発達は改善されていくことになった。

§3　発達を過程としてみる視点

　発達心理学の最も重要な研究者として必ず名前が挙がるのはピアジェとヴィゴツキーである。二人は共に、人間の発達と成長は生活している社会や文化にうまく適応し、より良く生きていくために必要な知識や能力を獲得していく過程であると考えた。そこでは、発達していく子どもが自らの経験をもとにしたり、あるいは周りの親や人、社会・文化的なものに支えられて社会や文化が求めているものを身につけていく変化過程を描いている。二人の具体的な研究内容についてはこの後の関連する複数の章でみていくので、ここではピアジェとヴィゴツキーが発達をどのようなものとして論じているか、その要点だけを確認しておく。

(1) ピアジェの発達理論の特徴と「発達段階論」

　ピアジェは1896年8月にスイスのヌーシャテルという古い大学がある小さな街で生まれ、1980年にその生涯を終えるまでスイス、フランスを舞台に活躍した研究者である。彼は膨大な研究書を遺し、今日の発達研究ばかり

図 1-4
ピアジェ生誕 100 年の記念切手（スイス郵政省）

でなく、認識論や科学史の分野でも貴重な研究を行っている。1996 年には彼の生誕 100 年を記念した切手がスイス郵政省から発行されている（図1-4）。

　ピアジェは、発達として自分の持っている力で社会にうまく適応し、自らの正しい判断で生きていくためには、論理的にものごとを考えることができる知性を獲得していくことを重視した。これが彼の言う**知的自律性**である。もちろん、人は社会の中で生きているので、社会の約束事や規範を正しく理解できたり、また自分たちでこれらの規範をつくっていく力を持つことも必要で、社会的な自律性の発達ももう一つの大切なことであると考えた。知的なものと社会的なものの二つは相互に関連し合いながら発達している。ピアジェはこれらの知識や社会的ルールは自分の経験したことを自分の中に取り込んでいくことで発達を自分でつくっていくとした。これを**同化**と呼んだ。自分の考えたことが間違っていたり、もっと良い考えや知識に取り替えたり、修正することも必要である。知識内容を自ら**調節**することである。この「同化」と「調節」をたえず行いながら人は、より良い知識を自分のものとしてつくり出していく。これが発達である（コラム 1-5）。

　ピアジェは、私たちは自分が経験したことをバラバラな状態にしておかないで、頭に中にまとまった知識として構造化して蓄積していくと考えた。この自分でつくり出した知識構造が次に出くわす出来事や問題の解決のための

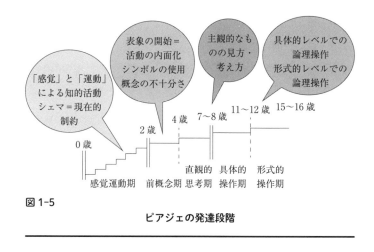

図 1-5　ピアジェの発達段階

支えとなり、方向づける働きをしている。だから子どもに限らず大人の知的活動は彼らが持っている知識構造に規定され、またそれに支えられている。発達変化とはこの知識構造の変化のことである。ピアジェはこの知識構造は一定の年齢幅の子どもの思考様式を決めているもので、子どもの発達段階とその移行は知識構造の改変として説明できるとした。これが彼の**発達段階説**であり、人間の知性の発達を5つ、あるいは3つの発達段階に区分している。これらの発達段階ではそれぞれ質的に異なった知識構造と知的活動の展開の仕方がある。それが図1-5の発達段階表であり、各段階ごとの特徴が示されている。発達の段階を3つに区切る場合は、「前概念期」と「直観的思考期」をまとめて「前操作期」としているが、この二つの時期は相当の発達的相違があるので、ここではまとめないで5つの発達の段階として示しておく。

　発達初期の誕生から2歳前後までの時期は**感覚運動期**と呼ばれているが、まさに感覚と運動を通して周りの世界を知っていくことである。この経験を自分の中に蓄えたものが「シェマ（枠組み）」である。いわば知識の原型をなすものであるが、これは子どもがあくまでも「いま」という時間の中での活動として行っており、活動が終わるとすぐに忘れてしまい、記憶に残ることはない。そこでこのことを「幼児期健忘症」とも称している。それでもピアジェは人間の知的活動の出発を言語活動以前のこの時期に据えており、こ

こがピアジェのユニークな点でもある。

　次の段階の**前概念期**は2歳前後から始まるが、この時期と前の「感覚運動期」との違いは、感覚や運動といういわばリアルタイムの現在の中での活動という限定を超える点である。つまり、目の前にはすでにないものを思い浮かべたり、頭の中で再現できるようになる。「表象（representation）」作用と言われているものである。あるいは活動を自分の頭の中で行う「活動の内面化」である。この時期から始まる大事なものに、象徴（symbol）の使用がある。これは次の段階の直観的思考期でも引き続き活発に行われるが、幼児はモノを物理的特徴としてだけでなく、モノの意味的側面に基づいた反応をするようになる。これは「粘土遊び」や「ままごと遊び」等でよく見られるが、葉っぱをお皿に見立てたり、小石をあめ玉にするといったものである。目に前にある葉っぱを使いながら頭の中ではお皿を思い浮かべ、葉っぱはお皿を指示するもの、「意味されるもの」としている。

　ピアジェは4、5歳から7、8歳の頃までの**直観的思考期**の子どもの見方、考え方の特徴を「自己中心的思考」と言い表している。「自己中心的」というのは、自分の主観的経験の自分の視点からものごとを見たり、判断してしまうということである。この段階の子どもは見た目で直観的にものごとを捉えてしまい、客観的に考えることをしないというこの時期特有の思考様式がある。直観的思考期の子どもの特徴がよく表れるのが「量の保存課題」で、特に「液量保存の課題」である。二つの同じ形の器に入れた同量の水の一方を別の細長い器に移した時に水の量は同じかどうかをたずねる課題である（図1-6）。直観的思考期の子どもは見た目で判断してしまい、細長い方の水が多いと答えてしまう。この直観的思考期を終えた子どもは自分の見た目で判断するといった主観的な判断ではなく、論理的に考えるようになる。これをピアジェは**中心性**から抜け出て、論理的にものごとを考えるようになるということで、「脱中心化」へ移っていくとした。これが次の「具体的操作期」と「形式的操作期」である。

　具体的操作期は、7、8歳から11、12歳頃までである。この段階になると、具体的なものに対して客観的、論理的に考えて判断するようになる。先の「液

図1-6 ピアジェの液量保存の課題

量保存の課題」では、たとえ器の違ったビーカーに水を移し替えても水の量は同じだと考える。水を元の容器に戻せば二つの水の量は同じであったのだから変わらないと論理的に判断したのである。他の課題でもこの時期の子どもは論理的な筋道に沿って正しく考えるようになる。

形式的操作期は、ピアジェが知的発達の最終ゴールとしている段階である。15、16歳頃にはこの時期に到達する。人間はこの形式的操作に向かって知的発達を進めていくとも言える。前の段階では論理的に考えることが具体的なものに限定されていたのとは違って、この時期では抽象的なものに対しても、客観的・論理的なものの考えができるようになる。仮説演繹的推理や命題的思考も可能になる。

ピアジェは、社会的規則や道徳的規範についての理解も知的発達と連動しながら発達していくと考えた。はじめはこれらの規則を大人や社会から一方的に与えられたものと考えていたが、実際に子どもたちが遊びや生活の中で規則は自分たちのものであると考えるようになり、時には自分たちでルールを作り、それを守っていくべきものだという他律から自律へと変わっていくとした。道徳的規範で言えば「拘束の道徳」から「協同の道徳」へと11、12歳頃には変わっていき、知的な自律性を獲得した具体的操作期の発達とのつながりを指摘している。

(2) ヴィゴツキーの発達理論の特徴と「歴史・文化的接近」

ヴィゴツキーの発達理論の最大の特徴は、人間の発達を個人が孤立した中で一人で進めていくものだと考えなかったことである。ピアジェの場合は、

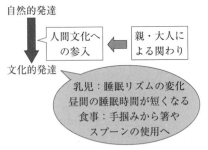

図 1-7
ヴィゴツキーの「自然的発達」から「文化的発達」へ

自己の経験から自力で形成していくことで発達をつくり上げていくと考えたが、ヴィゴツキーの場合は、人間は、周りにいる親や仲間、あるいは社会的ものとの関係の中で発達していくとした。**文化的発達**の考えである。発達は、自分に関わっている他者との関係、そして様々な文化的なものを自分のものにしていく過程の中で起きている。次のような例で考えてみよう。子どもははじめは長い進化の中で生まれついて人間としてあるものを持って誕生してくる。そこでは本能によって人間として生きていくことが保証されている。彼が**自然的発達**と呼んだものである。子どもは人間社会の中で生きていくことで文化的発達という別のものがここに加わっていく。図 1-7 では、子どもの生得的な睡眠のリズムのために夜中に起きる「夜泣き」が続いていたのが、次第に大人の生活時間の中で過ごす中で昼間に起きている時間が長くなり、逆に夜間の睡眠時間が長くなってくる。あるいは食事でも、箸やスプーンという道具を使った食事が次第できるようになるが、ここにも親や保育者の援助によってこの文化的道具を自分のものにしていくようになる。文化的発達による人間の大きな成長がここで可能になっているが、それは大人との関わりを通してである。

　ヴィゴツキーは、人間の精神の発達は**精神間から精神内へ**と移行していく中で行われると言う。言葉の発達のための前段階としてある「指さし」という指示機能も大人との関わりを通して獲得していくものである。子どもが自

分の欲しいモノに手を伸ばして届かなかったのを親が見て、「欲しいのはこれなの？」と言いながら手を出したり、指さしをして確かめる。親のこの動作を見て、子どもは「指さし」が指示機能としての働きをしていることを知り、自分でも使えるようになる。指示機能という言葉の原初的なものを子どもは大人との社会関係の中で獲得していくのである（ヴィゴツキー，1930-31a，邦訳 p.180）。

　子どもは周りの大人や仲間との関係や、社会との関わりの中で自己というものを獲得していく。そこには様々なものと機能が含まれている。ヴィゴツキーはそれを「人格」と言い、その姿をいくつかの発達変化として表している。ここで彼が述べていることは、子どもが社会との関わりで生きていく姿であり、ピアジェが知性の発達を中心にして述べたこととはやや異なったものである。ヴィゴツキーは、人格の発達を大きく変化をみせる**危機的時期**と社会との関わりに大きな変化をみせない**安定的時期**が交代で起きてくるとし、さらにこの変化を5つの段階で区分している。**新生児の危機**は胎児の状態から人間社会に出てきたことによる変化の中で新しいいくつかのことを獲得していく時期である。**一歳の危機**の時期はまさに一人歩きを始める時のように、歩行ができたり、できなかったりといったように表れてはまた消えるといった不安定なことがあるが、それは形成していく過程の中にある潜在的なものとして起きていることである。ヴィゴツキーはこのできたり、できなかったりといったことが新しいものを形成してく過程で起きることを言葉の出現として特に注意深く、詳しく述べている。子どもは言葉という新しい世界へ入っていくが、そこでは大きな変化＝危機が起きている。**三歳の危機**は自我の成立に伴って「自分でやりたい」という願望と、「自分の意志」を尊重しようとするあまりに大人との衝突や葛藤が起きる時期である。これは子どもの重要な成長のための変化であり、危機である。**七歳の危機**には学童期に入ってこれまでの幼児期のような無邪気さや自分の言いたいことや、やりたいことを直接表すことが少なくなって、次第に内的生活に向かうことを始めている。ここでは外的生活と内的生活との境界で揺れが起きてもいる。そこでは自主性の増加もみられる。**十三歳の危機**は学童期から思春期への移行

で生じる課題と変化＝危機である。自己意識の成長による内面世界の重視と個人の思考活動による外に向けての活動力の低下や興味関心の変化、親や社会に対する反抗といった形で自己と社会との折り合いのつけ方の難しい課題を持つ時期でもある。ヴィゴツキーの発達の危機の議論は、「七歳の危機」までのところは『新・児童心理学講義』(1932-34)、「十三歳の危機」の思春期については『思春期の心理学』(1930-31b) で詳しく述べている。

このように、ヴィゴツキーが示した発達変化とその段階は子どもたちが社会の現実との関わりの中で自己の可能性をつくり出していく人格の発達であった。そこには人間をトータルな姿としてみていこうという視点があるが、同じようなことはフランスの心理学者のワロンが発達初期の子どもの人格発達として論じてもいた。

ピアジェとヴィゴツキーが発達を過程として捉え、その発達変化を段階として示したものを概観してきたが、この後の章ではさらに発達の節目に注目しながらそれぞれの発達の時期の特徴をみていく。

§4　人間発達にみる可塑性と発達可能性

人間の成長と発達にとって人間環境の中で親や養育者から適切な世話を受けていくことは重要である。特に、発達初期の経験は後の発達に影響を与えることが指摘されることがある。例えば、前の§2でも述べた「カスパー・ハウザー」という人物は言葉を話せないで発見されたが、人間社会から長い間隔絶されてしまったために言葉を獲得する機会が奪われた結果であった。その後、言語を回復するには多くの困難を伴っていた。あるいは「狼に育てられた少女」で知られる女の子も親から捨てられた野生児であったと言われており、歩行も十分にできないし、言葉もほとんど獲得できなかった。発達初期に人間社会の中で育っていくコースから外れてしまうと回復が不可能であることが指摘されてきた。そして、発達初期の初期学習の重要性も強調されてきた。確かに、人間は人間社会の中で適切な大人からの世話を受けなが

ら発達のコースを辿っていくことは大切なことである。それでは、一度発達のコースを踏み外してしまうと元に戻ることはできないのだろうか。発達における初期経験や初期経験学習の重要性を指摘しながらも、同時に人間には回復可能性もあることが言われてもいる。

　人間の発達には一定の可塑性があり、環境の改善によって発達の回復力を期待することもできる。発達の初期に適切な環境の改善が図られた時には発達の回復の可能性は高くなる。例えば、日本のＮ県で両親の育児放棄のために二人の姉弟が十分な養育を受けることなく一時的に発達遅滞を招いた事例があった。発見された時には二人とも大変に発達が遅れてしまっていたが、その後、望ましい養育環境が与えられることによって完全ではないにしても相当程度発達の改善が見られたのである。この二人についての発達の改善の様子は心理学者らによって詳細な調査が行われ、また成長の様子が追跡されている（藤永他，1987）。この研究からは人間は不利な環境に置かれてしまうことになっても、その後適切な環境の改善があると発達の遅れは相当程度回復することを示している。人間の発達には可塑性と柔軟性があること、そして確かに発達初期における経験は重要であるものの、発達初期の状態が後の発達の可能性をすべて支配してしまうのではないことを最近の発達研究では明らかにしている。

　このことを示唆しているもう一つの研究を挙げておきたい。ワーナーらが長い時間をかけて多数の調査サンプルを継続調査したことで知られているハワイ・カウアイ島における研究がある。ワーナーはカウアイ島で生まれた約700名の子どもを30年間追跡し、子どもの成長過程を検討しているが、調査対象になった子どもの中には早産で生まれてきたり、発達上のハンディキャップを抱え、また、恵まれない教育環境に置かれているケースも少なからずあった。このような発達の上では**危険因子**を持った子どもたちも、家庭以外に地域などに子どもたちを支えていく人たちがいるとそれを支えにしてハンディキャップを克服していくことが可能になっていた。この子どもたちの成長を支えていくのに役立っているものを**保護因子**と呼んでいるが、子どもが思春期になった時に相談に乗るといった心理的サポートをしてくれる人、

特に自分よりも少し年齢が上の先輩格の人といった存在が大きな働きになっていた。ワーナーの誕生から成人になるまでの30年間にわたる追跡調査から人間の成長の変化と可塑性・柔軟性、そして子どもを支えていく人的環境や人的支援の重要性を教えてくれる（Werner & Smith, 1992）。

1-1　藤本義一の『新釈和俗童子訓』(1983)

　貝原益軒の『和俗童子訓』は岩波文庫や中公文庫にも収められており、手軽に読めるが、藤本義一が10の項目に絞って現代的な意味も加えて子育てについて貝原益軒から学ぶべきことをやさしく解説している。例えば、親の過保護を戒めたものにこういう文がある。「凡そ、小児をそだつるに、初生より愛を過ごすべからず。愛すぐれば、かへりて、児をそこなふ。」親が子どもを過保護に育ててしまうと子どもが本来持っている野性味に満ちたものを押さえてしまい、おとなしい子にしてしまう。かくて子どもを家畜化し、ひ弱な子どもにしてしまうというのである。そもそも過保護は親が子どもを信じていないために起こることだとも言ってしまっているところは本質を突いた指摘でもあるし、現代でも全く同じことが起きている。反省させられることである。「諸人に交わるに温恭の心構えを失わぬように躾よ。」つまり、躾で大切なのは、友人を得て、友人の中で自分を知ることである、といった教え。あるいは、「わが身に用なき無益の芸を、習はしむべからず。」は、今時の教育熱心な親には耳の痛い言葉である。

1-2　生物的決定論が生んだ差別と偏見

　著名な古生物学者であり、また科学エッセイストとしても多くの名著を残したグールドは『人間の測りまちがい：差別の科学史』(1981) の中で、人間の能力が遺伝によって決定されているとする考え方が信念のように信じられていた時代と、それによって生まれた差別と偏見の歴史を多数の資料を使って説明している。例えば、ブラック・アメリカンや有色人種ははじめから知能が劣っているという発想が強く信じられ、学校教育や社会における成功を妨げている理由はそこにあるとされたりしてきた。あるいは特定の米国の特定の州では白人社会に彼らが入ってくることを制限する移民法の根拠に使われることもあった。このように、グールドの著書からは心理学の研究が歪んだ形で、しかも知らぬ間に悪用されていったかを教えてくれる。人間の発達と教育のことを考えようとする人たちにとっては貴重な一冊である。

1-3　ワーナーらのハワイ・カウアイ島の子どもたちの成長研究

　ワーナーらはカウアイ島で生まれた700名近い子どもたちの成長を1、2、10、18、31歳のそれぞれの時期で調べている。周産期に発達にとってマイナスな要素を持って生まれた子どもすべてが発達上の問題を生じている訳ではなく、社会経済的に不利であったり、育児能力の欠如といった環境の悪条件が加わった時に不利な結果が相乗効果となって生じていた。逆に、環境条件が良好な時には子どもの側のマイナス要因はそれをカバーしていた。

　ワーナーらの長期にわたる縦断研究からは周産期とその後の生育環境のいずれも悪条件が重なってしまった子どもであっても、子どもを親身に世話をしてくれる大人が周りにいると強い心理的絆によって健康な人格を持った人間へと成長していくことも明らかになっている。「保護因子」の存在が重要なのである。

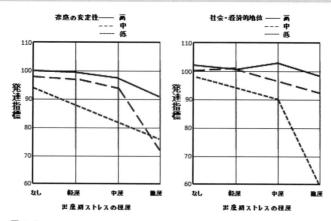

図1-8
家庭の安定性（左）と社会・経済的地位（右）と子どもの保護の働き

（ワーナー，1989，p.90をもとに作図）

1-4　スキールズとダイの発達を促す「環境の応答性」

　スキールズらの研究は発達初期に応答的な環境の下で育てられた子どもとそうでない子どもの発達の違いを明らかにしただけでなく、この乳幼児期に受けた環境の影響は成人期の職業状態にも影響を与えていることを明らかにしている。例えば、応答的な環境が与えられたAグループの成人になってからの職業と、そのまま乳児院で育ったBグループとの人たちの職業は大きく異なっていることが次の表1-5からもわかる。

表1-5 スキールズとダイの追跡結果

スキールズらの追跡調査の結果 （Aグループの職業）

	本人(側字:男, 赤字:没)	配偶者	本人の結婚前の職業
1	軍曹	歯科技工士	……
2	主婦	労働者	看護婦補助
3	主婦	機械工	小学校教師
4	育児指導員	無職	看護婦
5	主婦	労働者	職歴なし
6	ウエートレス	機械工	美容師
7	主婦	航空技師	食堂従業員
8	主婦	職長（印刷会社）	職歴なし
9	家政婦		
10	不動産のセールス	主婦	……
11	職業カウンセラー	広告コピーライター	……
12	セールス		……
13	主婦	印刷工	事務員

スキールズらの追跡調査の結果 （Bグループの職業）

	本人(側字:男, 赤字:没)	配偶者	本人の結婚前の職業
1	施設居住	未婚	……
2	皿洗い	未婚	……
3	死亡	未婚	……
4	皿洗い	未婚	……
5	施設居住	未婚	……
6	植字工	主婦	……
7	施設居住	未婚	……
8	皿洗い	未婚	……
9	移動労働者	離婚	……
10	カフェテリア（パート）	未婚	……
11	施設の庭園の手伝い	未婚	……
12	施設居住	未婚	……

（スキールズ, 1966, 邦訳 p.242）

1-5 ピアジェの「同化」と「調節」

　ピアジェは「同化」と「調節」を次のように述べている。「同化」は元々は生物学で使われている概念である。植物や動物が水や栄養を取り入れて自分の構造を合成していくことであるが、この考えをピアジェは人間精神の発達にも当てはめている。つまり、「同化とは、外的現実を自己の活動に基づく形態に取り込み、それを構造化することである」（ピアジェ, 1936, 邦訳 p.7）。一本の木を見てそれが木であるとわかることも「同化」だし、本を読み直してみるとよくわかるようになったのも「同化」である。だから、「同化」は自分の知識を全部壊さないで、そこに新しく得た知識を加えて合体していくことである。「調節」は「同化」がうまく進むように自分の方を変えていくことである。植物は太陽のよく当たる方向に葉を多く繁らせるし、人間も遠くにある木を見るためには網膜像をうまく調整してピントを合わせている。ピアジェは「調節」を次のように述べている。「生物は、自分のまわりの物体から来る反作用を、ただじっと堪えしのぶだけのものではなく、自己をその反作用に対して（うまく）調節することにより、同化の周期、状態を変更する。」（ピアジェ, 1947, 邦訳 p.21）。

文献

Bronfenbrenner, U. 1973 *Influencing human development.* New York: Holt, R & W.
ブレムナー, J. G. 1988 乳児の発達 渡部雅之（訳）1999 ミネルヴァ書房.

第 1 巻編集委員会（編）1990 叢書〈産む・育てる・教える：匿名の教育史〉1：〈教育〉―誕生と終焉 藤原書店．
藤本義一 1983 新釈和俗童子訓 佼成出版社．
藤永 保他 1987 人間発達と初期環境：初期環境の貧困に基づく発達遅滞児の長期追跡研究 有斐閣．
藤永 保 1992 序章・発達理論 藤永 保（編）現代の発達心理学 有斐閣 1-22．
Galton, F. 1874 *English men of science: Their nature and nurture.* Macmillan.
グールド，S. J. 1981 人間の測りまちがい：差別の科学史（上・下）鈴木善次他（訳）2008 河出書房新社．
帆足喜与子 1986「小さなおとな」の否定からの出発－児童心理学とは何か－ 高野清純・多田俊文（編著）児童心理学を学ぶ〔新版〕有斐閣 2-18．
小嶋秀夫 1989 子育ての伝統を訪ねて 新曜社．
ロック，J. 1689 人間知性論 1 大槻春彦（訳）1972 岩波書店．
宮澤康人 1992 学校を糾弾する前に－大人と子どもの関係史の視点から 佐伯 胖他（編著）学校の再生をめざして 東京大学出版会 161-195．
宮澤康人 1998 大人と子供の関係史序説：教育学と歴史的方法 柏書房．
ピアジェ J. 1936 知能の誕生 谷村 覚・浜田寿美男（訳）1978 ミネルヴァ書房．
ピアジェ J. 1947 知能の心理学 波多野完治・滝沢武久（訳）1960 みすず書房．
「産育と教育の社会史」編集委員会（編）1984 叢書・産育と教育の社会史 第 4 巻・子どもの社会史・子どもの国家史 新評論．
佐藤公治 1986 認知の発達・参考資料 三宅和夫・宮本 実（編著）児童心理学・第三版・所収 川島書店 73-106．
下條信輔 2006 まなざしの誕生：赤ちゃん学革命 新曜社．
スキールズ，H. M. 1966 乳幼児期に対照的な生活経験をした子どもの成人後の状態：追跡研究 リーバート，R. M. 他 1977 村田孝次（訳）1978 発達心理学・上巻・所収 新曜社 232-245．
互 盛央 2014 言語起源論の系譜 講談社．
田嶋 一 1990 共同体の解体と〈青年〉の出現 第 1 巻編集委員会（編）叢書〈産む・育てる・教える：匿名の教育史〉1 藤原書店 32-50．
詫摩武俊 1967 性格はいかにつくられるか 岩波書店．
鳥居修晃・望月登志子 2000 先天盲開眼者の視覚世界 東京大学出版会．
東京大学教育学部附属中・高等学校（編）1978 双生児：500 組の成長記録から 日本放送出版協会．
東京大学教育学部附属中等教育学校（編）2013 ふたごと教育：双生児研究から見える個性 東京大学出版会．
ヴィゴツキー，L. S. 1930-31a 文化的－歴史的精神発達の理論 柴田義松（監訳）2005 学文社．
ヴィゴツキー，L. S. 1930-31b 思春期の心理学 柴田義松他（訳）2004 新読書社．
ヴィゴツキー，L. S. 1932-34 新児童心理学講義 柴田義松（訳者代表）2002 新読書社．
ワーナー，E. 1989 カウアイ島の子供たちの成長記録 山中速人（訳）1989 サイエンス・日本語版 1989 年 6 月号 サイエンス社 86-93．
Werner, E. & Smith, R. S. 1992 *Overcoming the odds.* Itaca：Cornell University Press.

1歳までの子どもと その世界

　1歳までの乳児の成長は短い期間の中で急速な変化をみせる。近年は、乳児の発達・変化についてはこの時期の子どもへの研究の関心の高まりもあってかなりよくわかるようになってきた。これらの研究でよく言われているのは、これまで常識的に考えられてきたよりもはるかに乳児は有能だということである。ここでは、1歳代の子どもの発達の様子とその特徴をいくつかの側面からみていく。

§1　発達初期の子どもの基本的な姿

　はじめに、ピアジェが『知能の誕生』(1948)で述べている発達の最初期の**感覚運動期**について確認しよう。表2-1の「感覚運動期」で「**第2次循環反応**」までが1歳代の子どもの時期に当たる。それ以降の「**第3次循環反応**」は1歳半ないし2歳の頃の発達で、これは後の第3章でふれる。

(1) 反射から習慣へ

　子どもは生後1か月頃までは持って生まれた反射を使って自分の生命を維持している。生きていく上で欠かせない乳を飲むことは「吸啜反射」と言われているが、口に入ってきたものを強く吸う反射や飲み込む「嚥下反射」によって「哺乳反射」が成り立っている（コラム2-1）。このように、発達初期は主に生得的な反射に支えられた活動であるが、その後、同じ活動を繰り返すことで新しい反応を獲得していくことを始める。ピアジェはこのことを**循環反応**と呼んでいる。この時期の子どもは口にモノを入れたり、なめることが活動の中心になっており、「指しゃぶり」をよく行う。「指しゃぶり」はたまたま自分の指が口に触れたことがきっかけになって始まるが、はじめはなかなか口に指を持っていくことはできない。それが同じ動作を繰り返すこ

表2-1 ピアジェの感覚運動期

第1次循環反応
1～4か月　行動のくり返しによる新しい行動の形成
子どもの関心と行動：自分の身体と感覚

第2次循環反応
4～8か月　「関心」が外の世界へ広がる
対象概念の成立
8～12か月　目的のある行動の開始
間接的な手段（道具の発見）

第3次循環反応
12～18か月　モノについて詳しい性質と特徴を探る
18～24か月　感覚運動の完成期と前概念期への準備

とで安定したものになっていく。「吸啜」は反射であるが、「指しゃぶり」そのものは反射でなくて、習慣による新しい反応である。

　第1次循環反応の生後4か月頃までは動作の反復によって新しい身体動作を形成することが中心で、あくまでも関心の対象は自分の身体とそれを使った行動である。その後、**第2次循環反応**に入ると、次第に関心は外の世界へと広がっていく。外の世界についても活動の結果から**シェマ**とピアジェが呼んでいるものをつくっていく。「シェマ」は自分の感覚と運動による活動とその経験であり、あくまでもリアルな今、そこで行っている体験として感じているものである。この4か月から8か月頃の間に子どもが獲得していくものに**モノの同一性**（モノは見る方向によって形が違ってもそれは同じものである）と**モノの永続性**（モノは一度目の前で見えなくなっても消えずに存在している）があり、これらによって物的世界の基本を知るようになる。自分をとりまく物理的世界は安定していることを知っていく。**モノの同一性**と**モノの永続性**を実験的に確かめたバウアーの研究をみてみよう。彼は、鏡を使って乳児の前に同じ母親の顔が三つ同時に出てくるようにした（図2-1）。早期の乳児は混乱することなく三つの顔に声を出して反応している。ところが、生後5か月頃になると乳児は困惑の表情を示し、一人しかいないはずの母親が三人も出現することはおかしいと感じ始める（バウアー,

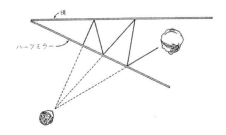

図 2-1 　モノの同一性

(バウアー，1980，邦訳 p.134)

1977, 邦訳 pp.133-134)。母親は一人であるという「モノの同一性」である。同じように、生後5か月を過ぎると、乳児は図 2-2 にあるようにボールが転がって衝立に隠れて見えなくなってもまだ出てくると期待する(バウアー, 1974, 邦訳 p.203 を一部改変)。この装置ではボールが穴に入って出てこないようにしてあるが、この時もモノがあるだろう衝立の後ろを探すようなことをする。一度見えなくなっても消えていないという「モノの永続性」を獲得したのである。

§1 　発達初期の子どもの基本的な姿 　　31

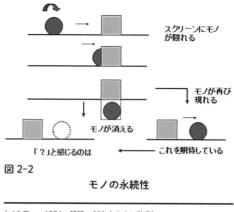

図 2-2　モノの永続性

(バウアー, 1974, 邦訳 p.203 をもとに改変)

(2) 社会的存在の出発

　人間は社会的存在であるとよく言われる。乳児は早い時期から人との関わりを持つ基礎的な能力を発揮している。フィールドらの一連の研究（Field et al., 1982）では、生後1、2か月の乳児が大人の顔の表情に合わせて同じような表情をするという。母親が楽しい、悲しい、そして驚きの表情を見せると、乳児は顔の違いを区別し、同じような表情を示すというのである。このような模倣の能力が乳児には早い時期からあると言っているのがメルツォフである。彼の乳児の研究については前の第1章の(2)でも取り上げた。彼が「すべすべ」のおしゃぶりと「いぼいぼ」のおしゃぶりを口にした触感経験とその後のこれらの視覚情報とを結びつける「感覚間統合」を乳児が持っていることを明らかにした研究である。ここで取り上げるのは乳児が大人の口の動作を模倣できるという研究である。大人の舌を出したり、口を大きく開ける、すぼめるといった表情を見て、生後2、3週の新生児が同じ動作をするというのである。新生児が大人の顔の表情の意味を知っている訳ではなく、同じような動作に対して機械的に共鳴する「共鳴動作」として捉えるべきなのだが、メルツォフらは新生児が顔の表情をつくることから模倣の原初は生得的なものであると主張している（Meltzoff & Moore, 1977）。しかし、その後の研究では必ずしも新生児が同じような反応をする再現性がないこと

や、他の研究者（Jacobson, 1979）がペンやボールを近づけても舌出しの反応をしたことで、メルツォフらの模倣行動に対しては疑問も出されている。そもそも新生児模倣は生後2か月頃には消えてしまうとも言われており、模倣とは言えないとも指摘されている。このように、新生児模倣についてはいろいろ議論もあり、生得的なものとするには無理があることは最近の**ミラー・ニューロン**の研究からも明らかになっている。

「ミラー・ニューロン」は他人がモノに関わりを持っているのを見た時に特別に反応する神経細胞が下前頭皮質にあるものだが、リゾラッティらによって猿の脳で発見され、その後人間の脳でも確認されている。この「ミラー・ニューロン」の存在は、人間が社会的活動に関心を持つことを可能にしているが、これが経験によって形成されていくことを示唆する研究が近年出てきてもいる（明和, 2014）。模倣行動も含めて乳児が大人を含めて人に対してどのように受け止め、また対人的関係の原初をどのようにつくっていくのかを述べたものにレガスティの『乳児の対人感覚の発達』(2005)がある。

これまでも、乳児が大人との社会的関係をつくり出していくものの一つである微笑という情緒的表出を早い時期に行っていることはよく知られている。誕生から生後1か月は「自発的微笑」とか「内発的微笑」と呼ばれているものが現れ、浅い眠りやまどろみの間によく見られるもので、自然的、生得的な笑いである。昔は「虫笑い」とも言われていた。その後1か月頃からは、「社会的微笑」が起こり、抱かれたり、声をかけられることで笑い顔が起きる。ここからは周りの人間との社会的関係や情動的つながりがつくり出されてくる。3、4か月頃からは顔を見てあやすと笑い顔を盛んに出すようになる。子どもは5、6か月頃からは人の顔全体、しかも笑い顔が微笑を引き起こす刺激になっている。逆に8か月頃から始まる知らない大人に対して見せる「人見知り」は泣くことで怒りや、恐れ、拒絶の感情を出して、感情表現の分化を始めてもいく。

生後1年までの間に乳児は大人との社会的関係を通して、素朴ながら自己というものをつくり始める。それがこの後の時期の他者との関わりを通して発達を形成していく基礎になっている。スターン（1985）は1歳半頃まで

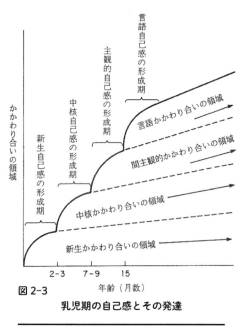

図 2-3
乳児期の自己感とその発達

（スターン，1985，邦訳 p.40）

の間に乳児が持つ**自己感**と、その発達について図 2-3 のようにまとめている。**新生自己感**は生後 2 か月までの間、外界の出来事を感じ、自分の中に取り入れていく。そして幾分か体験したことを関連づけていく。ピアジェの言う第 1 次循環反応で、感覚・運動を通してシェマをつくっていく活動と似た形で、活動している自己を素朴な形で感じている。2 か月から 6 か月の間の**中核自己感**は身体的な自己の感覚を一貫したものとして自己を感じることで、他者とは区別される自己を身体レベルで感じるようになる。母親に代表される他者とは別の存在である自己を感じていくことで自己と他者との共存を意識し始める。親もこのような中核的自己感を持った子どもとして関わるようになる。**主観的自己感**は生後 7 か月から 9 か月の間のことで、身体的活動の背後にある感情や動機、意図といった精神状態をまさに主観的に感じ、同時に自分と同じように他者にもそれがあることに気づき始めることで、情動や主観的な体験内容を他人も持っているという共有が可能になってくる。この後の

生後2年目からは言語を仲立ちとして**言語的自己感**を持つようになる。これは次の第3章§2の2歳児の発達で起きていることだが、言語によって客観的な形で自己を捉えていけるようになる。そこでは他者との意味の共有やその伝え合いも可能になり始める。周りの大人も言語的な関わり合いを始めていくことになる。

　子どもが持った「自己感」と大人とは互いに**情動の調律**をすることで乳児は共有された情動経験をつくっていく。この大人と乳児の双方が感じる情動の共有が子どもに大人の側から調律が合っているという感覚を与え、また子どもの自身の自己の気づきへとなっていく。母親が子どもの感情を共有し、気持ちを共有していく調整活動の様子を鯨岡（1992）が具体例を使って説明しているものをコラム2-2に載せておく。子どもの持つ「自己感」、そして大人がそれと調整していく活動は、次にみる言葉と社会的関係の発達の基礎になっている。

(3) 言葉の発生と関係的関わりが生むもの

　生後1年までの言葉は、まだ音声言語というしっかりとした話し言葉になる以前のものである。それでも子どもは言葉以外のものを使って周りの大人とコミュニケーションを取っている。**前言語的コミュニケーション**と呼ばれているものである。泣き声にしても、子どもは大人にして欲しいことを伝えたり、空腹や眠い時のように身体状態の違いで泣き声を変えて周りの大人に知らせることを生後2、3か月で行っている。また「クーイング」と呼ばれる泣き声ではない発声や、「ガーグリング」という「うがい」の音のようなものを出すようになる。あるいは親しい者でなければわからないような「アーアー」「バブバブ」といった声を出して大人と声のやり取りをしている。ここで出される声は「喃語」と言われるが、大切なのは言葉になっていないものを使って言葉と同じようなコミュニケーションを行っていることである。これが1歳以降の言語発達の基礎をつくっていく。あるいは、この後で詳しくみていくが、言葉の発達を準備するのは、「指さし」や同じものに注意を向けていくという視線の共有などである。これが身体を基礎にして大人

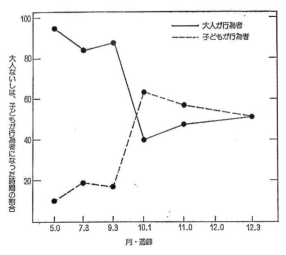

図 2-4
母と子のボールの「やり―もらい」のゲーム

（ブルーナー，1983，邦訳 p.64）

と一緒に関わっている、つながっているという感覚を子どもが持ち、これが相手と関わりを持とうとすることで、これらがコミュニケーションを取ろうとする意欲をつくっている。

　ブルーナーが『乳幼児の話しことば』（1983）のなかで、母子が家庭でボールのやり取りの遊びをしている様子について述べている。子どもは自分のボールを持ったままで母親の方に渡すことができない。「やり―もらい」がないとボール遊びができないが、この時には母親が「ちょうだい」といった声をかけたり、ボールの受け渡しを実際にやってみせるといった働きかけを子どもに行っている。その後、子どもは自分の方からボールを母親の方に転がし、また受け取るといったことをするようになる。この変化が図2-4である。コミュニケーションは声や言葉によるやりとりで、それはまさにボールの「やり―もらい」と同じであるが、母親がこの相互的活動を促す役割をしている。

　ここでは、次の表2-2で1歳までの言葉の前の言葉の発達とその変化の

表 2-2
1 歳までの乳児の言葉とコミュニケーション活動

泣き声の分化と使い分け(乳児の状態に応じて泣き声を変える)	1～2か月
「クーイング」「ガーグリング」の発声 喃語の反復(「アーアー」「バブバブ」等)を大人とやり取り	3か月～
指差し 共同注意	7、8か月～
大人の声と言葉の模倣(「バイバイ」「バンザイ」等)	10か月～
自発的に初語を開始(「ブーブー」など)	12か月～

ポイントをまとめておく。言葉の発達を準備するものとして「指さし」が生後8か月前後から始まるのは大切なことである。このことは次のセクションで確認していく。

(4) 大人との共同的関わりの開始

　指さしは身体運動動作で相手に自分の欲求や意志を使える手段である。この指さしの行為が言葉の出現の前にあるもので、いわば言葉のコミュニケーションの働きを準備するものである。さらに、**指さし**はモノや出来事を親と一緒に体験したことやそれを共有していく時に、そのサインを子どもの側から大人に発信していくものになっている。これは**三項関係**の成立と言われているものである。モノを大人と子どもが共有するということである。

　指さしが大人との関わりの中で発生していく様子をヴィゴツキーは『文化的・歴史的精神発達の理論』(1930-31)の中で次のように述べている。子どもがモノを取ろうとして手を伸ばした時に、母親は「欲しいのはこれなのかい？」と言って取ってあげたり、対象に向かって指を指し示す動作を見せる。このように母親が「指さし」や「指示身振り」を見せてあげることで、子どもはただ手を漠然と伸ばすよりも指で指し示すと自分の欲しいものを正確に相手に伝えることができることを知っていく(ヴィゴツキー, 1930-31, 邦訳 p.180)。これが後には言葉となっていくのだが、その同じ働きを**指さし**の中で気づいていく。この**指さし**の機能的意味は母親との関係の中で

§1 発達初期の子どもの基本的な姿

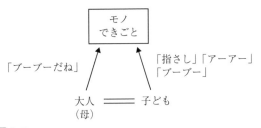

図 2-5
「指さし」と音声反応による三項関係の成立と意味の共有化

生じる社会的なものから発生してくるのである。そして、同時に子どもが主体的に対象に手を伸ばすという活動や前にある対象が欲しいという欲求がなければ、「指示身振り」の意味の発生は起きないことも意味している。そこにモノを介して子どもが親と関わっていこうとする活動があり、相互的な関係の中で体験と言葉の意味の原初的なものを共有していく。そこでは親と同じものを見、注目するという「共同注視」があり、子どもの側から自分が使える「アーアー」や「ブーブー」といった喃語を発して自分が知っていることや、面白いことを親や大人に伝えている。大人もこれに対して応答し、またそこに言葉を添えることをする。「ブーブーだね。車だね」といった具合いである（図2-5）。「指さし」は相手を自分の見ている対象の世界へ招き入れ、1）特定の対象を相手に指し示し、2）相手と一緒にその対象世界を共有することを可能にしている。そこで起きていることは、「質問・応答・叙述・伝達」の原初的な形であり、これらはまさにコミュニケーションの活動そのものである。

「指さし」の働きを見事に示しているのがみつはしちかこの新聞連載マンガ『ハーイあっこです』の一場面である（図2-6）。あっこさんがタロー君と一緒に散歩に出かけた時、タロー君が立ち止まって**指さし**をしながら母親に教えている場面である。この場面は1歳頃の出来事であるが、**指さしの働きの大切さをよく表してくれている。指さしが言葉の前の言葉（前言語的行動）**と言われていることである。このように、言葉の意味の獲得の前提には、意味の共有があるし、さらに意味の共有は体験の共有・感動の共有から始ま

図 2-6
あっこさんとタロー君の「会話」

(みつはしちかこ『ハーイあっこです』(© 株式会社スタジオポケット) より)

図 2-7
三項関係の中の体験共有と意味の共有化

るのである。このことをまとめると図2-7のようになる。共有化は非言語的なコミュニケーション(「身体反応」、「音声反応」)の中で起きている。

　生後1年の間で周りの大人と関係をつくっていく中で乳児が身につけていく重要なものに、**社会的参照(social reference)** と呼ばれているものがある。キャンポスらの研究で明らかになったものである。乳児は大人の顔の表情や

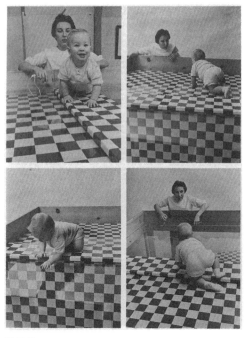

図 2-8
「視覚的断崖」と「社会的参照」(写真・右下)

(Gibson & Walk, 1960, p.3)

反応を手がかりにして自分の行動の善し悪しを決めているが、乳児は自分がどのように行動をしたら良いかわからない時には、母親などの自分の周りにいる大人の情動反応を手がかりにしている。例えば、知らない家に来て、そばにあったおもちゃで遊んで良いかどうかを母親の顔を見て判断したりする。あるいは、乳児は 8 か月前後からは知らない女性には「人見知り」をするが、この女性と母親とが親しい関係で話しをしている時には安心感を抱いて「人見知り」がおさまったりもする。「社会的参照」のもう一つの興味深い研究を紹介しておきたい。ギブソンたちが「視覚的断崖（visual cliff）」と呼んでいる装置を用いた研究である。図 2-8 のように、およそ 1 メートル 50 センチの高さがある装置の床には模様が描かれており、床の半分側にはガラス板を置いて、真下の床に同じ大きさの模様が描かれている。この仕

切りの部分からガラスの方をのぞくと下は深い谷のように見え、断崖にいるような恐怖を感じる。このように感じるのは奥行きの知覚ができているからであり、およそ3か月前後からは奥行知覚は可能になっていることが明らかになっている。この「視覚的断崖装置」の浅く見える側の方に1歳児の乳児を置き、反対の深い側に母親を立ってもらって乳児をこちらに来るように誘ってもらう。この時期の乳児は明らかに奥行の知覚は完成している。そこで、乳児は母親の方に行きたいのだが、「断崖」のために行くのを躊躇ってしまう。ここでキャンポスらは、母親に微笑んでもらって子どもがこちらに来るように誘うと、乳児はガラスが敷いてある「断崖」のほうに向かって歩き出したり、手でガラスを触って落ちないことを確かめるといったことをする。逆に、母親が恐ろしい表情やこわばった顔をして見せると乳児は仕切りを超えて深い側に向かおうとはしない（Sorce et al., 1985）。母親の表情を判断の手がかりにしているのである。このような乳児が見せる「社会的参照」は親ばかりでなく、信頼できる大人である保育者の反応や表情であることも多い（Camras & Sachs, 1991）。

　生後1年の間で乳児は親との間に強い愛情の結びつきをつくっていく。生後6か月頃までには、自分の世話をしてくれたり、関わってくれる人の愛情を感じ、その人たちに対して声をかけ、微笑むという情動的反応を示すようになる。このことが親の養育行動を高めてもいく。このような初期の大人との情動的な絆をボウルビィは**愛着（アタッチメント）**と呼んだ。乳児が親や周りの人間に愛着を形成すると、それ以外の人には「人見知り」をするようになり、また不安を感じた時には愛着を持った人のところに行って不安感をやわらげるようになる。あるいは愛着を感じている人から離れることを嫌がる「分離不安」も起きる。ボウルビィは初期の親（母親）との良好な愛着がつくられることが後の成人になってからも良好な対人関係のための基礎になっているという主張をしている。行動主義の学習理論では乳児が親に愛着を感じるのは、飢えを満たしてくれることによるという「動因低減説」で説明をしてきた。人間の中に生じる「動因」、つまり「不快な緊張状態」を和らげてくれるものに愛着を感じるというものであった。先にみたように、ボウ

ルビィは子どもの泣きや微笑反応といった子どもから出される情動的な反応こそが親の養育行動を刺激し、両者の相互的反応が愛着をつくっていくと考え、「動因低減」とは異なったことがそこでは起きているとした。あるいは、ハーロー（Harlow, 1958）がアカゲザルの子どもを使った研究では、ミルクは出てくるが針金で作った冷たい感触しか得られない「代理母（ワイヤー・マザー）」よりも、布で覆われて心地よい感触と温かみを感じる「代理母（クロス・マザー）」の方に愛着を持ち、いつもこのそばで過ごし、また安全基地として使っていたのである。この研究では代理母は何の働きかけもしないので、通常の人間の親と子どもの間で起きているような相互的な関わりなどはなく、皮膚接触の重要性だけが重視されている。この点では人間の愛着形成の場合はもっと複雑な過程が入っているのでハーローの研究を人間にそのまま当てはめることはできないが、それでも生理的飢えを満たすことで愛着が生まれるといった「動因低減説」への強い反論になったことは間違いない（コラム 2-3）。

　乳児が親しい大人に感じる愛着にはいくつかのタイプがあって、親が不在でもあまり不安を感じないタイプや、親から離れたことで強い拒否反応を示し、親に強く抗議したり気持ちがなかなかなだめられないタイプなどがある。このような、親が居なくなったり、再会した時の乳児の反応を詳しく調べたのがエインズワースらによって開発された「ストレンジ・シチュエーション」と呼ばれているものである。この研究の手続きを表したのが図 2-9 である。

　人間の場合は、身近にいる人に愛着の感情を持つことは基本ではあるにしても、子どもの個人の特性も加わって複雑な過程が存在していると言わなければならない。

図 2-9　エインズワースの愛着測定法：ストレンジ・シチュエーション

(前原, 2008, p.49)

§2　乳児の知覚の世界

　§1で生後5か月前後には乳児は「モノの同一性」や「モノの永続性」といった対象世界の基本的な認識を身につけていくことを述べた。このことを可能にしているのは乳児がかなり早い時期から外界を正しく知覚する能力を持っているからである。人間は長い進化の中で、危険の多い地上に降りてきたためにいち早く危険を察知する知覚の能力を高めたからであると言われている。ここでは、乳児がどのような知覚の能力を持っているのかをみていく。

(1) 生後1歳の乳児の知覚能力

　乳児は誕生直後は近視で、視覚的調整も不十分なために、ピントが合っていない状態で外を知覚している。しかし、2か月頃には視覚の調整が急速に良くなり、4か月までには大人のレベルに近いところまで進歩すると言われている（ブレムナー，1994，邦訳 p.65）。

　乳児が図形のどこを見ているか視覚走査パターン（目の動き）を調べたサラパテックらの研究（Salapatek, 1966, 1975）では、図2-10の5種類の図形に対して1か月の乳児は特定の目立つ部分に自動的に目が向いてしまい、形を捉えていないことがわかる。これに対して2か月の乳児は図形の輪郭線を広く注視したり、図形の内部に視線を向けていて、図形として見ていることがわかる。顔を描いた絵を見せた時も、1か月の乳児は髪の生え際や目といった目立った部分に視線が誘導されてしまっているが、2か月になると乳児は顔の内部に視線を向けており、顔の全体を知覚するようになっている。この研究からは2か月を過ぎると乳児は形を知覚できることが示されている。これは2か月前後からは「第一視覚系」と呼ばれている部分（網膜－外側膝状体－一次視覚野へと続く伝導路）が成長してくるためであり、この視覚系が主に対象の形の分析をする働きをしている。

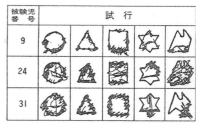

図-a 図形に対する視覚走査パターン

図-b 顔の絵に対する視覚走査パターン

図 2-10
生後1か月と2か月の乳児の視覚走査パターン（サラパテック他，1975）

(佐藤，1986，p.108)

(2) 乳児が示す人の顔と人間的な動きへの関心

　人間が比較的早い時期から人の顔に注目をしていることをファンツは一連の研究で明らかにしている。彼は図 2-11 のような装置で二つの図形を対にして乳児（B）に見せることを4種類ずつ（C）行い、どちらの方をよく見ているか、その時間を実験者（A）が計測している（「視覚的選好法」）。そうすると、生後間もない一週間程度の新生児であっても複雑な図形の方を長く注視していた。先のサラパテックの研究によると、まだきちんとした形の

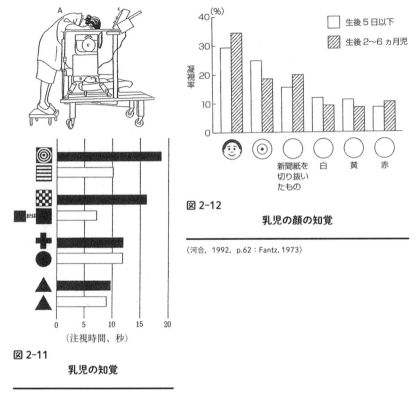

図 2-11　乳児の知覚

図 2-12　乳児の顔の知覚

(河合，1992，p.62：Fantz, 1973)

(佐藤，1986，p.107：Fantz et al., 1975)

知覚ができない段階でも、単に色がついているものよりもより複雑な図形の方を好んで見る（図2-12）ということがあり（Fantz, 1963）、これは生得的な傾向であることがわかる。

　さらにファンツ（Fantz, 1961）は、生後数か月の乳児に人の顔の絵と、それを崩した「福笑い」のような顔の絵、そして上半分だけを黒色にした絵の三種類を見せると、生後2か月からは正しい人の顔をよく見ていたが、単純な上半分が黒色だけのものには注意が向いていないと言う（図2-13）。「福笑い」の顔の方にも乳児はよく注意を向けているので、複雑な形を好んでいる可能性もあるが、いずれにしても複雑な、変化のある刺激を好むことは発達の早期からある。このファンツの研究から、乳児が周りの大人と社会的関係を結んでいくことを可能にするものとして早期に知覚能力が備わっている

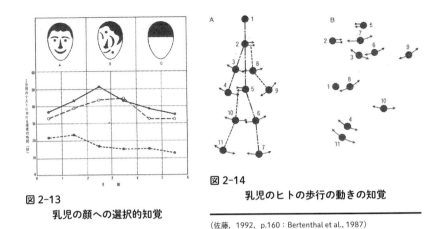

図 2-13
乳児の顔への選択的知覚

(佐藤，1986, p.66：Fantz, 1961)

図 2-14
乳児のヒトの歩行の動きの知覚

(佐藤，1992, p.160：Bertenthal et al., 1987)

ことがわかる。

　乳児が人に対して早くから敏感であることは、バーテンタールら (Bertenthal et al., 1987) の実験からもわかる。3 か月の乳児に人が普通に歩いている動きを光で表したものを見せると、これをバラバラな位置に置いて動かした時とは違う反応をして、普通の人の動きの方を好んで見ている（図 2-14）。バラバラな動きは何であるかわからないのに対して、人の動きを光りで表すとそれと容易にわかるのである。

(3) モノの距離と動きの知覚

　乳児が「奥行き」をどの程度知覚できているかは、先のギブソンらの「視覚的断崖装置」を使った研究で、生後 6 か月の子どもは奥行きの知覚が可能であることがわかっている。だが、この研究では、乳児が這うことができることが実験では必要で、6 か月以前の子どもは「奥行き」の知覚が可能であるかどうかはわからない。そこで、スカーとサラパテック (Scarr & Salapatek, 1970) は這うことができない 6 か月よりも前の乳児を押し車に乗せて調べてみると、深い側の方を見ても怖がることはなく、どうも視覚的断崖のようには見ていない、つまり奥行きの知覚は 6 か月よりも前の乳児はし

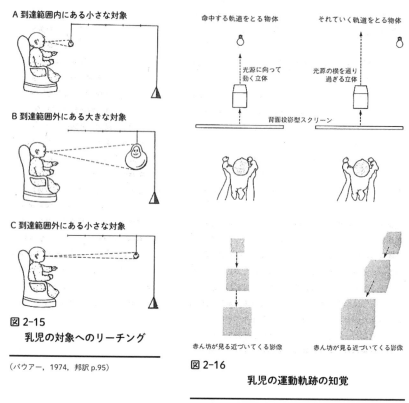

図 2-15　乳児の対象へのリーチング

（バウアー，1974，邦訳 p.95）

図 2-16　乳児の運動軌跡の知覚

（バウアー，1977，邦訳 p.28）

ていないと考えられた。この種の「視覚的断崖装置」で「奥行き」を感じるためには自分で這って動くという経験が必要である。

　乳児は目の前にある対象の大きさから対象との距離をどの程度知ることができるのだろうか。モノの大きさを手がかりにして奥行き感をどの年齢から乳児がわかるようになるかということでもあるが、三次元的な空間の中で生きている人間にとっては奥行き情報をどこまで正確に把握できるかということは大事なことで、これは乳児がモノに手を伸ばすリーチング動作とも関係する問題である。そのこともあってクルックシャンクとブランスウイックが1950年前後からこの問題に取り組んできている。この研究はバウアーが『乳児の世界』(1974)で紹介しているが、図2-15のように、AとBは乳児の

網膜には同じ大きさで像として映るために、5、6か月の乳児はBにも手を伸ばしている。Cの場合は明らかに遠くにあると知覚するので手を伸ばすことはなかった。対象についての距離の知覚が可能になるのは5、6か月以降の乳児からということになる。

　モノの運動の方向を知覚するということについてはどうだろうか。バウアー（1977）が乳児の前にあるスクリーンに物体がまっすぐ飛んで来るような映像と斜めに横切って飛んでいく映像の二つを見せた時（図2-16）、生後一週間の新生児もまっすぐ自分に向かってくるような時には顔や身体をそむけたり、手を出してぶつかるのを防ぐ防御反応をした。ここからこの種の動きを感知するのは生得的であるようだ。これまでの研究から乳児は知覚能力を比較的早い時期から身につけており、一部は生得的に持っているものもあることがわかっている。

§3　身体と運動機能の発達

　1歳代の乳児の活動の基本は自分の身体を中心にしたものである。1歳半の頃までの発達検査でも正常な身体と運動の発達が見られるかどうかは重要なポイントになっている。1歳代の身体運動発達の大まかな変化とそのポイントを「DENVER II デンバー発達判定法」に基づいてまとめたのが次の表2-3である。

　「KIDS（キッズ）乳幼児発達スケール」は0歳1か月から6歳11か月までの乳幼児を対象にしたもので、9領域、130ほどの項目から成っている。運動と操作の1歳までの乳児の標準的な発達年齢を示すと、概略以下のようになっている。月齢3か月頃には「うつぶせ」の時に、両腕で胸や頭を持ち上げるようになり、4か月には身体を大人が支えると座っていられるようになる。7か月になると「寝返り」ができるようになる。8か月では、手を使いながら「つかまり立ち」をし、さらに10か月では少しの間ではあるが、一人で立っていられるようになる。運動は身体全体の大きな動き、操作は手

表 2-3

DENVER II デンバー発達判定法による 1～2 歳代の乳児の運動発達

移 動 運 動	手 の 運 動
首のすわり（2 か月～ 4 か月）	ガラガラを握る（2 か月～ 3 か月半）
寝返り（4 か月半～ 6 か月半）	物に手をのばす（4 か月半～ 6 か月）
支えなしに座る（5 か月半～ 7 か月半）	熊手型で物をつかむ（5 か月半～ 8 か月）
つかまり立ち（7 か月半～ 9 か月半）	親指と人差し指でつまむ
つたい歩き（8 か月～ 11 か月）	（9 か月半～ 12 か月半）
一人で立つ（10 か月半～ 13 か月）	なぐりがき（11 か月～ 14 か月）
一人で歩く（11 か月～ 14 か月）	2 つの積み木で塔をつくる
一段ずつ足をそろえて階段をのぼる	（12 か月半～ 17 か月半）
（16 か月～ 24 か月）	4 つの積み木で塔をつくる
その場でジャンプする	（15 か月半～ 22 か月）
（22 か月～ 28 か月）	
足を交互に出して階段をのぼる	
（24 か月～ 28 か月）	

表 2-4

粗大運動と微細運動の発達指標

粗大運動	発現期（中央値）		微細運動
		誕生直後	反射的な把持ができる
首が座る	1-2 か月	1-3 か月	ぎこちない到達運動
うつ伏せから両腕で頭と胸を浮かせる	2-3 か月		
補助があればお座りができる	2-3 か月	3 か月	能動的な把持
うつ伏せから仰向けへの寝返り	3-4 か月		
		4-5 か月	到達運動と把持を組み合わせる
仰向けからうつ伏せへの寝返り	6-7 か月		到達運動と把持の精度が上がる
お座りができる	6-8 か月		
つかまり立ちができる	8-9 か月		
ハイハイが始まる	9 か月		ものをつまみ始める
つかまり歩きができる	9-10 か月	10 か月	手をたたく
1 人で立てる	11-12 か月		
1 人で歩ける	12-13 か月		ぎこちなく物を投げられる

（中込，2012，p.3）

指などの意図的な動きに関するものである。

「KIDS」と同様に運動を大きな身体運動（粗大運動）と手を中心にした細かな運動（微細運動）に分けて、これらが 1 歳代でどのような発達変化をするのかを一覧表にしたものが表 2-4 であるが、これらから 1 歳代の乳児の運動発達の変化の目安にすることができる。

運動発達でも、特に乳児期の姿勢制御の発達変化を示したものがイリング

図 2-17
イリングワースによる乳児の姿勢制御の発達

(ブレムナー，1994, 邦訳 p.39：Illingworth, 1973)

ワース (Illingworth, 1973) のものである。図 2-17 では、うつ伏せの姿勢と、座った姿勢の変化がまとめて通し番号で表している。1〜7 までのものは、うつ伏せの状態からハイハイの姿勢、そして 4 つ足で歩き始めるまでの変化を示し、8〜14 は座った姿勢の変化を表したものである。

§3 身体と運動機能の発達

§4 基本的生活習慣と保育援助：食行為、排泄と感覚、睡眠

　食行為、排泄と感覚、そして睡眠はどんな年齢でも人間が生き、毎日を元気に過ごすための最も重要なものである。そして、これらの活動は発達初期から乳児が人間社会の中で生きていく中で変化をみせていくものでもある。前の第1章の§3・発達を過程としてみる視点で取り上げたヴィゴツキーの発達理論では、食行為も、そして睡眠も乳児が元々生まれつき持っていた「自然的発達」が子どもが人間の社会に参入することで大人や保育者との関わり、そして援助の中で「文化的発達」として変化を遂げていくことが指摘されていた。食行為も食事のための様々な道具を使うことを徐々に学びながら自立を実現していく。あるいは離乳という大事な移行を行うのも1歳代の大きな変化の一つである。睡眠とその変化は家庭では日常の出来事ではあるものの「夜泣き」に悩まされる、あるいは逆にそれが少なくなってくるといった形で表れている現実的な問題でもある。あるいは保育所などでは子どもたちがしっかりと「お昼寝」をできることはその園での安心した生活の表れでもあると言われているように、子どもたちの日常の現実と深く関わっていることでもある。

　排尿には「おむつ外し」という現実の問題がある。ここ、10年程前から「おむつ」を外す年齢が上がっていると言われている（長富，2015）。1990年の平均は2歳4か月であったが、2007年では3歳4か月で、ほぼ一年程年齢が上がってきているということである。そこには「紙おむつ」を手軽に利用するようになって親の手間が省けたことで急いで「おむつ外し」をしなくてもよくなったことや、育児雑誌などで子どもの発達を見ながら進めることが奨励されていることもあるようだ。そもそも、いつからトイレット・トレーニングを開始したら良いのか、あるいは「おむつ」はいつから外れるようになるのかといったことは、個人差があるので一概に決めてしまうべきでないことは言うまでもない。膀胱におしっこがたまったことを感じ始めるのは1

歳から2歳半と言われているが、尿意を感じ、またそれを親や大人に知らせることができるようになるためには、歩けること、トイレに行くことを言葉で告げられるようになること、そしておしっこを溜められるよう、膀胱が成長しているといったいくつかの条件が必要である。それらは年齢では決められないことである。

　この食行為、排泄と感覚、睡眠の問題は、この後の第2部第6章で保育援助の問題としてさらに詳しくみていくことにする。

　第2章で扱っている1歳までの子どもの発達について、月齢ごとの発達の基準をまとめたものに津守・稲毛の「乳幼児精神発達診断法」があり、1歳までのものとして、運動、探索・操作、社会、食事、理解・言語といった複数の領域をまとめてみていくことができるものがある。乳幼児の発達指標としては、他に「遠城寺式　乳幼児分析的発達検査法」などもあり、前の§3でふれた「DENVER Ⅱ デンバー発達判定法」や「KIDS（キッズ）乳幼児発達スケール」もあり、いずれも平均的な発達の指標として使うことができる。

2-1　原始反射のいくつか

　乳児が生まれつき持っている反射は「原始反射」と呼ばれているが、その主なものと出現、そして消失時期は次のようになっている。原始反射の多くは胎児の時からあり、生後しばらくは子どもの生命を維持するために働いている。しかし、これらは遅くても生後半年を過ぎる頃にはなくなって、その後は子どもの意図的な活動である随意運動へと移行していく。「四方反射」は口のまわりにモノが触れるとその方向に頭を回転させるもの、「バビンスキー反射（足底把握反射）」は足底を刺激すると足指を広げる反射である。普通の指を内側に曲げる反応をするのとは対照的な動きをする。「モロー反射」は乳児が横に寝ている時に頭を少し持ち上げて床に落とすと手足を伸ばして抱きつこうとする。危険を察知した時に親に抱きつこうとするもので、祖先の猿の名残とも言われている。

```
            26 28 30 32 34 36 38 40週1  2  3  4  5  6  7  8  9  10 11 12月
①吸啜反射
②四方反射
③手掌把握反射
④足底把握反射
⑤引き起こし反射
⑥モロー反射
                                            ----- 不完全    ▓▓▓ 完全
```

(秋山・井村, 1989, p.44を一部改変)

2-2　母親の情動的調整

　鯨岡が観察した6か月の女児（M児）に母親がうまく調整活動を展開した例である。子どもがなかなか腹這いにならないと話していた母親が部屋の中央におもちゃの人形（ブタの人形）を置き、M児をそのそばに腹這いにさせて、母親はM児と同じ姿勢になって「ブタさんがおいでをしているよ」と声をかける（図1）。M児が這う気がないことを感じた母親はブタのおもちゃのある方にまわって、「Mちゃん、おいで」と子どもを誘い、子どもも母親の方を見る（図2）。M児はなかなか前に進もうとしないで後ずさりをしてしまうが、母親は「ほら、おいで、うんしょ」と力むように声をかける。M児が腕に力を入れて進もうとしていることを感じた母親は「うんしょ、がんばって」と言い、両手を差し出す（図3）。それでもM児はなかなか前に進まないが、「ブタさんがおいでっていってるよ」と一生懸命に誘っている（図4）。このエピソードは鯨岡が言うように、スターンの「調整的活動」、あるいは「情動の調律」を母親が行っている良い例である。

　図1　　　　　　　図2　　　　　　　図3　　　　　　　図4

（鯨岡, 1992, p.253）

2-3 ハーローの愛着理論：ワイヤー・マザーとクロス・マザー

　動物心理学者のハーローは、学習理論では主流であった行動主義心理学の考えに反論する研究を高等動物のサルを用いて多数行っている。ハーローは愛着の形成についても、飢えや渇きといった不快な状態（「動因」）を和らげてくれる（「低減」）ものに愛着を持つといった「動因低減説」に反対して、ミルクを与えてくれるが針金で作られた皮膚の感触が悪い代理母（ワイヤー・マザー）よりも、ミルクは出てこないが、布製の皮膚感触が心地よく、温かい代理母（クロス・マザー）に愛着を感じることを明らかにしている。このクロス・マザーに愛着を持ったアカゲザルの子どもは、目の前に奇怪なおもちゃの動物が現れて恐怖を感じた時にもこの代理母の方に逃げ込んで安全基地としていたのである（ブラム，2002）。

　その他、ハーローは霊長類を使って、報酬を与えなくても学習が成立するという研究を行って、行動主義の学習理論に反論もしている。行動主義の考えでは、正しい反応には報酬を与えて行動を「強化」することが学習の形成では絶対条件として必要であると考えていた。だが、サルは檻に仕掛けた大型の「知恵の輪」に興味を持って、一生懸命にそれを外そうとし、学習していったのである。この時、うまく外せても何もエサを与えられなかったが、ひたすらこの「知恵の輪」に取り組んだのである。

文献

秋山和範・井村純一 1989 新生児の神経学的診察 奥山和男（監修）新生児の診療と検査 改定第2版 東京医学社.

Bertenthal, B. I., Proffit, D. R., Kramer, S. J. & Spetner, N. B. 1987 Infants' encoding of kinetic displays varing in relative coherence. *Developmental Psychology*, 23, 171-178.

バウアー，T. G. R. 1974 乳児の世界：認識の発生・その科学 岡本夏木他（訳）1979 ミネルヴァ書房.

バウアー，T. G. R. 1977 乳児期：可能性を生きる 岡本夏木他（訳）1980 ミネルヴァ書房.

ブラム，B. 2002 愛を科学で測った男：異端の心理学者ハリー・ハーロウとサル実験の真実 藤澤隆史・藤澤玲子（訳）2014 白揚社.

ブレムナー，J. G. 1994 乳児の発達 渡部雅之（訳）1999 ミネルヴァ書房.

ブルーナー，J. 1983 乳幼児の話しことば：コミュニケーションの学習 寺田 晃・本郷一夫（訳）1988 新曜社.

Camras, L. A. & Sachs, V. B. 1991 Social referencing and caretaker expressive behavior in a day care setting. *Infant Behavior and Development*, 14, 27-36.

Fantz, R. L. 1961 The origin of form perception. *Scientific American*, 204, 66-72.

Fantz, R. L. 1963 Pattern vison in newborn infants. *Science*, 140, 296-297.

Fantz, R. L. 1973 Visual perception from birth as shown by pattern selectivity. In L. J. Stone,

H. T. Smith & L. B. Murphy (eds.) *The competent infant.* New York : Basic Books, 622-630.

Fantz, R. L., Fagan, J. F. & Miranda, S. B. 1975 Early visual selectivity as a function of pattern variables, previous exposure, age from birth and conception, and expected cognitive deficit. In L. B. Cohen & P. Salapatek (eds.) *Infant perception : From sensation to cognition. Vol.1.* Academic Press, 249-345.

Field, T. et al. 1982 Discrimination and imitation of facial expression by neonates. *Science*, 218, 179-181.

フランケンバーグ, W. K. 日本小児保健協会（編）2003 DENVERII：デンバー発達判定法 日本小児医事出版社.

Gibson, E. J. & Walk, R. R. 1960 The "visual cliff." *Scientific American*, 202, 2-9.

Harlow, H. F. 1958 The nature of love. *American Psychologist*, 13, 673-685.

Illingworth, R. S. 1973 Basic developmental screening: 0-2 years. Oxford: Blackwell Scientific.

Jacobson, S. W. 1979 Matching behavior in the young infant. *Child Development*, 50, 425-430.

河合優年 1992 知覚と運動の発達 高橋惠子（編）新・児童心理学講座2：胎児・乳児期の発達・所収 金子書房 57-96.

河合優年 2012 運動 高橋惠子他（編著）発達科学入門2：胎児期～児童期・所収 東京大学出版会 79-88.

発達科学研究教育センター 1989 KIDS（キッズ）乳幼児発達スケール http://www.coder.or.jp/test/test1.html

鯨岡 峻 1992 第Ⅵ章・発達研究—その現象学的接近 村井潤一・編 新・児童心理学講座1：子どもの発達の基本問題・所収 金子書房 229-261.

レガァスティ, M. 2005 乳児の対人感覚の発達：心の理論を導くもの 大藪 泰（訳）2014 新曜社.

前原武子（編）2008 発達支援のための生涯発達心理学 ナカニシヤ出版.

Meltzoff, A. N. & Moore, M. K. 1977 Imitation of facial and manual gestures by human neonates. *Science*, 198, 75-78.

みつはしちかこ 1983 ハーイあっこです（連載第152回）©株式会社スタジオポケット.

三宅和夫・宮本 実（編著）1986 児童心理学・第三版 川島書店.

明和政子 2014 真似る・真似られる—模倣の発達的・進化的変遷— 開 一夫（編）岩波講座 コミュニケーションの認知科学3：母性と社会性の起源・所収 岩波書店 51-82.

長富由希子 2015 おむつ外し 子どもに合わせて 朝日新聞 10月19日朝刊 23.

ピアジェ, J. 1948 知能の誕生 谷村 覚・浜田寿美男（訳）1978 ミネルヴァ書房.

中込四郎他（編著）2012 よくわかるスポーツ心理学 ミネルヴァ書房.

Salapatek, P. & Kessen, W. 1966 Visual scannings of triangles by the human newborn. *Journal of Experimental Child Psychology*, 3, 155-167.

Salapatek, P. 1975 Pattern perception in early infancy. In L. B. Cohen & P. Salapatek (eds.) *Infant perception : From sensation to cognition. Vol.1.* Academic Press, 133-248.

佐藤公治 1986 認知の発達・参考資料 三宅和夫・宮本 実（編著）児童心理学・第三版・所収 川島書店 73-152.

佐藤公治 1992 発達初期の知覚・認知理論の展開 東 洋他（編）発達心理学ハンドブック・所収 福村出版 153-174.

Scarr, S. & Salapatek, P. 1970 Patterns of fear development during infancy. *Merrill-Palmer Quarterly of Behavior and Development*, 16, 53-90.

Sorce, J. F., Emde, R. N., Campos, J. J. & Klinnert, M. D. 1985 Maternal emotional signaling：Its effect on the visual cliff behavior of 1-year-olds. *Developmental Psychology*, 21, 195-200.

スターン，D. N. 1985 乳児の対人世界：理論編 小此木啓吾・丸田俊彦（監訳）神庭靖子・神庭重信（訳）1989 岩崎学術出版社.

末岡一伯 1986 身体・運動能力の発達 三宅和夫・宮本 実（編著）児童心理学第三版・所収 川島書店 41-72.

津守 真・稲毛教子 1961 乳幼児精神発達診断法：0才〜3才まで 大日本図書.

ヴィゴツキー, L. S. 1930-31 文化・歴史的精神発達の理論 柴田義松（監訳）2005 学文社.

2歳の子どもと その世界

　この章では、2歳の子どもの発達の様子を特に表象能力やシンボル機能、さらには言語の発達を中心にみていく。前の第2章では、乳児の能力はこれまで常識的に考えられてきた以上に優れていることをみてきた。この基礎的能力を土台にして幼児は感覚・運動的活動だけに頼ることなく、人間だけが持っている言語的世界に足を踏み入れていく。

　この章で特に注目していきたいのは、乳児の時期から幼児期前期になって大きく変化をするのは、感覚と運動を通して世界を理解していたことからイメージや表象の活動へと向かっていくことである。あるいは、この後の長い発達の過程で本格化していくシンボル的活動もこの時期から始まる。言葉の獲得も本格的に開始する。これらの認識変化と共に、幼児は自己の世界を形成していくようになる。

§1　表象能力と言語の初期発達

　このセクションでは、2歳頃を境にしてそれまでの「感覚運動期」とは異なる認識の仕方に向かっていくことと、言葉の発達の様子を中心にみていく。

(1)「感覚運動期」から「前概念期」へ

　前の第2章の表2-1のピアジェの「感覚運動期」の中で、1歳半頃から2歳児の間では自分の周りにあるモノの性質や特徴をより詳しく知るようになり、いわば「感覚運動期」の知的活動を完成させる時期になっている。例えば、ピアジェの息子のローランは12か月の時に、周りにあるモノ（ピアジェの手帳、プラグ、リボンなど）を手当たり次第に広げたり、落としたり、離す手の位置、高さを変えて落ちる落下軌道を調べて遊んでいる。このような様子をピアジェは『知能の誕生』（1936）の中で詳細に記録している（事

例141、142など)。また、感覚運動期の最後の第6段階では、手段と目的の関係を試行錯誤によらないで発見していくようになる。1歳半前後に娘のジャクリーヌやルシアンヌがベビーサークルの隙間から長い棒を通すことを難なくできるようになった事例(事例178)を挙げている。あるいは、1歳半の時に娘のルシアンヌが人形用の乳母車を押して遊んでいたが、壁に当たり、乳母車の柄を持って後ろに引っ張ろうとしたが上手くいかなかった。そこで今度は乳母車の反対側に回って押すことをすぐに始めた事例をピアジェは挙げている(事例181)。

　このような「感覚運動期」を完成させた1歳半から2歳頃は、**前概念期へ**と向かう準備を始める(第1章 図1-5参照)。「前概念期」はほぼ2歳前後から始まるが、早い子どもでは1歳半頃からこの新しい段階に移行している。「前概念期」になると、その前の「感覚運動期」とは大きく異なる発達変化が起きる。「感覚運動期」の乳児は、感覚と運動を通して周りの世界を知り、知的活動の原初的なものを展開していた。「感覚運動期」の場合は、乳児は今、目の前で起きていることや、今、自分が身体で感じているという「現在」の状況の中で活動しているということであった。それがこの「前概念期」になると、**表象(representation)作用**という目の前にないものを頭の中に想い浮かべたり、過ぎ去ったことを想い出すといった活動を始める。今、目の前にあるものや、自分が今、活動しているという「現在」の時間的・空間的なものに拘束されなくなる。いわば時間と空間を拡大して知的活動を展開するようになるのである。あるいは、活動を自分の頭の中で行うことで**活動の内面化**が始まっている。

　表象作用が始まっていることを示す一つの実例に**延滞模倣**がある。模倣については、前の章でメルツォフらが誕生間もない新生児でも大人が口を開けたり、舌を出す動作をして見せると、同じような動作をするといった研究を述べておいた。このような模倣は実際に模倣する対象が目の前におり、それを見て模倣するというものであるが、「延滞模倣」の場合は文字通り、模倣のモデルがもう自分の前にはいない状態で行われるものである。模倣のモデルが自分の記憶の中にあり、それを再現する、つまり「表象」することで起

きる模倣である。ピアジェは娘のジャクリーヌが1歳4か月で見せた次のような行動を観察している。ジャクリーヌは1歳6か月の男の子が家に遊びに来て癇癪（かんしゃく）を起こして、ベビーサークルの棚をゆさぶり泣きわめく情景を目にした。翌日、ジャクリーヌが自分のベビーサークルでそっくり同じ振る舞いを再現してみせたのである（ピアジェ，1936，邦訳 p.477）。

　この時期にみられる知的活動の大きな特徴は、**象徴（シンボル）** の使用が始まることである。この象徴的活動はこの後の段階の **直観的思考期** の子どもたちによっても本格的に行われるし、もちろん、大人もこの象徴機能を使った知的活動を行っている。象徴作用が始まると、子どもはモノを物理的特徴としてではなく、モノの意味的側面に基づいた反応をするようになる。例えば、子どもは目の前にある小石をあめ玉に見立てたり、葉っぱをお皿として使いながら **ごっこ遊び** をする。この時、子どもの頭の中では小石をあめ玉として意味づけ、またあめ玉をイメージし、頭の中に思い浮かべるという表象活動をしている。この場合は **意味するもの**（能記：「小石」）と **意味されるもの**（所記：「あめ玉」）の関係づけができている。ここで起きていることは以下の図のようになる。

　この「意味するもの」─「意味されるもの」の関係が抽象的になると実物の「リンゴ」と言葉（概念）の「リンゴ」とを正しく関係づけて、言葉の意味を正しく理解し、それを使うという象徴的活動になっていく。象徴的活動という人間の知性を支えている基本的なものの獲得は、この2歳頃の **前概念**

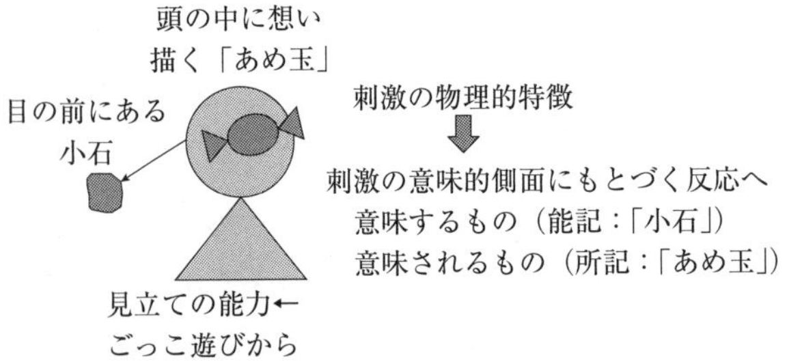

図 3-1　　象徴（シンボル）の使用の開始

期から始まっている。言葉とその意味の理解を基礎づけているが、言葉が事物を指示しているという「等価的な関係」を理解し、言葉の機能的意味を使えるようになるためには、周りの大人による「教え」と子どもの「学び」が必要になる。このことは次のセクションで確認していく。

　それでは、何故ピアジェがこの時期を「前概念期」と呼んだのかというと、外の世界を概念的に、つまりモノやものごとを意味的に捉え、その知識もたくさん持つことができるようになるが、この知識がまだ体系的に整理されていないことがこの時期の特徴だからである。例えば、個々の犬と犬一般とを我々大人は区別しているが、それは特殊と一般を区別しているからであり、それは概念をヒエラルキーとして整理している。ところがこの時期の子どもはまだこのような概念的知識の構造化ができていないので、個別具体の特殊なものと、特殊事例を包み込んだ一般とを混同してしまっている。このことは同時に個々のモノの同一性が保証されていないという現象を引き起こしてしまう。例えば、ピアジェの娘のジャクリーヌが2歳10か月の時に言った言葉である。ジャクリーヌが熱を出して、みかんが欲しいと言った。シーズン前でまだみかんは売っていない時であったので、みかんはまだ緑色をしているので黄色になるまでは食べられないと説明した。彼女はこれを承認したが、しばらくして「せんじ薬」を飲んだ時、次のように言った。「せんじ薬は緑色ではない。もう黄色になっている。……みかんをちょうだい！」。彼女は「せんじ薬」が黄色くなったのなら、みかんも黄色になっているだろうと推理したのである（波多野，1965，p.68）。同じような思考の展開をしている例に、同じジャクリーヌのものがある。彼女が雨上がりの森を散歩していた時、草むらでカタツムリを見つけ、その後しばらく別のところでカタツムリを見つけた。その時、「さっきのカタツムリだ」と言ったという逸話である。これら二つの例から、この時期の子どもは個々のものが区別されないで同じものとして理解してしまっていることがわかる。このことをピアジェは**転導推理**と呼んで、この時期の子どもの思考の特徴であると述べている。このような概念が整理できないという制限を解消できるようになるのは、もう少し後の時期である。

(2) 言語とその意味のはじまり

　言葉によって世界を理解し、また自分が見た出来事や経験について事物を使わないで言葉で表現することは人間の最大の特徴である。言葉は具体的な身体表現や身ぶりといった「今、そこ」というリアルタイムの中で意味を伝えていることとは違って、抽象的な記号表現を担っているものである。まさに前の段階の「感覚・運動的な知性」からの脱却である。それを可能にしているのが言葉とその意味の世界であり、そこに人間が歩みを進めていくということである。もちろん、それを支えているのは言葉の前の言葉という身体に根ざしたものであり、特に言葉の働きを準備するものとしての「指さし機能」とその発達である。**指さしや身ぶり動作**という、いわば言語記号の形を取らないものを使いながら身近にいる者との間でコミュニケーションを取っていることは前の章で確認をしたが、このような共有関係が言語記号の使用を準備している。

　このような一連の「言葉の前の言葉」から「言語記号」へと発達していく姿をまとめたのが次の鯨岡（1997）の図である（図3-2）。この図では、鯨岡は子どもが使う記号の使用の変化（縦軸）と、他者とのコミュニケーションの仕方の変化（横軸）の二つの側面から言語の変化をまとめている。

　この章で主にみていく2歳前後の言葉の発達は、この図では社会的な記号規則に至る前の段階（縦軸：準約定的コード）で、親しい者同士、例えば親と子や、兄弟同士などの間で意味の「共有・伝達」（横軸）が可能になっている中間段階である。この後、さらに直接場や状況を共有していない者同士で恣意的な言語記号を使ったコミュニケーションと意味了解が可能になる段階へと進んでいくことになる。鯨岡のこの図からは、言語記号の発達の段階とそこで主に用いられている言語記号について確認することができ、言語の発達は連続的に移行していることがわかる。

　言語記号の働きとしては最も基本的なことは、記号が特定の対象を指し示すという一義的関係があるということである。「りんご」という言葉は事物の「リンゴ」を表すもので、二つは意味的には「等価的関係」になっている。

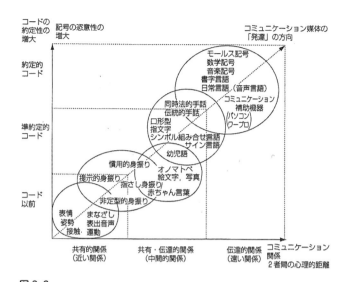

図 3-2
コミュニケーションの発達と使用される記号コード

(鯨岡, 1997, p.177)

このように、「意味するもの（能記、「リンゴ」という言葉）」である記号とそれによって示される「意味されるもの（所記、「リンゴ」という事物）」とのつながりを知ることが言葉の意味を知っていくことである（図3-3）。発達初期の段階では「意味するもの」は言語記号ではなく、具体的な類似物やシグナルや標識（インデックス）と呼ばれているものを使ったりする。その後は言語記号による「意味するもの」―「意味されるもの」の関係である意味世界へと入っていく。だが、言葉の意味はソシュール（1910）が指摘したように社会的慣習の中で確定された恣意的なものであって、子どもは最初

意味するもの：　「小石」　「リンゴ」という言葉

意味されるもの：　「あめ玉」　

図 3-3
「意味するもの」と「意味されるもの」

§1　表象能力と言語の初期発達　**63**

は社会的な規則を知ることなく自分なりの意味を言葉に与えて使っている。ソシュールが言う言葉の社会的な意味体系であるラングの獲得のためには、当然のことながら身近にいる大人との関わりを通したものが必要になる。

　岡本は『子どもとことば』(1982)の中で、一人の子ども(N児)が「ニャンニャン」という言葉を象徴的な意味として使い始め、自分なりに意味づけた対象をどんどん広げ、当てはめて使うことをしていると言う。いわば適用範囲を自分なりに広げ、汎化している。その後、1歳半を過ぎ、2歳近くになると、社会的に分けもたれた慣習的な意味として言葉を使い始めていく

段階	CA 年月	N児の「発声」と(対象または状況)	
1	0:7	「ニャンニャン」「ニャーン」(快的状態での喃語)	
2	0:8	「ニャンニャン」「ナンナン」(珍しいものやうれしいものを見つけて喜んで)(種々の対象に対して)	
3	0:9	「ニャンニャン」 (桃太郎絵本の白犬) ← (白毛の玩具のスピッツ)	
4	0:10 0:11 1:0	「ニャンニャン」 (動物のスピッツ) (猫)←(犬一般)→(白熊) (虎)(ライオン)	(白毛のパフ)→(紐のふさ(黒)) (白い毛糸・毛布)→(白い壁) (白毛のついた靴)
5	1:1 1:2 1:4 1:5 1:6	「ナーン」(猫)「ナンナン」(犬) 「モー」(牛) 「ドン」(自宅の犬の名ロン) 「ゾー」(象) 「バンビンチャン」(バンビー) 「ウンマ」(馬) 「グンチャン」(熊)	⇩
6	1:7 1:8	「クロニャンニャン」 (黒白ブチの犬) 「ネコ」(猫)「ワンワン」(犬) 「オーキニャンニャン」 (大きい白犬) 「クマニャンニャン」 (ぬいぐるみの熊) 「シュピッツ」(実物のスピッツ) ブチ(近所のスピッツの名)	「ニャンニャンクック」 (白毛の靴) 「ニャンニャンチョッキ」 (白毛糸のチョッキ)
7	1:9 1:10 1:11	「ブチノヤネブチニアゲルワ」 (ブチのだからブチにやろう―白毛の靴を持って) 「ワンワンデショウ」(戸外の犬の鳴声を聞いて) 「オーキイワンワンワンワンユワヘンワ」 (大きい犬が鳴かずに通るのを見て) (隣人よりケーキをもらって) N児「ダレガクレタノ?」 母「しのはらさん」 N児「ワンワンイルシノハラサン?」	(絵本のロバをさして) N児「コレ ナニウマ?」 母「ろばさん」 N児「ロバウマ?」

図 3-4
　　　　記号の汎用と分化の過程

(岡本, 1982, pp.136-137を改変)

ようになる。このN児の変化の詳細な過程が図3-4で示されている。この図には大人の関わりや修正が語られていないが、岡本は外からの働きかけは早い時期から行われていることを述べている。そして、岡本は大人の働きかけや修正によって子どもの言葉の使用が変化をしてくるのは1歳過ぎからで、その前の段階では変化を起こすことがないとも指摘している。それはまずは子ども自身が自分で表現している音声が対象を表現する手段として使うという「言語的構え」(岡本, 1982, p.143) をつくることが前提にあって、これによって、その後の大人の言語的働きかけや修正を受け入れていくことが可能になるということである。

　ブルーナーはニニオと共に、英国の日常の家庭の中で母子が絵本を一緒に見ながら会話する様子を観察して、母親が自然な会話の中で子どもを会話の中に誘い込んでいく様子を明らかにしている。母親は子どもの絵本に注目し、絵本の世界を共有することや「これは何かな？」といった質問を出して子どもの発話を引き出す場面をつくっている。あるいは子どもの発話を修正していくフィードバックも自然な形で行っている（図3-5）。これらはブルーナーの"Child's talk : learning to use language"（1983, 邦訳『乳幼児の話しことば』）や、ニニオらの論文（Ninio et al., 1976）に詳しく書かれている

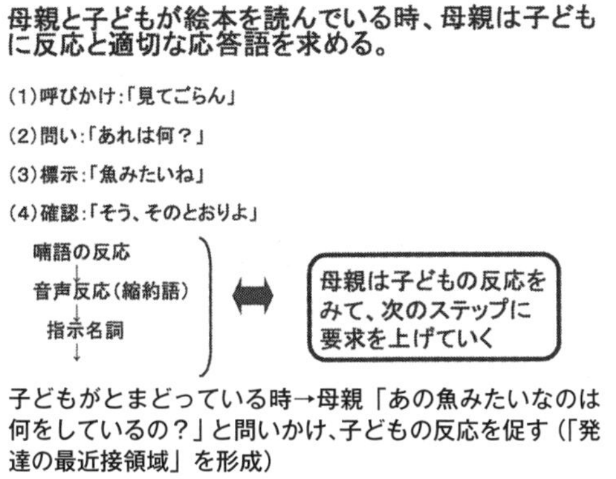

母親と子どもが絵本を読んでいる時、母親は子どもに反応と適切な応答語を求める。
(1) 呼びかけ：「見てごらん」
(2) 問い：「あれは何？」
(3) 標示：「魚みたいね」
(4) 確認：「そう、そのとおりよ」

哺語の反応
音声反応（縮約語）
指示名詞
⇔ 母親は子どもの反応をみて、次のステップに要求を上げていく

子どもがとまどっている時→母親「あの魚みたいなのは何をしているの？」と問いかけ、子どもの反応を促す（「発達の最近接領域」を形成）

図3-5　　母―子の会話の研究

（ブルーナー, 1983, 邦訳 p.84-95：Ninio & Bruner, 1978）

が、ブルーナーはここから母親は子どもが言語を獲得していくための「足場を用意」(scaffolding) しており、子どもの言語発達には大人の援助的な関わりが不可欠であると言う。この考えは、子どもが言語規則を習得していくのは子ども自身が言語習得装置を生得的に持っているという言語学者のチョムスキーが考える「生成文法理論」とは違ったものである。ブルーナーはチョムスキーの言う「言語習得装置（LAD：Language Acquisition Device)」と対比させて、「言語取得支援システム（LASS：Language Acquisition Support System)」の考えを提唱している。この発想の背景にあるのは、ヴィゴツキーが子どもの発達を周りの大人との関わりを通して実現していくとした「発達の最近接領域」の考え方である。

　岡本の『子どもとことば』(1982) や『ことばと発達』(1985) は、日常の生活の中で子どもがどのように言語を自分のものにしていくか、その様子を日常の場面から解き明かそうとしたものであるが、同じように一人の父親が子どもの言葉を習得していった4年間の記録をまとめたものをコラム3-1で紹介しておく。あるいは、やまだの『ことばの前のことば』(1987) や久保田の『二歳半という年齢』(1993) も、大人と子どもの間で言語の獲得と発達が起きていることを日常の観察を通して明らかにしようとしたものである。これらについては次の (3) でみていく。

(3) 言葉の意味の獲得と意味の共有のはじまり
　人間が言葉の意味を獲得するためには、どのようなことが必要なのだろうか。前の (2) で確認したように、言葉は外的対象や出来事を言語記号という具体物を伴わないもので抽象的に表現したものである。言葉の意味がわかるということは、言語記号がこれで表したいもの（指示対象）と結びついていることである。自分が「クッキー」と言ったり、この言葉でイメージしたものと実際の事物のクッキーとが結びつけられることで、言語の意味の獲得が可能になる。特定の具体的な対象や出来事を言葉という実体のないもので言い表す、あるいは代用することは人間の持っている象徴機能という働きがあって可能になっている。

ここで問題になるのは、言語記号が何を指しているのかを子どもはどのようにして理解するようになるのかということである。というのは、ごっこ遊びの世界で行われていた葉っぱをお皿に見立てて遊ぶといった場合には、頭の中にイメージとして思い描いたもの（意味するもの）と目の前の葉っぱ（意味されるもの）とは物理的形態の類似性があった。ところが言語記号（意味するもの）には指示対象（意味されるもの）の物質的な特徴を全く持っていないからである。両者の間にあるのは社会の約束事である言語の意味体系という恣意的な関係である。あるいは日本語では「イヌ＝犬」と「イス＝椅子」はたった一音が違っているだけだが、この両者を混同することはないし、混同してしまうことは許されない。このような言語記号の特徴は言語学者のソシュールが指摘してきたことであった。そうなると、子どもがこの恣意的な関係をどう理解し、正しい言語的意味を知っていくのかということである。

　子どもは身近にいる親や大人が動物のウサギを指したり、ウサギの絵を見せて、これは「ウサギなのよ」と言っていることを通して、指示語と指示対象との関係を知っていくと説明されている。具体的な事物を一緒に見ながら、その対象を指で指し示し、そこに言葉を当てはめていくことで言葉の意味を知っていくという説明である。これはヴィゴツキーも彼の『文化的・歴史的精神発達の理論』（1930-31）の第5章「高次精神機能の発生」で親が特定の対象と言語記号をつなげて見せることで子どもは言葉の意味、つまり言葉の指示的意味を知っていくとしたことと同じである。だが、これだけでは説明し尽くせないことが出てくる。それは言語学者のクワインが『ことばと対象』（1984）の中で出したいくつかの問題である。一つは彼が「**ギャヴァガイ（gavagai）問題**」と呼んでいるものである。一匹のウサギが草むらから飛び出してきたのを見て、現地の人が「ギャヴァガイ」と叫んだ時、この言葉が聞いた人がこの言葉が何を指しているのかは確定できないのである。ウサギという名詞のことなのか、白いことを言っているのか、あるいは4つ足で動く動物のことを指しているのかは決められないのである。このように現地の言葉を知らない人や幼児が初めて聞いた、いわば未知の言葉の指示対象が何であるのか、あるいはその指示範囲がどこまでなのか（ウサギという名

詞だけに限定したものなのか）を帰納的に導くことはできないのである（コラム 3-2）。あるいはクワインが挙げているもう一つの難問は、実際の対象に関する文（これをクワインは「場面文」と言っている）ではなく実物がないもの、つまり指示対象がない場合には意味と指示対象を結びつけることができなくなってしまうということである。人間は実在しないもの、例えば愛だとか平和を言葉の意味としてそれを表することはできる。そうなると、指示対象がないものを言語記号として表していく過程を指示対象と言葉との対応づけだけでは説明できない。そうなると子どもは言語記号の世界を自分が経験している具体的な身体、感覚、感情、社会的慣習、文化規範、概念世界などと関連づける複雑なシステムとして自己を創り上げていくことになる。人間の言語習得については、少なくとも親が一つひとつの言葉をその指示対象とマッチングさせる作業を通してだけでは説明できないことは明らかである。

　ここで人間と霊長類との比較認知研究を行っているトマセロが言語習得について述べていることを取り上げてみよう。トマセロの言語習得理論の最大の特徴は、言語記号の機能的意味は自然な身ぶりや他者の意図の理解と共有のその起源を求めていることである。トマセロはこれまでみてきたような言語の意味の理解を言語記号と指示対象との結びつきという、いわば言語の枠組みで理解しようとする伝統的な発想では言語習得を説明していくことはできないと考えた。彼は『コミュニケーションの起源を探る』（2008）で次のように発言している。「人間のコミュニケーションを理解したいなら、言語から始めることはできない。むしろわれわれは、その基盤を慣習化されず、記号化されたものではないコミュニケーションや、心的な同調についての別の形態から始めなければならない。この役割の最善の候補は指さしと物まねといった人間の自然な身振り（ジェスチャー）である」(p.59；邦訳 p.53。訳文を原文に則して変更している)。トマセロはこのような問題意識から、先のクワインが「ギャヴァガイ」と現地人が言った言葉が何を指して言ったことなのかを聞き手は理解できないことを別な形で説明している。例えば、言葉が通じない所を訪問した人に現地人が何かを指して「ギャヴァガイ」と

言ったとする。この時、現地人が川に魚を捕りに行く時にバケツと竿を使っており、このことを訪問者も知っていた。魚を捕るために現地人が竿を持って外に出て、現地人が訪問者を川に誘い「ギャヴァガイ」と言った時は「バケツ」のことを言った可能性がある。さらに小川に着くと「ギャヴァガイ」と言って物を持ってきて欲しい意思表示をした時には、やはり「ギャヴァガイ」は「バケツ」のことだと確認できるようになる。この例でトマセロが言おうとしていることは、ヒトは話し手が何をしようとしているかその目標と意図を理解することで、そこで発している言葉の意味の理解が可能になるということである。そのためには、相手と一緒の活動と経験を共有して、状況の意味を了解していくことが必要になる。そしてヒトは「他者の意図を理解する能力」や経験や活動を共有する「共有志向性」を持っており、それは比較的早い時期の幼児にも可能になっている。子どもは周りの大人と共同注意を成立させようとする姿勢を持っており、大人の意図を推測していくことで言葉によって表現している意味を理解していくようになる。このようにトマセロは考え、子どもの初期の言語獲得を、次のように説明をしている。「幼児は（現地の言葉を知らない）訪問者と同じようにまずそこに参加し、相手と一緒の目標を作ることを学ぶが、それによって他人がやっていること（相手の目標に意図について）と他人がやっている理由（今の状況でこちらの計画の方を選び、他の方をどうして選ばなかったのか）が分かってくる。このことが次には共同注意と相手が活動している中でどこに注意が払われているのかというより大きな範囲のことを決めるようになるし、そこで相手が自分の知らない新しい言葉を使って何を話しているかそのことも分かってくる。この後、別の文脈の中で同じ用語が使われると、そこで意図されているだろう指示対象とメッセージの範囲を限定していけるようになる」（トマセロ, 2008, 邦訳 p.157）。

　トマセロは『コミュニケーションの起源を探る』(2008) でも、それよりも前に書かれた『心とことばの起源を探る』(1999) でも、ブルーナーが『乳幼児の話しことば』(1983) で子どもの言語は大人との毎日の協同活動の中で習得されていくとしたことを何度も取り上げている。この『乳幼児の話し

ことば』はすでに本章でも前のところでふれておいた。いずれにしても、トマセロが指摘していることで重要なことは、ブルーナーにしても、そしてヴィゴツキーにしても、子どもの言葉とその意味は大人との間で交わされる社会的活動を通して習得することを指摘していることで、大人が言葉とその指示対象との関係を提示することにあるのではなく、子どもが大人との共同注意の関係を自らつくり、それによって大人の意図を推測していくということなのである。大人はまさにこのような子どもの主体的な活動へと向かわせる「足場」を提供している。

(4) 行動の世界と言葉の世界の間の往復

　子どもは乳児期を過ぎ、2歳を過ぎた「幼児期初期」には自分が使用する語彙の数や、相手の言っている言葉を理解できる語彙の数も大きく増加していく。使える言葉の数はおよそ2歳で200語を超え、2歳半から3歳頃には300から400語程度まで増加すると言われている。さらに単語を組み合わせて2語文、3語文を作って表現するようになる。その時は子どもが頻繁に使っている「**軸語（pivot word）**」、例えば「モット」「ドウシテ？」「ナンデ？」といった言葉に他の多様な言葉を「開放語（open word）」としてつなげて多様な形で表現していくようになる。例えば前の図3-4で岡本（1982）があげた、一人の女児が軸語のニャンニャンにクックを結びつけ、さらにニャンニャンチョッキといった形で使っているようなことである。もう少し進むと子どもは動詞を中心にして、その動作表現とつながるような言葉（名詞）をつなげて用いていくようになる。このような文の構成の仕方をトマセロ（2003）は「項目依拠構文（item-based construction）」と呼んで、2歳半頃にはこのような使い方をしていくと言う。軸語の使い方との違いは語順も軸語と開放語との間に関連づけられていないが、「項目依拠構文」では動詞に依拠しながらそれとつなげる言葉（人称名詞、対象の名詞）を選んで用いるようになる。幼児はまだ大人のように動詞をいろいろな対象と結びつけて使用することができず、いくつかの動詞はそれらと独自の項構造を持っているとみなしていることから、動詞群は離れ小島のようにバラバラに独立して

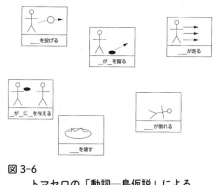

図 3-6
トマセロの「動詞―島仮説」による
動詞―名詞句のつながり

(トマセロ,2008,邦訳 p.132)

いると捉えている。これが「動詞―島仮説(verb island hypothesis)」である(図 3-6)。

　このような自分の意思を言葉で表現できるようになることと裏表の関係にあるのは、2歳になって盛んに自己の欲求を主張し、感情を表現するようになることである。これについては次の節でみていく。2歳から3歳までの間で幼児は使える語彙を爆発的に増やしていくが、同時に自分が見たモノや出来事といった特定の対象をそのままのものとして捉えるのではなくカテゴリー名を使って言い表すようになる。犬を「イヌ」と言うように言葉の世界で世界を理解し、表現することを始めていく。だが、ここではまだカテゴリー間の関係をつくり出していく概念的理解は不十分で、このことが可能になるのは3、4歳からである。あるいは言葉によって自分の行動を統制することもまだ十分にはできない。このことはルリヤ(1956)の研究で明らかにされている。2歳の段階はいわば岡本(2005)が指摘しているように言葉の世界と行動の世界の間を行ったり来たりして、二つの側面が相互に作用している段階だと言えるだろう。子どもが言語の世界に大きく足を踏み入れ、言葉を完全に自分のものとしていくのはこの後の時期である。これらについては次の章で詳しくみていく。

§2　感情と自己の発達

　2歳になると、子どもは自分一人でできることも多くなる。大人の手を借りずに自分でしたい、友だちと自分も同じようにしたいと主張するようになる。食事の時も自分でスプーンを使って好きなように食べたがり、きれいに食べないために親を困らせることが日常茶飯事になる。いわば自我がはっきりと芽生えてきたことによる。自分で一人できることを親や保育者に認めてもらい、またそばに居て欲しいという依存の願望もあって、子どもはよく「見てて」と言う。このような対人関係の中に子どもは積極的に加わっていくようになる。

　すでに本章の§1でトマセロの言葉の発達についての考えをみてきたように、言葉の意味や記号の働きを知っていくためにも周りの人間との間でコミュニケーションを展開したり、関係をつくっていくことが不可欠である。そこでは他人とは違う自分というものの存在に気づいていくことが重要である。この自我の意識は2歳前後からはっきりとしてくる。フランスの発達心理学者ワロンは、他者との社会関係の中で人格が形成されてくることを理論化したことで知られている。彼は感覚運動的活動の後には自己主張の段階へと進んでくるとして、図3-7のような発達段階論を提出している。ワロンの発達についてもう少し詳しくまとめたものをコラム3-3に載せておく。

(1)「自我」の発達

　ワロンが指摘している自己主張とその背景にある「自我」の形成の様子をもう少し詳しくみていこう。ここでもみていくのは筆者の子どもの様子を観察し、記録したものである。人と人との「関係性」の中で子どもの発達をみた時、ポイントになる発達上の節目を2歳頃までのものを中心にまとめたのが表3-1である。この表にあるように、2歳頃に自我が形成されてくると要求—拒否や所有意識も同時にはっきりと持ってくる。

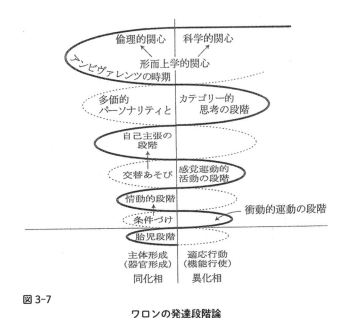

図 3-7　　ワロンの発達段階論

(ワロン, 1956, 邦訳 p.260)

表 3-1　　乳幼児期の自我形成と対人的行動の発達

6か月	大人との意思の疎通＝原初的コミュニケーションの成立行動の随伴性の獲得 ＊自他の区別はまだできない
10か月	指さしのはじまり 物のやりとり行動の開始：やりもらいの関係の理解 　　　　　　　　　↓ 　　　　　　　自他関係のめばえ
11か月	大人を社会的ルール（「して良いこと」「悪いこと」）の情報源に使いだす（「社会的参照」social referencing）
1歳頃	大人の命令に従うこと，その意味の理解
1歳3か月	ことばへの興味・関心の増加
1歳6か月	自己意識のはじまり→自分でできることをやりたがる 要求―拒否のはじまり 禁止に対する抵抗（「イヤ！」） 所有意識のめばえ（「自分の」）

§2　感情と自己の発達

この表にはすでに前の章で確認してきたように、1歳前からは他人とのモノのやり取りが可能になり、自他関係の芽生えも出てくる。あるいは社会的なルール（例えば、他人のおもちゃを使ってよいか）を判断する時に親の様子を見て、親を情報源として使うといった「社会的参照」もこの1歳前後から始まっている。自我意識がいつから表れてくるかということでは、これまでの研究では2歳以降からであると言われている。しかし、鏡に映っている人が自分であることに気づくのは1歳3か月頃からであるとされているし、筆者が子どもの様子を観察した結果でも1歳5か月には自分という意識が生まれている。このことは表3-2の1歳5か月に子どもが示したいくつかの行動からもわかる。この表には2歳近くになって表れてくる自我の形成の前にはどのようなことがあるのかを生後4か月にまでさかのぼりながらポイントをまとめてあるが、自己は周りの大人との関わりを通して次第に意識化されていくことがわかる。例えば、鏡像と実像のマッチングがはじめにできるのは大人（親）の顔についてであって（7か月）、それは自分自身の顔を直接見ることはできないからである。自己や自我意識が形成されていく過程の

表3-2　自己の発達過程

4か月	鏡の自分の顔を見て笑う：鏡像と実物の区別がない
7か月	一緒に映っている母親の像と実物を見比べる：他人の鏡像については実物との区別ができる（自分のは分化してない）
11か月	母親と一緒にお風呂に入って、親の髪がぬれているのを見て、自分の髪に手をやり、ぬれていないで不思議そうな顔をする：他者への関心が強くなるが、自他が未分化
1歳3か月	自分の名前を言われると「はい」と返事する 自分や他人の名前を聞いて、特定化（指さし）できる（「とうちゃん、どの人？」、「岳くんどの人？」） 特定の人物の顔の一部を指さしできる（「岳くんの鼻どこ？」、「とうさんの耳どこ？」） 写真をみてどの人かを指で示す（「かあちゃん、どの人？」）
1歳5か月	鏡の自分の顔を見ながら実物の鼻を指さす 髪を洗った自分の顔を鏡で見て、実物の髪を手でさわる 帽子や新しい髪を着た姿を鏡でみて、それらにさわる：自己認識の成立
1歳7か月	「この人誰？」と問うと自分の名前を言う 身近な大人についても正しく名前が言える（「じいちゃん」） 同じことが写真でもできる
1歳9か月	近所の遊び友だちの名前を自発的に言う（「あ、亮太！」）
1歳10か月	物の所有の区別ができる（自分の物を指して「岳」、「自分」。親の物を指して「かあちゃん」、「とうちゃん」）

中には他者が存在していることが大きなきっかけを与えている。

(2)「要求と拒否」の行動

　自我の意識がよりはっきりとした形になって表れるものとしては、要求―拒否の行動がある。表3-3の観察記録にみるように、およそ1歳半過ぎから自分一人でしたいことを要求し、これが受け入れられない、つまり自己の主張が通らないような時には癇癪を起こして拒否の行動を取ることがしばしばある。この要求―拒否の行動とその変化の過程から自我が成立していく様子をみていくことができる。1歳の食事の時などは自分の食べたいものを指さしの動作で示したり、欲しくないものは手で払いのけるといった自我の萌芽のようなものをみせているし、大人が「チョーダイ」と話しかけた言葉を模倣して自分でも使っている。あるいは1歳半には「自分で」という言葉

表3-3

乳幼児の要求―拒否の行動とその変化

5か月	・泣き・ぐずりの声を使い分ける（「おっぱいの欲しい時」、「眠い時」、「親がそばに来て欲しい時」）
7か月	・親の方に顔を向けて合図を送り、泣く（座っていて、おもちゃに手が届かない時、取って欲しいと知らせる）親が気がつかないでいると泣き声を大きくする
8か月	・親に取って欲しいものに手を差し出して「アー、アー」と発声 ・親がそばに来て欲しい時、泣くまねをして泣き声を出す（泣き声の信号としての機能を使う）
9か月	・いやなものには手で払いのける（風呂で顔を洗ってやろうとするといやがって大人の手を払いのける） ・顔をそむける（外で身知らぬ人があやそうとして手を触った時、いやがって手を引っ込め、顔をそむける） ・目で大人に合図を送る（つかまり立ちしていて、疲れて座りたくなったが自分では座れないので、親が近づいた時に顔をじっと見つめ、目で合図をする）
11か月	・指さし（自分で取って欲しいものを指さしで教える）
12か月	・食事で食べたい物をそれぞれ指さしで指示（細かく指示する）欲しくない物には手で払いのける ・特定語（「チョーダイ」）の模倣の後、欲しい物がある時、この言葉を自発的に使用
1歳4か月	・特定語（「イヤ」）の模倣と自発的な使用
1歳6か月	・「自分」の言葉の模倣と自発的な使用（自分一人でやりたがる）
1歳8か月	・「自分」でやりたいことが認められないと強く抗議（かんしゃくを起こし、それを許してもしばらく怒って拒否）
1歳9か月	・いやなことをされたり、要求が通らないと「メッ」（「ダメ」という意味）と言って「怒った顔」をして抗議する。

§2　感情と自己の発達　75

を使いながら、自分一人でやろうとすることが多くなっている。さらに1歳8か月には自分の思い通りにならないと癇癪を起こすといった典型的な要求―拒否の行動もみられる。山田（1982）が子どもの泣きを要求―拒否の反応としてみているものがあるが、その中に1歳2か月の時に、自分のやりたいことを無視されて泣いた例がある。子どもはバナナを1本丸ごと与えてもらって自分で皮をむきたいのに、親がむいて与えてしまったためにバナナを放り出して泣いてしまったのである。食べたいバナナよりももっと大事にしたい自己の欲求があったということである。子どもの泣きもこのように要求―拒否という自己の主張の具体的な表れとみていくことは、子どもを理解する上では大切なことである。

　ここまで、ワロンの発達理論の中で2歳頃からはっきりと表れてくる自己主張を子どもの行動の様子から具体的にみてきた。乳幼児期の自我は子どもの理解にとっては大切な視点であるし、その発生は大人との日常的な関わりの中で起きていることを指摘したワロンの研究は重要であることを改めて確認しておきたい。なお、ワロンの発達理論を比較的わかりやすく紹介したものには浜田の『ピアジェとワロン』（1994）とワロン『身体・自我・社会』（1956）、岡本・浜田の『発達心理学入門』（1995）がある。また2歳半になるまでの幼児の発達を日常場面の観察を交えながら子どもの発達の様子を描いているものに久保田の『二歳半という年齢』（1993）がある。ここでもワロンの考え方を下敷きにして論じられている。ワロンについては、その発達の思想と生涯を詳しくまとめたものに加藤の『アンリ・ワロン　その生涯と発達思想』（2015）がある。幼児期初期の言葉とコミュニケーションの発達をわかり易く、観察事例をもとにして述べているのが、前でも取り上げた、やまだの『ことばの前のことば』（1987）である。これらはいずれも本セクションの内容を補ってくれるものである。

§3 社会的活動の開始：仲間への関心と共同遊びの始まり

前の2つのセクションで、2歳になると子どもは象徴的記号の世界に入って、人間社会に特有の出来事を意味的な側面から捉えていくことを始めることを確認した。言語の発達もこのような認知的変化に支えられているものであるし、ほぼ同時に形成されてくる自己の感情や欲求を他者に向けて出していくための言語表現が備わっていくことで社会的存在としての子どもを可能にしている。このように、子どもは自分とは違った存在である他者との関わりを次第に強くしていく。2歳になると親以外の大人や他の子どもと単純ではあるが、共同的な遊びを始めるようになる。このセクションでは、この時期の子どもの共同遊びとその意味についてみていこう。

2歳児は周りの大人や他児が行っていることを直ちに象徴的意味として理解することはできない。この時期の子どもは大人がモノを使って行為をすることを通して動作的意味を知り、いわば「モノ―行為」が表している意味を理解し、自分自身も一つの動作を意味的、象徴的な表現をするものとして振る舞えるようになる。だからはじまりはモノを使った動作と行為を真似るという模倣であり、模倣の役割はきわめて大きいものがある。具体的にこの時期の子どもの遊びをみてみよう（ここで用いているのは、長橋, 2013 の中の遊びの事例である）。

図3-8は1歳6か月のW子と保育者の遊びの事例である。W子は保育者が急須からお茶を入れる動作を模倣し、さらには保育者が行わなかったコップに入れたお茶を飲むという一連の動作を自分で行っている。大人の急須→コップという動作は、「お茶を飲む」という意味を一連の行為的意味として理解していることを示している。

次の図3-9も2歳児のS朗が保育者の行為を模倣しながらその行為的意味を理解して類似の動作を行った事例である。

S朗は保育者の「乾杯」の動作を意味がわからず、保育者が差し出したコ

W子は保育者と一緒におもちゃのリンゴと包丁でリンゴを切って遊んでいた。その後、保育者がW子の前にコップと急須を並べて置く。W子はコップを急須に打ち当てて遊ぶが、保育者が急須を持ってお茶をコップに注ぐ見立ての動作をしてみせる。これを見てW子も別のコップの方を指さして、自分で急須を持ってコップに注ぐ動作をする。さらに、W子はコップからお茶を飲む仕草を自分で行っている。

図 3-8　W子と保育者の「お茶を飲む」行為の意味了解

S朗は保育者と食べ物を包丁で切って食べる遊びをしていた。保育者はヤカンから2個のコップに飲み物を注ぐふりをして、一方のコップを「乾杯」と言いながらS朗に渡す。この時にはS朗は保育者のコップから飲み物を飲む仕草に合わせることもなくコップを床に置いてしまう。ところが、そのしばらく後に、S朗がコーヒーポットからコップにコーヒーを注ぐふりをして保育者にコップを手渡し、「乾杯」と言いながら保育者と一緒に飲む仕草をする。

図 3-9　S朗と保育者の「乾杯」の行為的意味の了解と模倣

ップから飲むような一種の共鳴動作はしなかった。だが、このしばらく後にS朗はヤカンとは別のコーヒーポットを持ってきて、コーヒーをコップに注ぐふりをしてそれを保育者に渡し、「乾杯」を一緒に行った。S朗は自分自身でシンボル的意味を動作で再現して見せたのである。

　二つの遊びの事例では保育者が行った動作を模倣しながらも、単に同じ行為を動作として反復しているのではなく、子どもたちは行為のシンボル的意味を理解し、それを動作として振る舞い、表現している。2歳代の幼児はモノとモノへの関わりという身体的動作を通して意味を了解している。その意味ではモノという具体的なものから切り離された形でシンボル的意味を十分

に使うことはできない。そこでは身振りやモノを使った身体運動的動作からそこで表れている行為的意味を知り、またそのレベルで他者との間の意味的了解を可能にしている。前のセクションでも取り上げたワロンは"De l'acte a la pensee（活動から思考へ）"（1942，邦題『認識過程の心理学』）で、2歳頃の幼児は身振りという身体運動的なものを大人や他児との間で投影し合っていくという模倣を通して表象を形成していくと述べている。ワロンはこのことを「運動的投影」と言っている。大人や仲間との間の共同的行為を模倣として行い、それによって心的な運動的表象を形成していくということである。模倣という行為は明らかに動作の同時的反復を超えた意味を持っている。

　ワロンの主張をもう少し別な形でつなげてみよう。幼児教育の場で子どもがつくり出していく意味生成の問題を論じた中沢は『イメージの誕生』（1979）で、一つの興味深い遊びの例を挙げている。発達初期の2歳前後の子どもでも母親が台所で料理をしているのを真似しながらモノを切ろうとしておもちゃのナイフを握る時にも刃の方は握らないで必ず柄の部分を握るというのである。おもちゃのナイフだから刃の方を持っても痛くないが、それでも刃の方を持ってしまって柄の方を握り直すといった試行錯誤はまずしない。幼児もモノと適切に結びついている具体的な振る舞い方、あるいは行為的意味とでも言うべきものを理解していることを示唆する例である。この中沢が指摘している例をさらに廣松（1996）は行動のコードないしはルールの「随順性」という言葉で表現している。この「随順性」という言葉はわかりにくいが、彼が言っているのはこういうことである。幼児がナイフを持つ動作やルールや規則に基づいた、つまり「随順した」形で展開される幼児の遊びはその場やそのモノの使い方にふさわしい役割行為として子どもが解釈し、またつくり直しながら具体的な行為として表現しているということである。子どもたちは大人の行動をそっくりそのまま真似る、模倣するわけではない。そもそも子どもは大人と全く同じ行動は取れないし、使っているモノ自体も違っている。子どもたちは遊びの参考資料として、模倣の対象として大人の行為を「お手本」として使っているのである。そして、大人が見せて

いる行為が社会的行為として一定の意味を持っていることを知るのである。男の子はしばしば父親が食事の前後や食事をしながら新聞を広げて読んでいることを真似して、読む振りを演じる。もちろん、新聞の文字を読むこともできないし、時には新聞を逆さまにして持つが、それでも一向に構わないのである。彼らは新聞を読むという社会的行為だけを子どもなりに模倣し、そこにある行為的意味を再現しているのである。

　ワロンよりも少し前の時期に、ヴィゴツキーも模倣が表象的意味の形成に関わっていることを『文化・歴史的精神発達の理論』(1930-31)の中で指摘している。彼は物的対象を記号的意味として捉えていくようになるきっかけは対象を具体的に扱っていく行為やそれを使った身振り動作によって行為的意味を表していくことによると言う（邦訳 p.233）。このような身振りはまさに相互に身体レベルでの模倣として大人や仲間との間で伝えあっていくことで展開されている。子どもは遊びの中でこの象徴的身振りとその意味を模倣を通して形成している。ワロン、そしてヴィゴツキーに続いて近年では、トマセロも他者と同じような行為をする模倣は他者や集団との同調や一体感、さらには共感性を得ていく働きがあることを指摘している。本章の§1でも取り上げた『コミュニケーションの起源を探る』(2008)の中で、彼は人間は乳幼児の時期から周囲の人間と同じように振る舞うことで他者との連帯や感情、経験を共有していこうとする欲求があり、それが人間の協力に基づくコミュニケーションのための基盤の一つになっていると言う。このように模倣が持っている社会的な働きが他者と同じことを繰り返し、真似るだけのことを越えて、自分の方から他者へと共有していく行為を行い、また振る舞うことで周りの人との共同性、つながりをつくっていくことにもなっている。集団遊びを通して子どもは仲間との共同や共感を獲得していくが、それは次の章でみていく3歳児以降の子どもたちの活動の中心になっているものである。幼児の集団遊びについての詳しい内容と議論は本書の第2部で詳しくみていくことになる。

> コラム

3-1 『赤ちゃんのことば』

　『赤ちゃんのことば』は、柴田（1990）が長女の言語習得過程を4年間にわたって記録したものを中心にまとめたものである。同書では、喃語から始まって2語文、3語文と進み、ほぼ話し言葉を完成させていく4歳までの子どもの言葉の使用の特徴が日常の場面から拾われ、整理されている。ここからはそれぞれの年齢にある幼児の言葉の使い方とその変化を具体的に知ることができるし、子どもが使っている言葉をどのような意味として用いているのかコメントが加えられているので、どのように子どもなりに言葉を用いているのかその様子がよくわかる。著者が子どもと日常生活を共にする中で言葉の習得の様子をみてきたことで可能になったものである。なお、この著者の経歴もユニークである。柴田は発達心理学者でも言語学を専門にしている人ではなく、科学技術を専門にしている外交官である。彼が在仏日本大使館に科学技術担当の一等書記官として勤務していた機会にそれまで記録をしていた娘の言葉の習得の資料をまとめてフランス語で出版したものがこの元になっている。日本語版について筆者はフランス語版のように日本語についての注記を加える必要がなかったことと、親が子どもの言葉の習得についての理解を深めてもらうことを目指すような内容に改めたと記している。

> コラム

3-2 「ギャヴァガイ問題」

　クワインが現地の言葉である対象を指して「ギャヴァガイ」と言った時、現地の言葉を知らない人が何を指しているのかを確定できないという問題に直面するのと同じような場面は、幼児が日常的に直面する問題でもある。このことを今井・針生（2014）は次のような例を使って指摘する。図のように、母親が子どもに目の前にいるウサギに対して「ほら、ウサギよ！」言った時、子どもは「ウサギ」は耳のことなのか、白いふわふさしたもののことなのか、はたまた人参を食べる動物のことなのかを確定することはできないのである。

　子どもは大人が「ウサギ」という言葉を何に対して使っているのかを経験したり、観察していくことが必要になるのだろうが、このことをいちいち行っていると、幼児が正しく理解して使っていくことができる語彙を短期間で急速に獲得していくという事実と矛盾してしまう。そこで今井は、幼児は出合った語の意味として可能性のあるものをしらみつぶしにチェックするようなことはしないで、むしろ語の意味としてあり得そうなものを「思い込み」として持ち、あり得そうなものを推論して語の意味と

その対象を絞り込むことをしていると言う。これは有力な仮説である。

（今井・針生，2014，p.49 画：川野郁代）

3-3 ワロンの発達段階論

　ワロンは精神発達を知性の側面だけでなく、他者との社会的関係の中で形成されていく人格の発達にも注意を向けながら論じている。1歳の頃の感覚運動的活動に続いて、2、3歳になると自己の意識を持つようになり、自他の区別をはっきりとしてくることなどを詳しく述べている。その内容は次の表で確認していくことができる。

	（対人行動・人格）[*1]	（知能の働き）
新生児	内臓，身体の姿勢の感覚からくる情動的反応	外部を弁別する感覚と運動は未熟で，運動反応は衝動的
2〜3カ月 6カ月	人にほほえみ返す。人の声に応える 他者との共存場面で、「自分」は情緒的な交流の中にとりこまれている。混合的な社交性，自他の区別が未成立	条件づけ，学習が始まる
1歳		外界へ向けられる探索活動 同じ結果をくりかえし再生するあそび 結果を変えてためしてみるあそび [*2] 歩行と言語の獲得 自他の区別が現れてきて，鏡の中の自分を自分と認めはじめる。
2歳	↓（人格の意識）↓ 自他の混同と区別の共存を示す行動， 他者のふるまいを我が身に感じる原始的同情， 他者がかわいがられているのを見て，やきもちをやくこと。[*3] ひとりで2役，3役の会話や活動をする。	
3歳	自他の区別がはっきりして，他人に自分を対置する行動をとる。反対と拒否，一人称（私）をつかう。次いで愛想の時期をむかえる。親密な依存関係の中で，家庭内の人の模倣を介して自分の役割行動をつくる。	
3〜5歳	自分の何たるかについての認識は家族内での位置づけに密着している。 [*4]	
6〜11歳 思春期	同輩との関係をもち，自分を相対的に多価的に見る。 自分の変化にとまどう。 空想と現実，疑惑と建設の統合という課題を負う。	

（久保田，1989，p.23）

文献

ブルーナー，J. 1983 乳幼児の話しことば：コミュニケーションの学習 寺田 晃他（訳）1988 新曜社.

浜田寿美男 1994 ピアジェとワロン：個別発想と類似発想 ミネルヴァ書房.

波多野完治（編）1965 ピアジェの発達心理学 国土社.

廣松 渉 1996 役割存在論（廣松 渉著作集・第5巻）岩波書店.

今井むつみ・針生悦子 2014 言葉をおぼえるしくみ：母語から外国語まで 筑摩書房.

加藤義信 2015 アンリ・ワロン その生涯と発達思想：21世紀のいま「発達のグランドセオリー」を再考する 福村出版.

久保田正人 1989 精神発達の理解—その観点の変遷 村瀬隆二（編）教育実践のための教育心理学 新曜社 1-26.

久保田正人 1993 二歳半という年齢：認知・社会性・ことばの発達 新曜社.

ルリヤ，A. R. 1956 言語と精神発達 松野 豊・関口 昇（訳）1969 明治図書.

鯨岡 峻 1997 原初的コミュニケーションの諸相 ミネルヴァ書房.

長橋 聡 2013 幼児の遊びにおける意味の生成と遊び世界の構成 北海道大学教育学院博士論文（未刊行）.

中沢和子 1979 イメージの誕生：0歳からの行動観察 日本放送出版協会.

Ninio, A. & Bruner, J. S. 1978 The achievement and antecedents of labelling. *Journal of Child Language*, 5, 1-15.

Ninio, A. & Lieblich, A. 1976 The grammar of action: 'Phrase structure' in children's copying. *Child Development*, 47, 846-849.

岡本夏木 1982 子どもとことば 岩波書店.

岡本夏木 1985 ことばと発達 岩波書店.

岡本夏木・浜田寿美男 1995 発達心理学入門 岩波書店.

岡本夏木 2005 幼児期：子どもは世界をどうつかむか 岩波書店.

ピアジェ，J. 1936 知能の誕生 谷村 覚・浜田寿美男（訳）1978 ミネルヴァ書房.

クワイン，W. V. O. 1960 ことばと対象 大出 晃・宮館 恵（訳）1984 勁草書房.

ソシュール，F. de 1910 ソシュール 一般言語学講義 影浦 峡・田中久美子（訳）2007 東京大学出版会.

柴田治呂 1990 赤ちゃんのことば：覚える・話す・考える ゾーオン社，刀水書房（発売）.

トマセロ，M. 1999 心とことばの起源を探る：文化と認知 大堀壽夫他（訳）2006 勁草書房.

トマセロ，M. 2003 ことばをつくる：言語習得の認知言語的アプローチ 辻 幸夫他（訳）2008 慶應義塾大学出版会.

トマセロ，M. 2008 コミュニケーションの起源を探る 松井智子・岩田彩志（訳）2013 勁草書房.

ヴィゴツキー，L. S. 1930-31 文化的－歴史的精神発達の理論 柴田義松（訳）2005 学文社.

ワロン，H. 1942 認識過程の心理学：行動から思考への発展 滝沢武久（訳）1962 大月書店.

ワロン，H. 1956 身体・自我・社会：子どもの受けとる世界と子どもの働きかける世界 浜田寿美男（訳編）1983 ミネルヴァ書房.

山田洋子 1982 0～2歳における要求—拒否と自己の発達 教育心理学研究第30巻 38-48.

やまだようこ 1987 ことばの前のことば 新曜社.

3歳から就学前までの子どもとその世界

　この章では、3歳から就学前までの数年間の子どもの発達とその特徴についてみていく。3歳になると幼児は遊びという現実とは違う想像の世界というもう一つの活動の場へ入って行く。そして、この想像の世界をつくり、維持するためにどのような振る舞いをする必要があるのかを自覚するようになる。さらに、4歳になるとイメージや表象能力は前の時期と比べてさらに大きく成長してくる。子どもの遊びも象徴活動を中心にして、仲間との協同的活動の中で想像の世界を楽しむようになる。空想遊びも4歳児は盛んに行うようになる。4歳以降の就学前までの幼児の遊びは、役割やルールに基づいた複雑な共同遊びへと展開していく。

　この時期の子どもの知的活動は、ピアジェの言う「直観的思考」で示されるように、見た目の外観に支配されたり、主観的なものの見方が中心になっている。いわば論理的思考がまだ十分にできない段階である。だが、そうであっても、子どもたちの他者との社会的活動はより一層活発になってくる。コミュニケーションの能力や社会的関係、それらを支える言語能力も大きく成長してくる。

§1　想像力と象徴能力の成長

　このセクションでは、就学前までの幼児の想像力や象徴能力について、主に彼らの共同遊びの世界からみていくことにしよう。はじめに3歳児の遊び、ついでその以降の子どもの遊びを順次みていく。

(1) 遊びの世界に身を置き始める3歳児

　保育所で3歳児の子どもたち数名が積み木遊びをしている場面をみてみよう（佐藤，1999）。

遊びの事例

3歳児・積み木遊び

　3歳の男児数名が積み木で街を作っていた時、偶然コウイチの手がチカラの積み木のビルに当たってしまい、上の部分が壊れてしまう。チカラはこれを見る。コウイチは無言でチカラを見上げる。チカラは右手を振り上げ、威嚇のポーズを取る。ここでコウイチはチカラの積み木のビルを壊し始める（ここまでくると積み木遊びは完全に終わってしまい、喧嘩になってしまう）。この時、チカラは相手のコウイチの積み木を壊してしまうという応酬に出ないで、自分の方の積み木のビルを手で壊し、「あっ、痛え！」と言いながら手を押さえ、おどけた仕草をする。これを見ていたコウイチや他の子どもが一緒に笑い出し、ヒロキは立ち上がってチカラの真似をしておどけた仕草をする。これを見てさらに子どもたちは笑い出す。（佐藤, 1999, pp.128-129)。

　幼児の共同的遊びについての理論を提出しているソーヤーは"Pretend play as improvisation（即興性としてのごっこ遊び）"（Sawyer, 1997）の中で、遊びがうまく進行していくためにはその遊びの場面の意味やそこで行うべき具体的な振る舞い方を共通に持っている必要があると言う。このことを、彼は社会学者のゴッフマンが「フレーム」という用語で説明していたことと同じことが当てはまると指摘している。「フレーム」というのは、人が社会的場面でその場に合ったふさわしい行動を取っていく認識や解釈のことであり、そこには具体的な行為の様式も含まれている。だから、幼児の遊びの事例では、「積み木遊び」のフレームから「喧嘩」のフレームに移行してしまう危険性があったが、幼児のチカラは「遊び」のフレームを維持するために「おどけた仕草」をとっさに取ったのである。

　この事例からは、3歳児は共同の遊びのためにどのような行為を取るべきなのかという基本的な認識枠組みを持ち始めていることがわかる。これはいわば遊びの理解のための前提になっているものである。人類学者のベイトソンが、「これは遊びだ」ということを遊びに参加している子どもたちが共有していることが必要だと指摘していたものである。ベイトソンは『精神の生態学』（1972）に収められている「遊びと空間の理論」（1954）で言っているが、今やっていることはあくまでも遊びであると認識することであり、例えば動物がじゃれ合って咬む行為をしたとしても、それは本当に喧嘩で咬ん

でいないことを表しているのと同じことである。行為の意味レベルで理解しているということでは、メタ・メッセージとかメタ・コミュニケーションとも呼ばれるものである。ただ、ゴッフマンの言う「フレーム」にしても、ベイトソンの言う「これは遊びであるという宣言」にしても、これらが安定していたり、固定的な形である訳ではなく、時には壊れることがあるということである。だから幼児の遊びでは喧嘩へと変わってしまうことはしばしばある。ソーヤーは共同遊びを維持するためにはフレームが壊れないようにしたり、遊びが展開していくためにはそこでふさわしい行為を取っていく「即興性」が必要であると言う。何故なら、遊びにはあらかじめ決められた「シナリオ」などはなく、いわば即興の劇と同じだからである。3歳児でもこのような即興的な振る舞いが可能であり、またそのような「これは遊びだ」という認識を持っていることをこの事例は示している。

(2) 4歳以降の空想とルールによる共同遊び

遊びの事例

4歳児・空想遊び

　4歳女児のミドリとヨウコが三角形のマグネットと動物の絵が付いたマグネットをホワイトボードに貼り付けながら空想遊びをしている。
ミドリ：動物のマグネットを動かしながら、「アム、アム」と動物が草を食べるふりをする。
　　　　「あー、おいしい」
ヨウコ：三色の三角形のマグネット6個を組み合わせて空飛ぶ円盤にする。
　　　　赤、青、黄の三つの世界に行けるという空想場面をつくっている。
　　　　「どこでも行けるよ。どこに行きたい？」
ミドリ：「青！」
ヨウコ：「青は知らない国だから（ダメ）。飛んでけ。ピー」
ミドリ：「やっぱり赤！」
ヨウコ：「赤はアメがいっぱい。アメの国に行こう」。自分のマグネットの動物を取り、
　　　　「あ、私も行きたい」（声の調子を変えながら言う）
ミドリ：「僕も！（行きたい）」と別の動物を動かす
ヨウコ：「三人は行くことができません」
ミドリ：「何で？」

ヨウコ：「二人しか行けません」
ミドリ：「じゃあ、僕と私」（キリンの絵が付いたマグネットを二つ動かす）。
　　　　「（これは）留守番していよう」
ヨウコ：（留守番していた動物を動かしながら）「仲間の帰りが遅かったので、
　　　　この人（動物）は待っているのがつまらなくなったの」
ミドリ：（「赤、ピー」と言いながら赤の三角形のマグネットを押す）
　　　　「あー帰れた。帰れた。ぱくぱく」（と言いながら草を食べる仕草をする）
ヨウコ：「動物の仲間が（帰りが遅いので）プンプン怒っていたの」

　このような二人の空想遊びと会話がこの後、20分以上続いている（佐藤，1999，pp.133-134）。

　二人の女児の遊びの中でのやり取りは、直前の相手の発話内容に応じて変えながら即興的に進められている。だが、二人は勝手なことを言い合っているのではなく、大きな一つの話のストーリーを保ちながら、自由に話を展開している。彼女らは目の前にあるマグネットを特定の空想物に見立てながらイメージを共有しながら空想世界をつくり上げている。4歳になるとここまで遊びの中で空想の世界を拡げることが可能になっている。あるいは、4、5歳の遊びではルールを伴った大きな集団での遊びも可能になっている。以下の事例は長橋（2013）によるものである。

遊びの事例　5歳児と4歳児の集団遊び「病院ごっこ」

　5歳児たちを中心にしてそこに4歳の子どもたち数人が加わって、およそ1か月にわたって続いた「病院ごっこ」の遊びである。比較的大きな保育室のホールを使って診察室や受付などの空間をつくりながら、看護師、医者、病院受付、そして患者といったそれぞれの役割にふさわしい共同行為を展開している。受付では患者役になった保育者に、窓口で受付役のトモコや案内役のマリエが受付をして待合室に案内する。看護師のミナミは診察室に行くように指示し、医者役のスズカは診察を行う。診察を終えると窓口で薬を渡すという一連の手続きを行う。その後、別の日の場面では、子どもの患者（コウイチ）を診察して手術をしたり、別の子どもにはレントゲンを撮って調べ

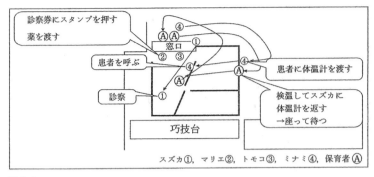

図 4-1　「病院ごっこ」の動き

(佐藤，2008，p.157)

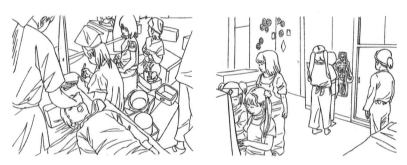

図 4-2　「病院ごっこ」の手術とレントゲン

(佐藤，2008，p.156)

るといった、まさに通常の病院での出来事を再現した遊びになっている。

　これらの一連の遊びの始めは単純に受付をつくってそこで薬を渡すという遊びであったが、5歳の子どもたちが病院ごっこのための病室、受付といった空間をつくりながら、それぞれの役にふさわしい行為を展開していくことで「病院ごっこ」というまとまった集団遊びとそれを支えているルールがつくられ、それに基づいた共同行為が展開されていった。子どもたちは5歳になると一つのまとまった遊びのストーリーを遊びの中でつくり出すようになり、集団遊びを円滑に進めるためのルールに基づいた行為を展開している。

ここで取り上げた遊びは佐藤（2008）でも紹介しているが、さらに詳しい内容は本書第2部第7章で触れている。

　多数の子どもたちが参加して行われる集団遊びでは、それぞれの役にふさわしい行為を展開し、それらを共有していくことが必要で、4、5歳児はそれらの必要性を自覚していくようになる。特に5歳児はそこに参加した年下の子どもたちには遊びの中で具体的な行為を通して教えている。

　ルールの共有化とルールに沿った行為展開を子どもが行うようになっていくもう一つの重要な側面として、自分たちがつくった遊びのルールだからこそそれを守っていくことに価値を見出し、それに自己の行為を従っていくという自己調整ができるようになっていくことがある。このことを具体的な研究で確認してみよう。

　ヴィゴツキーの指導を受けながら、子どもの遊びについて優れた研究を多数行ったエリコニンが4歳から6歳のごっこ遊びのための役とルールについて述べた『幼稚園期の子どもの遊びと心理学的諸問題』（1947）である。子どもたちが汽車ごっこをしている時、車内販売のウエイトレス役の子どもは遊びで使われた実際に食べることができるビスケットを食べることなく、それをお客に売るという売り子の役を演じることに徹しており、そこでは自分が食べることよりも遊びで役を演じるという遊びの楽しさの方を優先させているのである。あるいはお客も汽車が出発するためにホームで食べ物を買いそびれても座席に座って出発を待つという役を演じて、遊びが上手く展開していくことを選んでいる。これはまさにエリコニンが言うように「自分の感情的志向の規制であり、（中略）子どもが自発的に従うような規制」（1947, 邦訳 p.153）ということである。子どもは遊びのルールを守りながら遊びをつくり出していくことに願望を見出しているのである。だからヴィゴツキー（1933）は「子どもの心理的発達における遊びとその役割」で、集団や共同の遊びの本質にあるものを次のように述べている。「遊びの本質的指標は、感情になったルールである。（中略）遊びは、随意性と自由の王国である。ルールの遂行は、満足の源泉である。ルールは、もっとも強力な衝動として勝利する」（1933, 邦訳 p.25）。子どもたちはルールが伴った集団遊びに喜

びを見出していく。そのことを可能にしている主体の自己調整能力は5歳頃の年長児にはみられるが、同時にそれは遊びの共同的活動を通してつくられていくものでもある。

§2 　就学前までの子どもの知的世界

　このセクションでは、就学前の子どもが世界をどのように理解しているか、その特徴をピアジェの発達理論を手がかりにしてみていくことにする。ピアジェの知性の発達論はその概略をこれまでの章で確認してきたが、ここでは彼が幼児期の子どもの知性を「直観的思考期」と呼んだ子どもの特徴を詳しくみてみよう（第1章 図1-5参照）。本章では3歳の子どもから就学前までの子どもの発達の様子をみているが、ピアジェの発達段階の考えでは3歳児は前の章で扱った前概念期の段階に位置している。だが、このような区分は必ずしも厳密に年齢で区切ることはできないし、2歳と3歳では発達の違いは大きい。むしろ3歳児は4、5歳の子どもと一緒に扱う方がよいので、この節では3歳から就学前までの幼児をまとめてみていく。

(1) 直観的思考：主観的なものの見方・考え方
　ピアジェの発達論では、4歳から6歳頃までの就学前後の子どもたちのものの見方、考え方の特徴を「**直観的思考**」と称している。簡単に言うと子どもは見た目でものごとを判断してしまい、そこでは客観的に考えたり、判断しないということである。このような子どもの知的特徴が端的に表れているのが、本書の第1章でも取り上げた「液量の保存」と呼ばれている課題に対する反応である。第1章の図1-6のように、二つの同じ形のビーカーに同じ量だけ水が入っていることを子どもに確認させた後、一方の水を形が違うビーカーに移して、「どちらの水が多いか？」とたずねる。直観的思考期の子どもは、細長いビーカーの方が液面が高くなっているのでこちらの方が水が多いと判断してしまう。見た目の多さで判断してしまうのである。これは

面積の保存課題:「牛がたくさん草を食べることができる牧草地はどちら?」

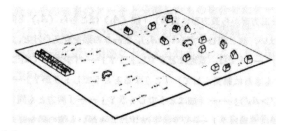

図 4-3
ピアジェの「面積の保存課題」

(木村・伊藤, 1965, p.65)

論理的に考えると「同じ量」と判断しなければならないが、このように考えることができるのはものごとを客観的、論理的に考えていく7、8歳頃からである。直観的思考を終えた7、8歳の子どもたちは、論理的な思考をしているという意味で「**操作期**」と言われている(このことは次の章で扱う)。保存の課題はいくつかあって、正しく答えることができる年齢も少し異なっている(コラム4-1)。「数の保存」は6歳頃の比較的早い時期に分かる子どもが多く、「長さの保存」はそれより1年程遅れてくる。「液量の保存」がわかるようになるのは7、8歳頃からである。「面積の保存」というのもあるが(図4-3)、この保存がわかるようになるのも液量などの物質量の保存と同じ時期である。重さの保存は最も判断が難しく8歳以降にならないとできない。重さが同じであることは「計り」で重さを測定して得られる数値(パラメーター)で比較しなければならないからである。もっともこれらの保存がわかるようになる子どもの年齢はおおよその目安であるし、個人差もあることを考慮しておかなければならない。

　直観的思考期の子どもたちの思考のもう一つの特徴に、自分の主観的な経験や自分の視点からものごとを考えてしまうというものがある。このことをピアジェは**自己中心的思考**と呼んでいる。ここで言う「自己中心的」というのは、自己という主観的な枠の中でものごとを考えてしまうという意味である。ピアジェが考案した「三つ山課題」で子どもがどのような判断をしてい

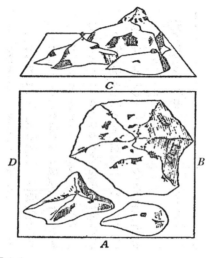

図 4-4　ピアジェの「三つ山課題」

（木村・伊藤, 1965, p.50）

るかを考えてみよう。図 4-4 のような大小 3 つの山がある模型を人形がABCD の 4 つの方向から眺めた時、どのような景色が見えるかを絵に描いたカードを選ばせた（ピアジェの『子どもの空間概念』）。4、5 歳の子どもは人形がいろいろと動いて見たことを考えることができず、あくまでも子ども自分自身が今立って見ている山の絵の方を選んでしまう。あるいは反対側から見るとどう見えるかということも考えられない。6、7 歳児は自分とは違った方角から人形が見えている視点を取ろうとはするが、山の大きさの違いや位置を考えて正しく推測することは完全にはできない。この「三つ山課題」に正しく答えることができるようになるのも、やはり直観的思考期以後の操作期からである。このように「直観的思考」や「自己中心的思考」は、子どもが一つの側面やある限られたいくつかの側面からものごとを判断したり、思考してしまい、必要となるすべての視点を総合して考えていくことができないということである。

表 4-1
アニミズム的思考

質問「○○には心があり、考えたり、感じたりしますか？」

段階	こころの有無	内容
1 (4, 5歳)	すべてのものにある	
2 (5, 6歳)	運動するものはある	石や木はない。自転車や太陽、月、雲はある。
3 (7, 8歳)	自分で動くものはある	自転車にはないが、自動車、時計、動物はある
8歳—	心があるのは動物（人間だけ）	

（波多野，1966を元に独自に作成）

(2) アニミズム的思考

　ピアジェが言う幼児期のものの考え方の特徴を表すものに「アニミズム的思考」がある。子どもは自分には心があることから事物や動物も自分と同じように心を持っていると推測してしまい、まさにすべてのものに「魂＝アニマ」があるとしてしまう。ここでも幼児は自分の視点と立場からものごとを考えるという「自己中心的思考」がみられる。表4-1にあるように、「○○には心があり、考えたり、感じたりしますか？」という質問に対して、4、5歳の子どもは「すべてのモノに心がある」と考えてしまう。その後、「運動するものに心がある」とか、「自分で運動するものには心がある」といった形で心を持っている対象を限定していくようになるが、幼児にとって馴染みやすく感じるのは動物のぬいぐるみや絵本に登場してくる動物を擬人化させて言葉をしゃべる対象として扱うことで、幼児文化は多分にこの「アニミズム的思考」をもとにしてつくられているともいえる。

　ピアジェはこのような幼児の**アニミズム的思考**は自分の主観的な発想から脱していない状態であるとして、幼児の思考の不十分さとして位置づけているが、子どもは周りの世界の理解の仕方として、子どもなりの経験を根拠にして説明しようとしたと考えることもできる。そうなると確かに説明の仕方として限られた経験の範囲のものでしかないにしても、自分なりに理解をしていこうとする表れだとも言えるし、「擬人的認識論」や「素朴生物学」としての知識という発想で幼児期の子どもの思考を位置づけ直すこともでき

図4-5
ピアジェによるロープウェーの実験

(伊藤・江口, 1965を元に独自に作成)

る。これらについては波多野誼余夫と稲垣佳世子の研究で詳しく確認できる(波多野・高橋, 1997)。

(3) 思考が活動と未分化

　4、5歳から幼児は不完全ながらも、あるいは自分の置かれている状況や視点に縛られながら自分なりのものの考え方や推論の仕方をするようになる。いわば思考活動を活発にするようになってくる。だが、同時に、この時期の子どもは自分の思考を実際に経験したり、活動したことに強く依存しながら進めていることがある。それは思考が活動と未分化な状態になっているという特徴で示される。これが端的にみられるのが次のロープウェーの動く距離を考えさせる場面である。「ロープウェーが麓の駅から山の頂上まで動く距離と下りで動いた距離はどちらが長いか」(図4-5)という質問を幼児に与えた。この問題はピアジェの研究では、空間や距離、あるいは時間の認識の発達を論じた中で扱われているものであるが、幼児は距離の概念や理解を自分が実際に経験して、長い時間をかけて移動したことをもとにしてしまっている。論理的に考えると同じ距離でなければならないのだが、幼児は山を登る時の方が疲れて時間がかかったということから登りの方が長い距離を動いたと推論してしまう。もっとも、大人でも時間と距離の関係を明確に認識している訳ではないし、心理的時間のように時間間隔は時計のような物理的時間とは区別されるものを持っていることは事実であるが、ここでピアジェが強調しているのは幼児は思考をあくまでも自分の活動をもとにして考え

てしまうということである。

§3 思考と言語の関係：自己中心的思考と自己中心的言語・再考

　ピアジェが発達研究で最初に手掛けたのは、幼児の共同遊びとそこで交わされていた会話の特徴であった。彼が子どもたちの遊びの様子を観察して感じたのは、子どもたちは一緒に遊んでいても自分勝手に発話をしているだけで、コミュニケーションを取っていないとする印象であった。このことを彼は"Le langage et la pensée chez l'enfant（児童の言語と思考）"（1923，邦訳『児童の自己中心性』）で、幼児は他人の言っていることと関係なしに自分の言葉を発しており、そのことを「集団的独話」、つまり一緒に遊んでいながらも子どもたちがかってに独り言を言い合っているだけだとした。それは彼に言わせるとこの時期の子どもは前のセクションでも確認したように、「自己中心的思考」が中心で、この思考様式に基づいて自分の言葉を使い、仲間とコミュニケーションを取るような姿勢を見せないというのである。このように彼が説明しているのは、言語の発達は思考の発達に基づいているという基本的な考えからきている。言語は思考の段階に支配されて進むというのである。そして、彼は自分を中心にした個人的なものの見方、考え方が進んでくるに従って社会的な視点をもつようになるとして、発達は個人から社会へと向かっていくと考えたのである。この発達の途中にある幼児期は、自分の枠組みからしか物事を考えられない「自己中心性」があるためだとした。
　ピアジェ（1923）が幼児期の言葉の特徴を「集団的独話」と述べていたことを読んだヴィゴツキーは『思考と言語』（1934）で、幼児が遊びの場面で他人とコミュニケーションが取れないとしたことは間違いであると強く批判した。ヴィゴツキーは子どもが集団的独話、つまりバラバラにしゃべっていてコミュニケーションを取っていないように見えるのは、実は社会性がないためではなく、子どもたちは今の場面でどのように遊んだらよいかを、それを考えていることを言葉として出しているからだと説明した。ヴィゴツキ

ーは、独り言を多く発する背景にあるものをピアジェとは別のものに求めたのである。実際に彼が幼児に少し難しい問題に取り組ませるような場面をつくって観察してみると、独り言が多くなることを確認した。ピアジェは思考の発達によって言語の発達は決められているとしたが、ヴィゴツキーは言語と思考とは相互に関連しているものの、それぞれ別な形で発達していくとした。だから、どちらか一方だけで説明してしまうことはできないと考えた。しかも、ヴィゴツキーは幼児の遊びを観察すると幼児は仲間と遊んだり、そのために必要な社会的活動＝コミュニケーションをきちんとできていることを確認した。ヴィゴツキーは、人間は発達のはじめの時期から社会的存在であって、決してピアジェの言うように発達は個人から社会的なものへと向かっていくのではないとした。むしろ、彼は社会的関係の中でいろいろなことを経験し、学び、それを自分のものにしていくものだと説明したのである。ここにはピアジェとヴィゴツキーの発達の基本的な方向の違いがある。二人の考え方の違いが「集団的独話」についての説明の仕方とその論争の中にはっきりと表れているのである。

　ヴィゴツキーは、言語ははじめは話し言葉としてコミュニケーションの道具であったものが、次には個人の思考の道具となっていくとした。はじめは外に向けて出された**外言**が、次第に**つぶやき**、さらには声に出さない**内言**になっていく。その時には思考しながら自分の中で話している、あるいは自分の心の中で話しながら思考している。言語は個人の思考の道具になっていくのである。

　ヴィゴツキーは言語と思考の二つの発達もはじめは別々に進んでいる、だが途中で二つは相互に関連し合ってくると考えた。二つは連関し合いながら**言語的思考**となっていく。概念（思考）と言語の発達に相互に連関していること、言語の働きにはカテゴリー（範疇的）的な世界と思考を促していくことがあることを指摘している。概念とカテゴリーの発達は次のセクションでみていく。

§4　言語と思考活動、概念的思考

　ヴィゴツキーは言語の働きとして人と人との間をつなぐもの、社会的活動の道具としての働きをしていたものが、それに加えて自分の思考や行動を統制するための道具となっていくようになると指摘した。だが、言語は直ちに思考や行動のための道具として働くのではなく、それが可能になるには一定の年齢的変化が必要である。このことをヴィゴツキーの同僚で、共同研究もあるルリヤの研究でみてみよう。ルリヤは『言語と精神発達』（1957）の中にある「随意運動の発生」では、1歳半から4歳までの幼児に言葉を使ってどこまで行動をコントロールできるか、その発達変化を調べている。幼児が言葉で合図をした時にゴムボールを握る反応をうまく統制できるかどうかを調べてみると、1歳児や2歳児は言語による行動調整ができないし、幼児が自分で「押すな」と声を出してしまうとゴム球を押してしまう。言葉に声として出してしまうと行動も一緒に出てしまうのである。3歳児になると「1、2」と声を出すとボールをきちんと1回、2回と押せるが、「2回押せ」という言葉では、正しく2回押すことはできない。要するに、2度とか2つという言葉の概念による行動調整は3歳児にはまだ無理なのである。これが可能になるのは4歳児以降であった。

　ヴィゴツキーは言語の発達と概念やカテゴリーの発達とは密接なつながりがあることを指摘していたが、特に概念の形成にはカテゴリー（範疇的）的な思考が必要で、これを支えているのが言語である。このことをヴィゴツキーは弟子のサハロフと共に行った概念形成の課題で明らかにしている。子どもに図4-6の色、形、高さ、大きさの違う4種類の積み木22個を用意し、これらの裏にはそれぞれの種類に共通する「名前」、「概念」が書かれている。こういうものである。ラグ：高く大きい積み木、ビク：平たく大きい積み木、ムル：高く小さい積み木、セブ：平たく小さい積み木。実験者は積み木の一つを裏返し、そこに書かれているのを読む。これが「見本」となる。子ども

は「見本」と同じ概念にあるものを探すことが課題で、子どもが積み木のそれぞれの種類に対応する共通の概念を見つけていくこと、つまり「全体方略」を使えるかどうかを調べることができる。この研究と概念発達についてヴィゴツキーは『思考と言語』(1934)の第5章「概念発達の実験的研究」で詳しく述べているが、幼児期の子どもはモノの持っている共通の特徴を抽出していくような全体方略、つまり概念作用はきわめて不完全であって、概念形成が可能になるのは学童期以降である。

　ヴィゴツキーの発達理論に強く影響を受けたブルーナーも概念的思考の研究を行っている。事物を一つの共通項、つまり概念としてまとめることができるかを6歳から12歳の子どもに調べている。ブルーナーらは「概念的等価性」を絵カードに描かれた事物を同じ仲間に集める「絵画的課題」と、カードに書かれた事物（名前）を同じ仲間であるか否かを質問する「言語的課題」の二つの課題を用いて調べている。「言語的課題」は次のように行われた。バナナと桃の名前を書いたカードを見せて、「バナナと桃はどんなふうに似ていますか？」と質問する。次に「じゃがいも」を加えて似ているところと違うところを質問する。さらに、「肉」、「牛乳」、「水」、「空気」、「ばい菌」を追加していく。別の系列では、「ベル」、「警笛」、「電話」、「ラジオ」、「新聞」、

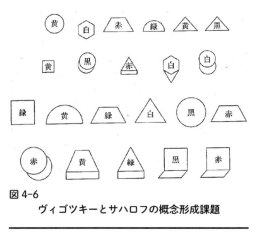

図4-6　ヴィゴツキーとサハロフの概念形成課題

（ヴィゴツキー，1934, 邦訳『思考と言語』新読書社 p.160）

「本」、「絵画」、「教育」といったように単語を次々と加えていく。この「言語的課題」は「絵画的課題」よりも幾分難しいので6歳から19歳までに年齢を拡げている。子どもは概念を使って事物、つまり世界を把握していくことがどの年齢から可能になっているかというと、ブルーナーらの研究では8歳以降で、ピアジェの発達段階では操作期以降ということになる。直観的思考期の幼児はまだ概念によって事物をまとめることはできない。ヴィゴツキーの研究では概念形成の発達変化を年齢ごとにみることができず、ブルーナーらの研究ではこのような年齢差を詳しく知ることが可能になっている。

　このように、ヴィゴツキーやブルーナーの研究によれば幼児期の子どもは概念を使って事物や出来事をまとめていくことは十分にはできないが、それでも彼らは概念の素朴な使用は行っていることはロッシュ（Rosch, 1978）によって明らかになっている。人間が用いている概念は抽象のレベルが様々である。例えば、椅子には様々な種類のものがあって、アームチェアーや丸椅子、ソファーなどそれぞれに名前がつけられている。これらは「下位レベルカテゴリー」と呼ばれ、多数のものがある。さらに椅子は家具や調度品といった大きなカテゴリーで括ることができる。これは「上位レベルカテゴリー」と言われる。幼児はこのような抽象度が高い「上位レベル」や細かく分類されている「下位レベル」の概念のいずれも使うのではなく、適切な抽象レベルのものを基軸にして概念を理解し、使用している。例えば椅子を例にすると肘かけなどがなくて足と座る板、背板がついたものを椅子の代表的なものとして位置づけ、これが椅子の代表的なもの、ロッシュの言葉では**基礎レベルカテゴリー**と呼んでいるものである。このカテゴリーによって椅子の共通項を表すことができ、椅子の概念を理解するための基準になっている。幼児はこの種の「基礎レベル」にあるものを概念の理解とその使用のために用いているが、ここから幼児の概念使用の独自性を見て取ることができる。

　人間と他の動物との決定的な違いは記号を使って世界を表現し、理解できることである。この記号の使用によって私たちは周りにある具体的な事物に支配されないで世界を理解していくことが可能になっている。滑稽な話だが、ジョナサン・スウィフトの『ガリバー旅行記』の第三篇に彼が三度目の航海

で訪れた天空の島のラピュタ王国が支配している地上の国のバルニバーニ国では、言語改造計画として言葉をモノに対応させるような面倒なことをしないで、コミュニケーションの手段としてモノを直接使って、実物を見せ合って話そうというものがあった（木下・清水，2006）。もっともこんなことは無理な話であって、実行は途中で挫折し、改革は頓挫してしまったが、そもそも私たちはモノの直接的な支配から逃れることができるものとして記号を発明したのである。

そこで中心的に使われているのが言語記号であるが、もちろん言語以外のもっと広い意味での記号を使って表象活動を展開している。そのはじまりは太古の昔の原始人の活動にみることができる。例えば、ラスコーやアルタミラの洞窟画には動物や動物の狩りをする人間の姿が描かれているが、1万年以上前の旧石器時代の人間も絵という記号で自分たちが見た光景や出来事を表現していた。

ヴィゴツキーがルリヤと共に書いた『人間行動の発達過程―猿・原始人・子ども―』（1930）がある。この第2章の「原始人とその行動」では、記号による表象活動をはるか昔の原始人も行っていることを述べているが、人間の「表象」活動の開始とその起源を歴史・文化的な視点から論じている。ヴィゴツキーは原始人の記号世界を様々な視点から分析して、人間は言葉や概念による表象以前に出来事を記号として表象し、表現する行為と能力を根源的に持っていることを明らかにしている。

人間は実物の持っている価値や意味を別な形で表現し、これをいわば道具として使用することを早い時期から行ってきた。トークン（代理貨幣）と言われるものは今日では紙幣やコインとして日常生活で広く使われているが、その起源になるようなものがかつて中近東で1万年近く前に石器などで作られたトークンである（図4-7）。このような道具の製作と使用は人はモノを象徴的に表現するという認識活動を早い時期から行っていたことを示すものである。

図 4-7
中近東で使用されていた代理貨幣(トークン)

(Cole, 1990, p.298)

§5　発達を支える文化的装置

　前の §3 でみてきたピアジェの発達理論では、学童期の前までの幼児は思考の特徴として主観的なものの捉え方をしており、論理的に考えたり、客観的に世界をみたり、考えていくのは学童期以降であった。この直観的思考と操作的思考との違いを比較的容易に把握できる課題として保存の課題があった。そして、ピアジェは文化の違いを超えて人は 7、8 歳頃には操作期に移行していくといった。この考えには人間の知性の発達の姿には普遍性があって文化や教育の役割によって大きな変化はないという**発達の普遍性仮説**があった。この問題について、文化の役割に注目した研究があり、ピアジェの液量保存の課題を西欧社会以外のところに住む人たちにやってみた。その結果は文化によって違いがあり、特に文明化されていない社会で生活している人

たちは大人になっても保存課題ができない、つまりピアジェの課題を「モノサシ」にして発達を説明してみると、学童期前の直観的思考期の段階に留まっていた。そうなると、どんな文化の下でも人は論理的思考の世界に向かうというピアジェの理論では説明できなくなってしまうのである。なお、これらの量の保存の発達には文化差があることを示した研究をコラム 4-2 に載せておく。

　これらの研究は人間の発達には社会・文化的なものが作用していることを強く示唆している。このような社会・文化的なものが人間の発達に果たしていることを理論化したのがヴィゴツキーであった。ヴィゴツキーは人間の発達を社会・文化や教育の役割と切り離して考えることはできないことを主張していた。彼が述べた**発達の最近接領域論**は発達を刺激するような教育的環境があると、それに支えられながら子どもは自らの発達をより良いものへと実現していくこと、その可能性を説明したものであった。あるいはヴィゴツキーの思想に影響を受けたブルーナーは、大人が良い教育環境を用意して子どもの発達を刺激していく働きを**足場づくり（scaffolding）**と呼んだ。特にブルーナーの研究はヴィゴツキーの研究を継承する形で具体的な形で学校や教育の役割を指摘している。この研究をみてみよう。ブルーナーがいくつかの異なった文化圏で発達の様子を調べた比較文化研究は、ハーヴァード大学の認識研究センターの協同研究として『認識能力の成長』（1967）にまとめられている。

　西アフリカのセネガルに住む子どもたちに行った研究で、学校教育が子どもの知性の発達に大きな役割を果たしていることを明らかにしたものがある。ブルーナーらは同じ年齢の子どもたちで、セネガルの首都であるダカールに住んで学校教育を受けている子どもと、農村部で同じく学校に通っている子ども、そして農村部で学校に行っていない子どもについて液量保存の課題を与えてみた。同じ年齢の子どもたちを比較することで、学校教育を受けている違いとその効果を明らかにできる訳である。その結果、農村（ブッシュ）で学校に通っていない子どもは保存課題を正しく解いている割合が学校に通っている 2 つのグループと比べて明らかに低くなっているのである。

さらに、学校に通っていることの影響がより一層強く表れているのが、子どもの概念的思考の発達である。ここでもセネガルの子どもたちの3つのグループに同じ仲間だと思うものを集める「物の等価性課題」を与えてみた。この課題では絵カードを色、形といった知覚的特徴で同じものとしてまとめることもできるし、機能的な属性である概念的な言語構造（食べるもの、身に着けるもの、乗り物）によってまとめることも可能なようになっている。学校に通っている都会と農村の子どもはいずれも西欧の子どもと同じように年齢が進むと機能的な属性に注目して分類をするようになる。しかし、学校教育を受けていない子どもは知覚的な属性である色や形によって同じ仲間の絵カードとして分類し、上位概念的な分類を行う抽象的な思考が発達していない。

　ブルーナーらは6、7歳頃まではどの文化圏でも知覚的属性に注目して分類するという特徴があり、そこには文化的差異は大きくは表れない。だが、その後の発達では学校教育を受けていく中で概念による抽象的な思考能力が進んでいくとした。学校教育を受けることがない環境や未開社会に住むと具体的な運動や知覚による反応が強められていくと考えられる。ブルーナーらは、教育というのは特定の文化の中で必要としている能力を効率良く高めていく**増幅器**の役割として働くと言う。文明化された社会では学校教育というのが抽象的で論理的な思考を高めていくための大きな役割を果たしている。

4-1　ピアジェの「保存課題」

・数の保存課題

　おはじきやビー玉を同じ間隔で並べておいて、同じ数だけあることを確認させる。4、5歳の子どもの多くは上と下に並んだものを「一対一対応」の方法で同じ数だけあると判断する。その後、次の図のように一方の列の間隔を広げて「どちらの列のおはじきが多いか？」と訊ねる。

・長さの保存課題

　2本のひもを上と下で比較させる。上と下のひもの両端を揃えたり、下のひもだけ短く縮めたりした時、上と下のひもの長さは同じであるかどうかを訊ねる。

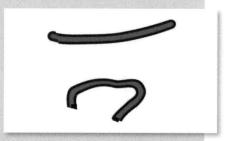

・物質量（液量）の保存課題

　2つのビーカーに入っている水の量は同じであることを子どもに確認させてから、一方の水を細長い形のビーカーに移す。その時にどちらのビーカーの水が多いかを訊ねる。

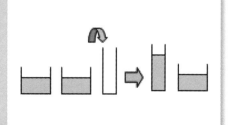

・モノ（粘土）の大きさの保存課題

　2つの粘土のかたまりのどちらが大きいかを訊ねる。

コラム

4-2　量の保存と文化差

　ピアジェが言う人間の発達変化は文化の違いを超えて普遍的であるという主張がどこまで当てはまるかを検討するために、量の保存課題を様々な文化圏の人たちに行った研究が多数行われている。この結果をダーセンがまとめたのが次の図である。図の中のAやBはピアジェが出しているジュネーブの子どもの液量の保存の達成の割合で、7、8歳でほぼ完全に保存概念を獲得している。文明化された西欧の子どもたちは同じ結果である。これに対して西欧文化との接触が少ないオーストラリアの先住民や13、14番のパプアニューギニアの人たちは、成人になっても正答率は30％程度である。ピアジェの理論に従えば、彼らは7、8歳以下の発達水準ということになってしまう。だが、彼らは本当に発達に劣っているのだろうか。この課題で測っているのは可逆性の操作という論理能力であるし、見た目で判断しないという思考である。たしかにこういう能力は西欧社会では必要な能力だろうが、例えばオーストラリアの先住民が砂漠地帯の中で生き、道にも迷うことなく狩りをするためには論理能力よりも感覚・知覚的な鋭敏な能力こそが必要になってくる。

　そうすると、そこに住んでいる人たちが生きていくために必要なもの、つまり文化的に価値のある内容や能力を考慮することなく、西欧文化で求められるものだけを基準（モノサシ）にして判断してしまうことはその地に住む人たちの能力を不当に評価し、間違った結論を導き出してしまう。西欧文化という基準で他の文化にいる人たちの発達を論じてしまうことは、「自民族中心主義（ethnocentrism）」の過ちを犯してしまうことになる。

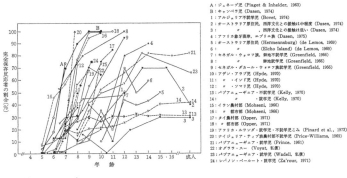

（若井邦夫 1982, p.152）

文献

ベイトソン，G. 1972 精神の生態学（上・下）佐伯奏樹他 1986・1987 思索社．
ブルーナー，J. S. 1967 認識能力の成長（上・下）岡本夏木他（訳）1968 明治図書．
Cole, M. 1990 Cultutal psychology: A once and future discipline? In J. J. Berman (ed.) *Nebraska Symposium on Motivation vol.37: Cross-cultural perspectives.* The University of Nebraska Press 279-335.
エリコニン，D. B. 1947 幼稚園期の子どもの遊びの心理学的諸問題 ヴィゴツキー，L. S. 他 神谷栄司（訳）1989 ごっこ遊びの世界：虚構場面の創造と乳幼児の発達・所収 法政出版 132-160.
波多野誼余夫・高橋惠子 1997 文化心理学入門 岩波書店．
波多野完治 1966 ピアジェの児童心理学 国土社．
伊藤恭子・江口恵子 1965 直観的思考から具体的操作へ 波多野完治（編）ピアジェの発達心理学・所収 国土社 70-98.
木村允彦・伊藤恭子 1965 空間の概念 波多野完治（編）ピアジェの認識心理学・所収 国土社 40-71.
木下 卓・清水 明（編著）2006 ガリヴァー旅行記（シリーズ もっと知りたい名作の世界 5）ミネルヴァ書房．
ルリヤ，A. R. 1956 言語と精神発達 松野 豊・関口 昇（訳）1969 明治図書．
長橋 聡 2013 幼児の遊びにおける意味の生成と遊び世界の構成 平成 24 年度博士学位論文（北海道大学）．
ピアジェ，J. 1923 児童の自己中心性 大伴 茂（訳）1954 同文書院．
Rosch, E. 1978 Principles of categorization. In E. Rosch & B. B. Lloyd (Eds.) *Cognition and Categorization.* New Jersey: Lawrence Erlbaum Associates. 28-46.
佐藤公治 1999 対話の中の学びと成長 金子書房．
佐藤公治 2008 保育の中の発達の姿 萌文書林．
ソシュール，F. de 1910 ソシュール 一般言語学講義 影浦 峡・田中久美子（訳）2007 東京大学出版会．
Sawyer, R. K. 1997 *Pretend play as improvisation: Conversation in the preschool classroom.* New Jersey: Lawrence Ealbaum Associates.
ヴィゴツキー，L. S. 1933 子どもの心理的発達における遊びとその役割 ヴィゴツキー，L. S. 他 神谷栄司（訳）1989 ごっこ遊びの世界：虚構場面の創造と乳幼児の発達・所収 法政出版 2-34.
ヴィゴツキー，L. S. 1934 思考と言語 柴田義松（訳）2001 新読書社．
ヴィゴツキー，L. S., & ルリヤ，A. R. 1930 人間行動の発達過程―猿・原始人・子ども― 大井清吉・渡辺健治（監訳）1987 明治図書．
若井邦夫 1982 文化と認知発達 波多野完治（監修）ピアジェ派心理学の発展 I―言語・社会・文化―・所収 国土社 137-171.

学童期以降の発達

　この章では、学童期から青年期、成人期、そして老年期までの発達をみていく。保育心理学で中心になっているのは就学前までの子どもの発達であるが、人間の成長を考えた時、人生を豊かに生きていくための力を身につけていく基礎は小さな子どもの頃からの経験を通して培われることである。そして、人の成長は決して幼児期や児童期といった特定の発達の時期では限定されるものではなく、死を迎える最期まで人は自己の生を豊かにしていく目標を持ち続けるのである。だから「保育所保育指針」においても、発達初期の発達と保育を生涯にわたる生きる力の基礎を培うためのものであると位置づけている。

　この章では、学童期から青年期前期までの知性の発達、青年期のアイデンティティの確立とライフサイクルの中での自己の生き方の課題についてみていく。さらに成人期、老年期における生き方について充実した人生と豊かな老いのための条件を明らかにしようとした生涯発達心理学の研究について概観する。そこでは主に壮年期、老年期までの長い人生の間で起きていることを長期にわたって縦断的に研究したものを取り上げる。

§1　学童期から青年期前期までの発達：論理的思考の獲得

　このセクションでは、学童期から始まる論理的な思考の発達についてみていく。前の第4章で確認したように、就学前までの子どもの主観的な考えや自分の視点や立場からのものの見方ではなく、客観的、論理的に考えを展開していくことが7、8歳以降からは可能になってくる。ピアジェはこのような思考活動の時期を**操作期**と呼んでいる（第1章　図1-5参照）。第4章の§5では、ピアジェが考えた発達の普遍性という考えには疑問が出され、また発達は人間に共通に備わっている論理性とそこに向かって進む傾向だけで

は説明することはできず、発達には社会・文化や学校教育という外からの働きかけを無視してはいけないことが言われている。だから、すべての人間がピアジェの想定したような論理的思考ができるようになる訳ではない。本章でみていく学童期以降から子どもや若者が論理的思考を獲得していくのは、西欧社会の中で起きていることをあらかじめ断っておかなければならない。

(1) 具体的操作期

具体的操作期は、ピアジェが7、8歳から11、12歳頃までの児童の知的活動の特徴として表したものである。この段階になると具体的な対象や出来事について客観的、論理的に考えることができるようになる。例えば、前の章でも取り上げた量の保存の一つである「液量保存の課題」では、例え形の変わった別のビーカーに水を移し替えても水の量は変わらない（水の量は保存されている）と正しく答えることができるようになる。このように判断するのは、元々水の量は同じであったのだから移し変えても変わっていないと論理的に考えることができるからであり、このような思考操作が「可逆性の操作」である。

その他、具体的操作期に入ると子どもたちはものごとをいくつかの視点に基づいて分類・整理をしていく、いわゆる**分類操作**ができるようになる。その一つに「クラス（類）の加法」と「クラス（類）の乗法」がある。このように表現すると難しい内容を連想してしまうが、これらは私たちが日常行っていることである。「クラス（類）の加法」は大きなクラス（類）はより下位のクラス（類）を含むという形で階層関係になっていることを理解することである。例えば花は下位のクラスのバラの花とそれ以外のすべての花を含んでおり、またバラの花は赤いバラとそれ以外のすべての色のバラから成っているという階層関係である（図5-1）。このような階層関係が理解できると「分類箱」と言われるような概念的な分類課題も解けるようになる。様々な種類の生きものの絵カードを階層構造別になっている箱に分類する課題では、水鳥の仲間を一括りにして、さらにそれより上位の鳥全般の仲間のカードをより大きな箱に入れ、さらに動物一般をより大きな箱に入れていくこと

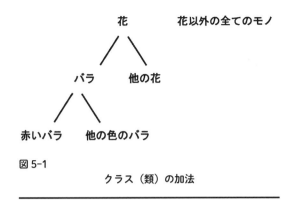

図 5-1　クラス（類）の加法

（滝沢他，1980，p.66 を一部改変）

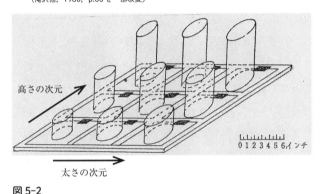

図 5-2　円筒並べ（マトリックス課題）

（佐藤，2013，p.100）

ができるようになる。「クラス（類）の乗法」の考えが理解できると、異なった二次元のクラス（類）を関連づけていくようになり、図5-2の「マトリックス的分類」と呼ばれている課題をうまく解けるようになる。高さと太さという二つの次元によって円柱をうまく並べるといった課題である。

「クラス（類）」とは別に「非相称関係」とか「非対称関係」と呼ばれているものについての理解がある。これは「より小」「より大」というように、順序立てられているものの間の関係を問題にしたものである。これは「系列化」の問題と言われている。例えば、長さの異なる棒を短かいものから長いものに正しく並べるように求めると、5歳前後では2、3本程度は並べるこ

図 5-3
系列化課題(「非相称関係の乗法」)

(佐藤, 2013, p.100)

とができてもすべてを正しく並べることはできない。6、7歳になると系列化はできるが、試行錯誤をしながら行っている。これが7、8歳からの具体的操作期の子どもでは試行錯誤ではなく、あらかじめ考えたプランに基づいて正しく順番に並べている。これが「非相称(非対称)関係の加法」である。さらに、長さの違う棒を長短の順で正しく並べることと、その隣に同じように大小の順に人形を並べるようにする課題は「非相称(非対称)関係の乗法」である。二つの異なった系列化を関係づけながら行わなければならない(図5-3)。

　ここで取り上げたいくつかの課題では具体的操作期以前の子どもでも試行錯誤をしながら解いていくことは可能だが、課題の解き方が手当たり次第なのか、あらかじめ予測を立てながら論理的に進めていくような解き方をしているかどうかが大切なポイントである。解き方には具体的操作期の子どもの思考展開の特徴が表れている。具体的操作期の児童が課題を解くために必要となっている知識体系をピアジェは「群性体」と呼んでいる。これはピアジェが数学の群論のアイデアを応用したものである。

　これまでみてきたように、具体的操作期になると児童は論理的に筋道を立てながら問題を解くようになるが、それはあくまでも課題が具体的な形で目の前に提示されたものでなければならないという限界がある。例えば、ピアジェが考えた「ビーズの実験」がある。子どもの目の前に木でできた丸いビ

ーズが18個あり、それを赤色が12個、白色が6個と色分けしたものを置いて、次のような質問をする。「木のビーズで作る首飾りと赤のビーズで作るのとではどちらが長い？」。具体的操作期の子どもは赤色のビーズで作った首飾りと残りの白色のビーズで作ったものを比べて赤色の方が長いと考えてしまう。実際は赤色の首飾りと実際には目の前にはない18個の木のビーズの首飾りとを比べなければならないのだが、子どもは目の前にあるモノを使って考えるという思考操作が具体的な場面に縛られてしまっている。この限界を超えていけるのは次の段階の形式的操作期になってからである。

(2) 形式的操作期

　11歳から12歳頃からは次の形式的操作期へと進む。**形式的操作期**はピアジェが想定した知的発達の最後の段階で、15歳から16歳頃には完成すると考えられる。人間の発達はこの形式的操作という目標に向かって知的発達を進めていると言ってもよいし、それは西欧の近代主義では人間の知性として求められているものでもある。形式的操作期になると、抽象的な内容についても客観的、論理的な形で考えることが可能になる。前の具体的操作期では十分にできなかった**仮説演繹的思考**や**命題的思考**が可能になる。この仮説演繹的思考や命題的思考とはどのようなものであるかを具体的な課題でみていくことにしよう。仮説演繹的に考えるということは、可能性として考えられることを想定して、それを確かめていくという思考を取ることである。これによって様々な条件を変えてみて実験でその結果を確認していくといった問題解決を行うのが仮説演繹的な方法である。図5-4の「試薬の課題」と言われるもので仮説演繹的な思考による問題解決の仕方をみてみよう。これは正確にはイネルデとピアジェによって行われた「有色と無色の化学薬品の配合」と言われて（Inhelder & Piaget, 1958）、以下のようなものである。子どもの前に無色無臭の液体を入れた同じ形の4つの器と、一つだけ形が違っている液体の容器がある。これらにどのような性質の液体が入っているかは知らせず、それぞれの器には1〜4の番号とgの記号が付けられているだけである。ここで児童に液体をうまく組み合わせて液体を黄色にして欲しいのと、

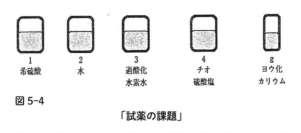

図 5-4 「試薬の課題」

(Inhelder & Piaget, 1958, p.108 を元に独自に作成)

それぞれの液体がどのような働きをしているかを推測することを求めた。全部で5種類ある液体は、1の希硫酸に3の過酸化水素水を入れ、gのヨウ化カリウムを加えると黄色になる。3の過酸化水素水は酸性の触媒（1の希硫酸）によってgのヨウ化カリウムを酸化させて黄色にするという化学反応である。4のチオ硫酸塩は漂白作用があるので、これを加えてしまうと黄色の変化は起きなくなる。

　このような課題を解くためには、考えられる組み合わせのすべてを系統的に調べていかなければならない。「順列組み合わせ」の発想である。具体的操作期の子どもはこのような課題をすべての可能性のあるものを考えていくという仮説演繹的な解決法を十分に使っていくことができない。いくつかの組み合わせまでは液体を混ぜて確かめるが、すべての組み合わせを検証することはしない。そのために「どれとどれを組み合わせるべきか」という基本的な問題解決法を使えない。これに対して、形式的操作期に入った児童は、すべての組み合わせとその結果を紙に書いてリストアップしたり、手元に紙が用意されていない時には紙と鉛筆が欲しいと言って、自分の調べた結果をメモをしていくことを始める。具体的操作期と形式的操作期の児童の違いはここに表れている。

　形式的操作期の児童が命題的思考を展開するようになるのは図5-5の「バランスビーム課題」の問題の解き方に表れている。

　図にあるように、人形が1個入っているかごと2個の人形が入ったかごとをうまくバランスが取れるような位置を探すことが求められるが、この問題

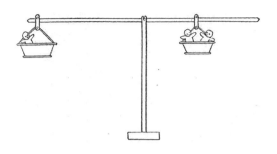

図 5-5 「バランスビーム課題」

(Inhelder & Piaget, 1958, p.165)

を試行錯誤的に解くか、あらかじめ中心からどの程度離れた場所がバランスの取れる位置かを想定しながら解いているかという解き方の違いが起きる。このようなおおよその位置を仮説として考えておいて、その後、微調整をしていくといった解き方をするのが形式的操作期の児童・生徒の特徴である。これに対して具体的操作期の児童はやみくもに場所を探すようなことをする。同じような仮説を発生させて問題を解いていくことは「影の投影課題」（図5-6）でもみられる。スクリーンに映された円と同じ大きさのリングの影をローソクの光を使って投影して映し出す課題である。リングの大きさとローソクからの距離を考えながらどの位置にリングを立てたらよいかを判断していかなければならない。この課題を解く時にも、あらかじめ予想（仮説）を立てながらうまく課題を解いていくことを考えるという命題的思考が求められている。

　これらのいくつかの論理的思考を必要とする課題を用いながらピアジェらは形式的操作期になると仮説演繹的なものの考え方を展開することが可能になってくることを具体的に示している。そして、人間の知性の発達としては、形式的操作期以降の新しい質的変化はなく、知識が量的に増えていくと考えた。人間の知性の発達の最終形態である。ピアジェのユニークなところは、論理学で指摘されている論理的形式を人は具体的な場面でどのように使っているか、論理的思考として論じたところである。

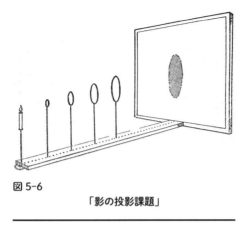

図 5-6 「影の投影課題」

(Inhelder & Piaget, 1958, p.200)

§2 青年期の発達とその課題：自我と社会的存在の確立

　本書の第1章の冒頭の§1で、青年と青年期の発達が生まれてきたのは近代社会が人間に一人で働いて、生きていく能力を求めるようになったことで生じたものであることを指摘しておいた。このセクションでは、青年期の発達の特有な問題である自己＝アイデンティティの確立についてみていこう。

(1) 発達課題と青年期のアイデンティティ確立

　私たちの社会では、成人になって一人立ちしていくために特に青年期という時期に課せられた**発達課題**に向き合っていかなければならない。そこでは、自分という存在を明確に持ち、社会でどのように生きていくかその具体的な道筋を見つけていくことが求められる。どのような職業で生計を立てていくか、あるいは配偶者と共にどのような家庭をつくっていくかという将来に向けての具体的な準備作業をするのが青年期の課題である。

　「発達課題」は各発達の時期に社会が望ましいものと位置づけたことをそれぞれの個人が確立していくことを示すものであり、いわば発達の「里程標

（マイル・ストーン）」の意味を持っている。「発達課題」の代表的なものには、ハヴィガーストとエリクソンのものがある。ハヴィガーストが「発達課題」として示したもので、幼児期から青年期までの間で達成すべきものと位置づけているのは、大きくは身体的成熟、社会文化的要請に応えるもの、個人の願望・価値の確立という三つである。身体的成熟は乳幼児期の歩行、食事、排泄等を含めた身辺の自立や身体活動による他者との関わりの中で自己の願望や自己主張による自己という存在を認識していくことである。さらに幼児期になると読み・書き・計算などの社会が求める技能や知識を身につけていくこと、仲間との有効な関係をつくっていく社会性の発達を実現することが発達の課題として位置づけられる。青年期の発達課題は進路、職業選択、人生観や価値観の形成という社会との折り合いの中で個人の願望や価値を形成していくことがある。ハヴィガーストは乳児期から老年期までの幅広い期間の発達課題をあげているが、ここでは幼児期から青年期までのものを詳しくみていくと次の表5-1のようになる。

　ハヴィガーストが言うように、青年期に課せられて「発達課題」の中心にあるのは、社会の中でどのように生きていくか、その方向とその内容を見つけて社会的存在としての**自己同一性**、つまり**アイデンティティ**を確立していくことである。青年期はまさにこの自分探しをするために社会人として自立し、独立していくための課題解決を猶予されている時期でもある。この猶予期間の中で自分の生き方を明確にしていかなければならない。しかも他人に依存することなく自立的、主体的な生き方をしていくことが社会の価値観として強く求められている中で、自分の力でこの課題を解いていくことである。このような青年期特有の時期をエリクソンは**モラトリアム（猶予）**、つまり、自分がこういう人間であるという「自我同一性（アイデンティティ）」を確立するまでの社会的責任や義務を猶予される期間であると特徴づけた。「自我同一性」は親や親しい仲間、あるいはあこがれを持った人物の言動に自分を重ね合わせ、取り込んで同じようなことをしたり考えを持ってしまったりするような「同一視」の段階を超えて、他者とは違う自分という存在を見出し、獲得していくことである。その獲得のための具体的作業は職業選択と配

表 5-1 ハヴィガーストの発達課題（幼児期から青年期までの部分）

<幼児期>
① 歩行の学習
② 固形の食物をとることの学習
③ 話すことの学習
④ 排泄の仕方を学ぶこと
⑤ 性の相違をしり，性に対する慎みを学ぶこと
⑥ 生理的安定を得ること
⑦ 社会や事物についての単純な概念を形成すること
⑧ 両親や兄弟姉妹や他人と情緒的に結びつくこと
⑨ 善悪を区別することの学習と良心を発達させること

<児童期>
① 普通の遊戯に必要な身体的技能の学習
② 成長する生活体としての自己に対する健全な態度を養うこと
③ 友だちと仲よくすること
④ 男子として，また女子としての社会的役割を学ぶこと
⑤ 読み，書き，計算の基礎的能力を発達させること
⑥ 日常生活に必要な概念を発達させること
⑦ 良心，道徳性，価値判断の尺度を発達させること
⑧ 人格の独立性を達成すること
⑨ 社会の諸機関や諸集団に対する社会的態度を発達させること

<青年期>
同輩グループ
① 同年齢の男女との洗練された新しい交際を学ぶこと
② 男性として，また女性としての社会的役割を学ぶこと

独立性の発達
③ 自分の身体の構造を理解し，身体を有効に使うこと
④ 両親や他のおとなから情緒的に独立すること
⑤ 経済的な独立について自信をもつこと
⑥ 職業を選択し，準備すること
⑦ 結婚と家庭生活の準備をすること
⑧ 市民として必要な知識と態度を発達させること

人生観の発達
⑨ 社会的に責任のある行動を求め，そしてそれをなしとげること
⑩ 行動の指針としての価値や倫理の体系を学ぶこと

(宮本, 1986, p.35)

偶者選択であると位置づけた。

　もちろん，エリクソンの発達理論は青年期だけの特定の時期を問題にしたのではなく，誕生から老年期までの一生の変化・過程を扱った**ライフサイクル論**であり，発達は前の段階で獲得したものを取り込んで発達していくとする「漸成発達論」である。先のハヴィガーストの発達論も同じように生涯にわたる発達を論じたものである。

　エリクソンは人間の生涯にわたる発達を8つの段階に分け，各発達段階に位置づけられ，中心的な課題となっているものを考えた。これらは各段階で解決し，克服していくべきもので，彼はこれを**心理社会的危機**としたが，ここで言う「危機」はそれぞれの発達課題を乗り越えていくことで次の発達の

表 5-2

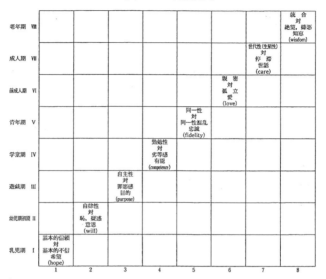

エリクソンの発達図式

(やまだ, 1995, p.64：Erikson, 1982)

ステージへ正しく移行していくことができるというものである。だからエリクソンの言う「危機」は日本語で言うような「困難な状況」といった意味ではなく、次の段階へ向かう「分岐点」や移行を「決定をする契機」というものである。社会から課せられた課題をうまく解決するか解決できないかによって個人の人格のあり様が決まってくるものである。この8つのステージは表5-2の通りであるが、それぞれの発達のステージで乗り越えていくべきものが示されており、この課題を肯定的に乗り越えた時に獲得される「強さ」、例えば乳児期では「希望」、学童期では「有能」、そして青年期の「同一性」が各段階で想定されている。これは自己の発達を実現していく**土台となる強さ（basic strength）**であり、「生きる力」や「回復する力」といったものである（鈴木・西平, 2014）。

　実はエリクソンは個人のレベルで「危機」の克服を議論しただけでなく、社会とのつながりの中でこれらを扱ってもいた。これが彼の「ワークシート」とか「付表」と呼んでいたもので、それぞれの8つの段階ごとに個人の心理

的レベルと社会・環境とを関連づけたものを残している（西平，2014）。その一覧表をコラム5-1に載せておく。

　このセクションの主要なテーマである青年期の発達について、エリクソンが指摘していることをもう少し詳しくみていこう。表5-2にあるように、青年期の主要な発達課題は「同一性」の獲得であるが、具体的には次のような5つの側面からなっている。つまり、「自立」、「性役割の同一性」、「価値観の確立」、「職業選択」、「自我同一性」である。青年期の**自立**は、経済的に一人立ちしていくこと、他者との良好な関係をつくったり、集団の中で社会的な付き合いができること、さらには自分一人で生活をうまく調整し、孤独感に陥らないようなセルフ・コントロールをしていけることがある。**性役割の同一性**は男性、女性としての社会的な性役割を自覚していくことや良好な異性関係を築くことである。

　価値観の確立は、社会的な規範や道徳的価値と親や周囲の大人との関係の中で身につけた価値観や道徳性を合致させながら自分なりの価値観をつくり、持っていくことである。これについてはコールバーグが「道徳性の発達」の問題としてさらに詳しく論じている。コールバーグは児童期では自分が所属する家族・集団・社会の規範を機械的に取り入れ、これに従うことを重視する段階（「慣習の水準」）から、次第に「脱慣習的な水準」で善悪の判断をするようになると述べている。コールバーグが道徳的判断として人間が最終的に到達するものと考えたのは、「普遍的な倫理的原理」によって善悪を判断していくことである。道徳的に正しいかどうかは、人間の権利の相互性と平等性、個々人の人格の尊厳の尊重という普遍的な原理に従って自分が選んだ倫理原理に従うことであり、これが自分の良心の中心になるというものである（コールバーグ，1969）。

　職業選択は自分の価値観を具体的な形にしていく作業でもあり、自分なりのライフスタイルを選択していくことでもある。青年期はいわば職業選択と、仕事のために必要な資質を身につけていくための準備をする時期である。

　自我同一性は「自立」、「性役割の同一性」、「価値観の確立」、「職業選択」を統合した上で確立され、「自分とはこういう存在である」ことを一貫した

感覚として持つことである。14, 15歳までの青年期前期では「自分とは何か」ということを漠然としか捉えられていなかったことが、16歳から18歳となると自分に向き合うことによって自覚的に考えるようになる。同性に限らず異性への関心と関わりが強くなるのもこの時期である。18歳以降の青年期後期では、進路選択、就職などの具体的な課題を前にすることで自分の適性や価値観を深く考えるようになり、自己をより明確なものにしていくようになる。もちろん、「自我同一性」の課題を青年期後期の段階で一様に青年が獲得していく訳ではない。「自我同一性」の達成には異なった水準があることをマーシャは指摘して、次の表5-3のように、同一性の達成を終えた者、モラトリアムとしてその最中の者、さらには早期に完了した者や達成できないで同一性拡散の状態にある場合などを挙げている。早期完了というのは、親の仕事をそのまま引き継いで職業の選択の問題に直面しなかったり、「自

表 5-3

マーシャによる自我同一性の地位

自我同一性地位	危　機	傾　倒	概　　略
同一性達成 (identity achievement)	経験した	している	幼児期からの在り方について確信がなくなり、いくつかの可能性について本気で考えた末、自分自身の解決に達して、それに基づいて行動している.
モラトリアム (moratorium)	その最中	しようとしている	いくつかの選択肢について迷っているところで、その不確かさを克服しようと一生懸命努力している.
早期完了 (foreclosure)	経験していない	している	自分の目標と親の目標の間に不協和がない。どんな体験も、幼児期以来の信念を補強するだけになっている. 硬さ(融通のきかなさ)が特徴的.
同一性拡散 (identity diffusion)	経験していない	していない	危機前(pre-crisis)：今まで本当に何者かであった経験がないので、何者かである自分を想像することが不可能.
	経験した	していない	危機後(post-crisis)：すべてのことが可能だし、可能なままにしておかれなければならない.

(無藤, 1979, p.179：Marcia, 1966)

表 5-4
青年期前期と後期の発達課題

	発達課題	心理社会的危機
青年前期 (13〜18歳)	①身体的成熟 ②形式的操作 ③情動の発達 ④仲間集団における成員性 ⑤異性関係	集団同一性 VS 疎外
青年後期 (19〜22歳)	①両親からの自立 ②性役割の同一性 ③道徳性の内在化 ④職業選択	個人的同一性 VS 役割拡散

(飯干, 2012, p.212；南, 1998；川端他, 1998；上国・上別府, 2007)

我同一性」の課題を容易に超えてしまった場合などである。

　ハヴィガーストも、そしてエリクソンも指摘しているように、青年期の「自我同一性」の確立は人生のライフサイクルという過程の中で行われるものである。だから個人が自己を見出していくためには、一人でこれらに取り組む前に仲間との関わりの中で他者と親密な関係や**集団的同一性**をつくっていくことで他者を通して自己を発見していくという段階がある。青年期を一括りにするのではなく、前期（13歳〜18歳）と後期（19歳〜22歳）に分けてみると、中学校時代の青年期前期の経験が後の青年期後期の個人レベルの自我の確立に大きな役割をしていることがわかる（表5-4）。さらに、この青年期前期の発達には身体発達という生物学的な特徴や、社会・文化的なものが相互に関係していることをピーターセンは指摘している（図5-7）。このような複数の要因が関係して自己の確立が準備されている。

　ここでは、青年期の発達の中心的な課題である「自我同一性」について主にエリクソンの理論を取り上げてきた。近年では、エリクソンが「自我同一性」獲得のための重要な課題としている「職業選択」や「配偶者選択」といったものについては、一つの職業を定年になるまで継続し続けることは時代にそぐわなくなってきている。就労形態の変化を考えると、職業の選択がで

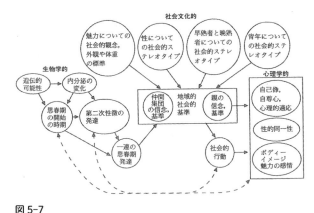

図 5-7　ピーターセンによる青年期前期の生物学的、社会文化的、心理的要因の関係モデル

(齊藤, 1995, p.51：Petersen, 1987)

きないからといって同一性拡散には全くなっていないのである。

　配偶者としてパートナーを選ぶことは、家庭を持つという社会的存在として認められることを意味する。言わば「一人前」になるということである。だが、今日、家族の形態や婚姻関係も多様化してきており、一人のパートナーと一生添い遂げることだけが配偶者選択の課題として求められていることではなくなっている。そもそも、「自分とは何か」とか「自分らしい生き方」というのは単に青年期で完結するようなものではなく、成人期や中年期でも絶えず問い続けられる問題である。これについては次のセクションの「成人期以降の発達」で扱う。

　心理学では「自己」と「自我」を明確に区別することなく用いてきている。このセクションでも明確な区別をしないできた。だが、厳密には哲学では二つは区別されていることをことわっておかなければならない。「自我」は主体が行為として展開する時のものであり、「自己」とは自分を認識や意志の対象として反省的に捉えた時のものである。「自己嫌悪」を「自我嫌悪」とは言わないことでもわかるだろう。このセクションで述べてきた内容からすると「自我」という用語が適切であることがわかるだろう。コラム 5-2 には

「自己」と「自我」とを区別する考えを載せておく。

(2) 女性の生き方とライフサイクル

　エリクソンの発達理論やライフサイクル論では、男性を中心した青年期のアイデンティティ形成が暗黙に想定されている。例えば「職業選択」で自分の一生の仕事を見出すことが青年期の課題となっている。だが、女性の場合はそのライフサイクルとその中で女性としてのアイデンティティを形成していく過程は、職業や配偶者選択以外に実に多くの複雑なライフイベントに出合いながら自分の生き方を吟味し、また見直しを行っていることが指摘されている。ここには女性ならではの独自のライフコースがあって、エリクソンの理論では十分に捉えられない現実的な姿がある。例えば、次の図5-8のような代表的な女性のライフコースでも8つのタイプがあり、結婚や出産といったことが女性の就労や仕事の選択に大きく関わっていることは男性とはかなりの違いがある。同時に、女性の場合はこれらの重要なライフイベントに出合う中で絶えず自分の生き方を見直し、吟味する機会を持っているということでもある。もっとも、その選択は自分の自由意志だけでは決められないことも多く、社会がどこまで女性の生き方を支えているかという大きな社会問題として考えるべきものを含んでいることを認識しておかなければならない。

　この複雑な過程とそこでの生き方の選択の様子を描いているのが図5-9であり、これらをさらにライフステージごとにそこで起きている問題を整理したものが、表5-5である。これらからも現代の女性のアイデンティティ形成やライフコースの独自性、さらには社会が女性の生き方を経済的にも、心理的にも支えていくことが必要であることがわかる。

　青年の社会的規範や道徳基準でも、これまでは男女の違いを考慮することなく、青年一般として扱うことが多かった。前のところでも述べたコールバーグの道徳性の発達についても青年期になると、「普遍的な倫理的原理」を自己の基準として持っていくようになることが想定されていた。この考え方に対して、女性の視点からギリガンは『もう一つの声──男女の道徳観のちが

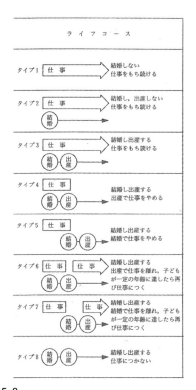

図 5-8
**女性の代表的な
ライフコースのいくつか**

(岡本, 1995, p.202：経済企画庁国民生活局, 1987 を一部改変)

いと女性のアイデンティティ―』(1982)で「普遍的な倫理原理」である「公平さ」は男性のものであると批判する。コールバーグ、そしてギリガンが問題にしている道徳規範とその発達は、コールバーグが考えた「道徳ジレンマ課題」での善悪判断とその内容から導き出されているものである。「道徳ジレンマ課題」の内容と男女の善悪判断の違いについてはコラム 5-3 に載せておくが、ギリガンは公平性と普遍的な倫理原理という抽象的基準に基づいて正義の判断をするのは男性的な視点によるものであって、女性は人と人との関係を重くみる立場から道徳性を考えるという、独自の論を展開する。ギリガンの主張は男性原理の合理的な知性への見直しを求めるものであり、コー

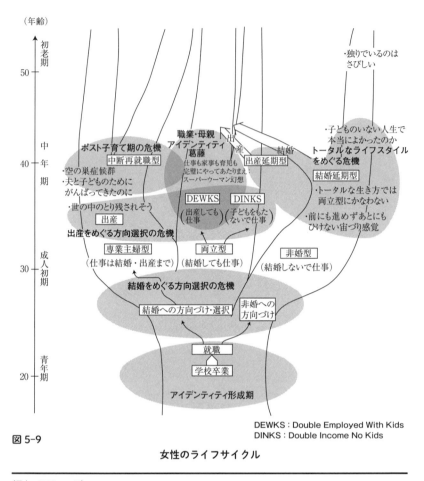

図 5-9　女性のライフサイクル

（岡本，2002a, p.13）

　ルバーグの理論では道徳性の発達は普遍的であるとされているが、男女差という違いが存在する以上は、普遍性という考え方も成り立たなくなる。あるいはコールバーグが第3段階として発達の途上にあるものと位置づけた「対人的同調」は、女性が青年期以降でも「相手への思いやり」「共感」といった感情を重視したものであり、これこそが人間関係を重視した道徳性としてはむしろ発達的に進んだものだと考えることもできる。ギリガンは道徳性の発達は二つのコースがあって、コールバーグが考えるような「公平さの道徳

表 5-5 女性のライフサイクルとそこで発生する問題領域

対内的・基礎的次元 ← → 対外的・発展的次元

ライフステージ	女性性・女性としての自己の発達過程	アイデンティティと自己実現	家族	職業および社会参加	その他
胎児期 / 乳児期	女の子として生まれる		女の子と家族関係		
幼児期	女の子であることへの気づき			女の子の遊びと友だち関係	
児童期	女の子らしさの認知と受容 ・さまざまな同一化 ・性役割の発達		・父-娘関係 ・母-娘関係		
思春期	女性性の受容と葛藤 ・他者・異性との出会い ・性役割をめぐる問題	アイデンティティ形成をめぐる女性特有の問題	親からの自立 ・心理的離乳 ・依存と独立の葛藤		
青年期	↓ さまざまなライフスタイルの中で女性性の発現と抑圧・否認	・自分らしい生き方の模索 ・「女らしさ」と「自分らしさ」の間のまよいと葛藤		進路選択 　青年期の友人関係 女性の職業選択と仕事への関与	
若い成人期		ライフスタイルの選択	生家族からの自立 結婚をめぐる問題		
			母親になること・子育てをめぐる問題		
中年期	├ 中年期のアイデンティティ危機 ─┤ 更年期の心身の変化と女性性	・新たなアイデンティティ獲得の困難さ	・子どもの自立期の危機 ・子育ての再評価 ・空の巣症候群	中年女性と仕事 ・パートタイム労働 ・キャリア女性の光と影	シングル女性の問題
初老期			親の看取り	中年女性の社会とのかかわり	
老年期	"太母" としての女性性	高齢女性のアイデンティティ	子ども家族との再統合をめぐる問題		

(岡本, 2002b, p.36)

（morality of justice）」一つではなく、女性にみられる「配慮と責任の道徳」（morality of care and responsibility）があると主張する。

このように、女性の場合は他者への思いやりや他者との具体的な関係、人と人との親密さを重視するという点では男性のような抽象的な価値規範にとらわれがちであることとは違ったものを持っている。男女の生き方の違いにも関わることである。

§3　成人期以降の発達とその課題：豊かに生きるために

前の§2の（1）で、「自分らしい生き方」を模索するという課題は青年期だけのものではなく、成人期や中年期になっても問い続けていくべきものであることを述べた。この課題を解く中では時にはこれまで自分が行ってきた仕事もこれで良かったのかと問い直したり、さらには再構築に迫られることもある。例えば、図5-10で示したように、ライフサイクルの中では中年期でも自分の生き方を見直すいわゆる「中年の危機」があり、それは残りの人

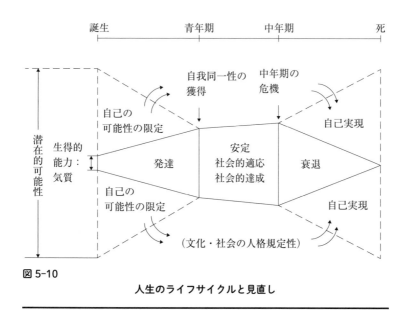

図 5-10

人生のライフサイクルと見直し

生とそのあり方をもう一度吟味し直していく大事なことでもある。青年期で「自我同一性」を獲得して、その後は安定した人生を送ったとしても、中年になってそのような生き方を見直していくことになる。

　成人期以降の人生の時期でどのような発達と成長を実現していくかという問題は青年期までの幼児期、児童期のような発達の姿とは別の様相をみせている。そこでは、様々な能力や技能の低下があって、決してプラスの方向での発達変化ではない。だが、自分の持っている能力をどう活かして豊かな人生を送っていくかという問題は人間発達のもう一つの重要な側面である。そして、中年期以降の時期で豊かな人生を過ごすための条件がいくつかの長期的な縦断研究で明らかになっているが、そこで指摘されていることは自分の人生を肯定的に捉え、主体的に問題に取り組んでいく姿勢を持ち続けることの大切さである。その基礎は、発達前期の幼児期、児童期の中で培われるものであって、保育や幼児教育の中での子どもの成長・発達の問題と後の人生後半での過ごし方や発達・成長は決して無縁ではない。

(1) 成人期以降の人間発達の姿

　成人からの人間発達の問題については、長い人間の時期を生涯発達の視点から行ったいくつかの長期的な継続観察や縦断的研究、あるいは人生を回想してもらった研究で明らかになっている。この後者の研究として、人生を振り返ってもらうことを通して生き方の問題を明らかにしようとしたのがレビンソンの"The seasons of man's life（人生の四季）"（1978，邦題『ライフサイクルの心理学』）である。ここでは様々な職種の40名を個別面接して青年期以降の発達の様相を明らかにしている。レビンソンはこれらの調査した人たちから共通にみられることは、人生には自分の生活構造として比較的安定した時期と生活構造が変化する過渡期の二つが交互にやってくるという変化がみられることである。そして、次のようなライフサイクル論を出しているが、40-45歳の人生中期の過渡期（移行期）と60-65歳の老年（成人期後期）の過渡期（移行期）が大きな転換期である。

　これらの過渡期では次の新しい生活構造をつくっていくように、現在の生

活を見直して、時には修正をすることも必要になる。特に人生中期の過渡期では、今までの若かった頃とは違って体力も落ちてきたことをどう自覚するか、これからどこまで新しい仕事ができるかという反省と見直しが、後に続く生活構造をつくっていくためにも重要になってくる。彼は類似の研究を専業主婦45名を対象に行っているが、男性と同じような発達のプロセスがあるという。

　ここで、人生中期の過渡期における見直しとしてレビンソンが取り上げているいくつかのケースをみてみよう。大企業で働き、管理職としても有能であったトレイシーは上司にも恵まれ、この上司は良き相談相手でもあったが、この上司が別の企業の社長として転出したり、妻との問題や家族のことなどがあってトレイシーはこれまでの大きな会社から小さな会社への転職を決意し、家庭もつくり直しをしてまさに新しい人生を再スタートさせ、平穏な人生を送るきっかけをまさに人生中期で得たのである。

　小説家志望であったナムソンは実業界では一定の成功を収めたものの、自分のやりたい小説の道へ進むことをやはり中年の時期に決断している。ビジネス界の経験は創作活動にもプラスになり、一時期はビジネスと作家活動との両方をこなしていたが、次第に小説家一本で行くことを決心する。そして最後は大学教授へと転身している。自分の存在感として何を求めるべきかという問いに対して一つの答えを40歳代で出したのである。

　生化学者バーンスは研究者としての仕事を進める中で次第に大学行政の道へと進んでいった。大学の学部長や管理業務で有能さを発揮しながらも自分自身が研究に打ち込むことができなくなった状態に焦燥感を抱くようになり、彼は大学行政から足を洗い、研究所で後輩の研究のアドバイスをするという研究指導者の仕事を選ぶ、研究の良き相談相手となることに大きな満足を得るようになった。

　ここで取り上げたケースではいままでの40歳代の自分の仕事や生き方を見直し、もう一度自分の生活構造をつくり直していくことで後の人生に満足を得ている。

(2) 人生を豊かに生きるために

　人生後半の時期を豊かに過ごすために必要なヒントをバークレー研究とハーバード成人発達研究から得ることができる。カリフォルニア大学バークレー校の縦断研究では300名以上の子どもが18歳になるまで追跡調査を行っているが、この中の対象者の一部について30歳になった成人を70歳代まで継続して調査したものがある（Maas & Kuypers, 1977）。調査対象者は142名で、彼らの生活スタイルをいくつかのグループに分けて、成人期から老年期までの生き方の変わらない部分と変わった部分、老年期の人生の満足度などを調べている。男性の場合は生活スタイルには大きな変化はなく成人初期につくったものをそのまま継続している。これに対して女性は生活の仕方などを状況によって変えていくという違いがあった。男性の場合は家族を人生の中心に据えて、家族との良好な関係をつくっていく中で人生の満足を得ている人が多い。だが、趣味に生き甲斐を見出してしまった人は自分の世界を重視するあまり、妻や友人との交友も少なくなってしまっている。健康に恵まれない人は家族以外の人との付き合いも少なく、自己評価も低くなっている。女性の場合は、夫が亡くなっている場合には仕事を続けて経済的な安定があること、そして何よりも友人や親戚と深い関係をつくって交際好きであることが人生を大いに満足に過ごすことができる要因になっている。

　人間の精神的安定をもたらしてくれるものにソーシャル・サポートとソーシャル・ネットワークがある。図5-11にみるように、まわりに親密な関わりを持つことができる人がいたり、社会的ネットワークがあることは、そこから情緒的なサポートや生活上の問題の解決に役立つものを得ることが多い。このような必要な時に支えになってくれる**社会的コンボイ（護衛艦）**をいくつか持つことは人生を豊かに過ごすために必要なことである。

　ハーバード成人発達研究は、ヴァイラント（2002）が300人のハーバードの学生を成人移行後も追跡して面接調査を行い、成人期から中年期までの生き方を調べたものである。また、この研究ではボストンに住んで生活保護を受けている青年についても合わせて調査している。これらの調査結果で特に注目すべきことは、中年期に遭遇する様々な場面に自分たちの意志と努力

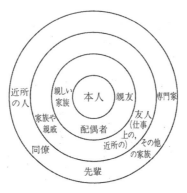

図 5-11　カーンとアントヌッチのコンボイモデル

(高橋, 1990, p.44)

で上手くコントロールできる能力を50歳までに身につけることが後期高齢になっても健康で幸福な人生を送る秘訣ということである。つまり、成熟した適応対処能力を中年の時期に獲得することが後の人生を豊かに送る条件だという訳である。そして、ヴァイラントがいくつかの実際の事例として取り上げていることから良い生き方のために必要なこととして示唆されるのは、自分にとって人生の良きモデルとなる人がいるということ、自己の価値と生き方を完成させていこうという志向を持って、いわば社会的成熟を実現すること、そして、社会的役割と貢献を目指すことが自分の人生を豊かなものにしてくれるということである。

　人は年齢を重ねるにつれて体力、知力も衰えてくる。しかし、全ての面で能力が低下してくる訳ではない。例えば、図の5-12は10歳から80歳までの知能の年齢的変化を示したものであるが、キャッテルが分類した流動性知能と結晶性知能を比べてみると、確かに知覚や記憶の能力に相当する流動性知能は次第に衰えをみせるが、実践的な能力や経験知といった結晶性知能はあまり衰えていない。知恵や生活経験で養ってきたものは豊富な現実的な知識を持ち続けているのである。高齢者を、豊かな人生経験に裏打ちされた生

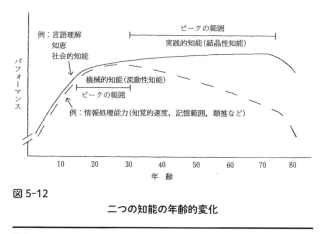

図 5-12
二つの知能の年齢的変化

(楠見，1995，p.64；Baltes, 1987；Horn & Donaldson, 1980；渡辺，1991 に基づいて作成)

活の知恵を持ち、また社会に活かしてくれる存在として位置づけることが大切である。

(3) もう一つの目標を目指す

　高齢者になるとこれまでの忙しかった仕事から解放されて自分の自由な時間が増えてくる。忘れかけていた自分のやりたいこと、好きなことにも気づきはじめる。新しいことをもう一度始めることができるチャンスである。生涯学習のためのたくさんのプログラムもあるが、大切なのは自分のやりたいことを見つけることだろうか。時には他人に惑わされないで好きなようにマイペースで自分に打ち込むことも必要かもしれない。社会学者の加藤が『独学のすすめ』(2009)の中で学校という制度の中だけで学ぶのではなく、自分が知りたいことを周りの人から聞き出し、また知識や経験を得ていくことで自分の学問を創り上げることができると言っている。その例として、加藤は霊長類研究の分野では誰もが知っているグドールの生き方を紹介している。彼女は高校を卒業してから秘書として仕事をしていたが、たまたま友人のいるアフリカに遊びに行き、そこで仕事を見つけた矢先に霊長類研究の第一人者であるリーキーの下で秘書として働き始める。ここからグドールは研

究者同士の議論をまさに「耳学問」として学び、現地調査にも同行するようになり、本格的な霊長類研究をするようになったのである。自分の好きなこと、興味を持ったことが出発点だったのである。いわば素人の独学が新しい研究を発展させたのである。

　同じ加藤に『隠居学』(2011) がある。こちらの本は少し「くだけた」内容のものだが、決まった職を終えてからは自由な発想でものごとを考えたり、自分が年来持っていたものに打ち込めることになることを説いている。この「隠居」という時代と境遇でこそ最も本質的なもの、大事にすべきものを見出すことができ、またそれだからこそ知的で創造的なものに近づけるようになるとも言えるだろう。

　事実、加藤がここで述べているのを待つまでもなく、「隠居」の身分で重要な仕事を成し遂げた何人かの人物を私たちは知っている。50歳で家督を長男に譲って年来の目標であった日本の地図の作成を55歳から始めた伊能忠敬。彼は73歳でこの世を去るまで10回にわたって日本の土地を徒歩でめぐり、測量を行って精巧な日本地図である「伊能図」を完成させた。あるいは40歳の時に弟に家督を譲って京都の錦市場の青物問屋（今でいう生産者や仲買・小売業者を統括する流通業者）の主人から日本画家へと変身を遂げた伊藤若冲。彼は優れた作品を多数制作し、今や日本を代表する日本画家として世界にも知られる類まれな芸術家として高く評価されている。この二人は共に、元々の目の前にあった仕事に邁進しながらも、本当に自分がしたい念願の活動をすべくその希望を持ち続け、その目標を温め続けたのである。そして時間的にも、経済的にもいくばくかの余裕を得ることでそれらを始めたのである。「隠居」の時代に後世に名を残す仕事をしたのである。

　「道楽」という言葉がある。自分の仕事に楽しく打ち込むこと、本来の進むべき「道」を楽しんで歩いて行こうという人間としてのまっとうな生き方を求めたものである。人生の後期だからこそ、残りの「道」を自由に楽しむことができる。

5-1　エリクソンの心理と社会・環境をつないだ8項目

　エリクソンは表にあるようにA心理・性的モードや、B心理・社会的危機の各段階ごとの特徴やその移行をC重要な他者との関係、F社会秩序、G社会（世界）と関連づけながら論じている。8つのステージ（Ⅰ～Ⅷ）は8つの項目（A～H）で挙げているような社会や環境、人間関係などの外的な要因と深く結びついて変化と移行が起きていることを示している。まさに人生のライフサイクルの現実を描こうとした（鈴木・西平，2014）。

	A 心理・性的モード	B 心理・社会的危機	C 重要な意味を持つ他者	D 土台となる強さ	E 病理につながる要因	F 関連する社会秩序	G 世界との良好なつながり（世界の生き生きとしたつながり）	H 陥りやすい問題（世界との形骸化したつながり）
Ⅰ 乳児期	とり入れモード（口唇・呼吸器、感覚・筋肉運動）	基本的信頼 vs. 基本的不信	母親的に世話してくれる人物	希望	閉じこもり（閉鎖的独断）	コスミックな秩序	ヌミノース的（信じるという世界とのつながり）	偶像主義（信じることに含まれる問題性）
Ⅱ 幼児初期	把持－排泄モード（肛門・尿道、筋肉的）	自律 vs. 恥・疑惑	両親の存在	意志	強迫	「法と秩序」	裁判的（規則を守るという世界とのつながり）	律法主義（規則至上主義、規則を守ることに含まれる問題性）
Ⅲ 遊戯期	侵入－包含モード（幼児・性器的、移動的）	自主性 vs. 罪の意識	家族	目的意識（目的追求）	抑制（制止）	理想的な模範	芝居的（目標を目指すという世界とのつながり）	道徳主義（目標を目指すことに含まれる問題性）
Ⅳ 学齢期	「潜伏期」	勤勉 vs. 劣等感	近隣・学校	コンピテンス（やればできる自信）	不活発（惰性）	技術の原理	形式的（仕組みを習うという世界とのつながり）	形式主義（仕組みを習うことに含まれる問題性）
Ⅴ 青年期	思春期	アイデンティティ vs. アイデンティティ拡散	ピアグループ、外のグループ：リーダーシップのモデル	忠誠	拒否（役割拒否・忠誠拒否）	イデオロギー的世界観	イデオロギー的（選ぶという世界とのつながり）	全体主義（トータリズム、選ぶことに含まれる問題性）
Ⅵ 若い成人期	性器期	親密 vs. 孤立	パートナー（友情・性愛・競争・協力）	愛	排他性	協力と競争	緊密な結びつき（自分を与えそして見出すという世界とのつながり）	エリート主義（自分を与えそして見出すことの問題性）
Ⅶ 成人期	（子孫を産み出す）	ジェネラティヴィティ vs. 停滞	仕事や家事の分業	ケア	拒否（役割拒否・忠誠拒否）	教育と伝統	ジェネレイショナル（ケアという世界とのつながり）	権威主義（ケアに含まれる問題性）
Ⅷ 老年期	（官能的モードの普遍化）	インテグリティ vs. 絶望	"人類" "私の種族"	智慧	侮蔑・高慢	智慧	哲学的（まとめ直すという仕方の世界とのつながり）	教条主義（ドグマティズム、まとめ直すことの問題性）

（鈴木・西平，2014, p.105）

5-2 「自我」と「自己」

　心理学では「自我」と「自己」を区別しないで使われることが多いが、哲学では両者ははっきりと区別されている。ここでは酒井潔の『自我の哲学史』(2005)をもとにして二つの違いをみておこう。「自我」はラテン語のego、英語のI、ドイツ語ではIchに相当する語であり、概念である。「自我」は主体の意志や行為を示しており、文章では主語の部分にあたるものである。「私は歩く」、「私はお肉の方を食べる」といった時の「私」は「自我」を意味する。これに対して「自己」は「自己概念」という言葉が心理学でも用いられていることからもわかるように、自分を言わば対象としてみた時に使われるものである。「自己」はラテン語でipsum、英語ではお馴染みのself、ドイツ語ではSelbstで表現されている。「自己観察」とか「自己嫌悪」という言葉で表現されているように、私自身が自分を観察したり、嫌悪することである。「自我観察」とか「自我嫌悪」という言い方をしないことで「自我」と「自己」のニュアンスの違いがわかるだろう。

5-3　男女の道徳観の違い

コールバークの道徳ジレンマ課題：「ハインツの課題」

　ヨーロッパで一人の婦人がたいへん重い病気のために死にかけていた。その病気は特殊な癌だった。彼女が助かるかもしれないと医者が考えるある薬があった。それは同じ町の薬屋が最近発見したラジウムの一種だった。その薬の製造費は高かったが、薬屋はその薬を製造するのに要した費用の十倍の値段をつけていた。かれはラジウムに二百ドル払い、わずか一服分の薬に二千ドルの値段をつけたのである。病気の婦人の夫であるハインツはあらゆる知人にお金を借りに行った。しかし薬の値の半分の千ドルしかお金を集めることができなかった。かれは薬屋に妻が死にかけていることを話し、薬をもっと安くしてくれるか、でなければ後払いにしてくれるよう頼んだ。だが薬屋は「だめだ、私がその薬を発見したんだし、それで金儲けをするつもりだからね」と言った。ハインツは思いつめ、妻のために薬を盗みに薬局に押し入った。

ジェイクという男の子の答え

　命はお金よりも尊いからという理由で盗むことを肯定する。その際、ジェイクは法を単純に無視するわけではなく、法律の意義を認めた上で、価値の高低を比較して高いものを低いものより優先するという判断を「数学的な」論理として正当化する。

エイミーという女の子の答え

　盗んではいけないけれど、妻を死なせてもいけないという状況を前にして戸惑いを見せる。盗んではいけないとする理由は法が禁じるからという形式的理由よりも、盗んだハインツが刑務所に送られるなら妻の病気は一層重くなるかもしれないという人間関係的・文脈的なものである。エイミーは世界を自立した人々からなるというよりも関係性からなると捉え、規則のシステムによってよりは人間関係によって結びつけられていると考える。こうした関係性はしばしばジレンマを生むため、彼女は自分の考えについて問いただされるとうろたえたり、混乱したりする。そのことがジェイクに比べて「成熟していない」と判断される。

　コールバーグの道徳発達の基準を当てはめると、より高い発達段階にあるものは、抽象的なルールおよびその適用という思考法の習得が基準なので、ジェイクの方が発達度においてエイミーよりも優れていることになる。しかし、人間関係への洞察と配慮という基準を立てるなら評価は異なってくることになる。コールバーグが後者を考慮に入れなかったのは女子に多く見られる心的傾向への無理解による、とギリガンは批判する。そこでギリガンは配慮と責任による道徳性の発達段階を出している。

文献

Baltes, P. B. 1987 Theoretical propositions of life-span developmental psychology: On the dynamics between growing and decline. *Developmental Psychology*, 23, 611-626.（鈴木　忠（訳）1993 生涯発達心理学を構成する理論的諸観点―成長と衰退のダイナミックスについて　東　洋他（編集・監訳）生涯発達の心理学 1 認知・知能・知恵　新曜社.

エリクソン，E. H. 1982 ライフサイクル、その完結．村瀬孝雄・近藤邦夫（訳）1989 みすず書房.

ギリガン，C. 1982 もうひとつの声：男女の道徳観のちがいと女性のアイデンティティ　岩男寿美子（監訳）1986 川島書店.

Horn, J. L. & Donaldson, G. 1980 Cognitive development in adulthood. In O. G. Brim, Jr. & J. Kagan（Eds.）, *Constancy and change in human development*. Cambridge, Massachusetts: Harvard University Press.

飯干紀代子 2012 第 5 章・生涯発達心理学 4・青年期　山田弘幸（編）言語聴覚士のための心理学・所収　医歯薬出版 211-216.

Inhelder, B. & Piaget, J. 1958 *The growth of logical thinking*. London: Routledge & Kegan Paul.

岩田純一他 1995 児童の心理学　有斐閣.

加藤秀俊 2009 独学のすすめ　筑摩書房.

加藤秀俊 2011 隠居学　講談社.

川端啓之・杉野欽吾・後藤晶子・余部千津子・萱村俊哉 1998 ライフサイクルからみた発達臨床心理学・所収　ナカニシヤ出版 16-19.

経済企画庁国民生活局 1987 新しい女性の生き方を求めて　大蔵省印刷局.

コールバーグ, L. 1969 永野重史（監訳）1987 道徳性の形成 新曜社.
厚生労働省 2017 保育所保育指針.
楠見 孝 1995 青年期の認知発達と知識獲得 落合良行・楠見 孝（責任編集）講座 生涯発達心理学 4・所収 金子書房 57-88.
Maas, H. S. & Kuypers, J. F. 1977 *From thirty to seventy*. San Francisco: Jossey-Bass Publishers.
Marcia, J. E. 1966 Development and validation of ego-identity status. *Journal of Personality and Social Psychology*, 3, 551-558.
南 博 1998 自我意識の特性 塚野州一（編著）みるよむ生涯発達心理学・所収 北大路書房 112, 189
三宅和夫・宮本 実（編）1986 児童心理学・第三版 川島書店.
宮本 実 1986 発達の一般原理・参考資料 三宅和夫・宮本 実（編）児童心理学・第三版・所収 川島書店 35
無藤清子 1979「自我同一性地位面接」の検討と大学生の自我同一性 教育心理学研究, 27, 178-187.
鈴木 忠・西平 直 2014 エリクソンは発達の「環境」をどう描いたのか 鈴木 忠・西平 直 生涯発達とライフサイクル・所収 東京大学出版会 103-167
岡本祐子 1995 青年期における意思決定 落合良行・楠見 孝（責任編集）講座 生涯発達心理学 4・所収 金子書房 185-220.
岡本祐子 2002a 現代社会と女性 岡本祐子・松下美和子（編）新 女性のためのライフサイクル心理学・所収 福村出版 10-18.
岡本祐子 2002b ライフサイクルの理論と女性の発達 岡本祐子・松下美和子（編）新 女性のためのライフサイクル心理学・所収 福村出版 19-37.
Petersen, A. C. 1987 The nature of biological-psychosocial interactions: The sample case of early adolescence. In R. M. Lerner & T. T. Foch (Eds.) *Biological-psychosocial interactions in early adolescence*. Hillsdale, N. J.: Lawrence Erlbaum Associates. pp. 35-61.
レビンソン, D. 1978 ライフサイクルの心理学・上下 南 博（訳）1992 講談社.
齊藤誠一 1995 自分の身体・性とのつき合い 落合良行・楠見 孝（責任編集）講座 生涯発達心理学 4・所収 金子書房 23-56.
酒井 潔 2005 自我の哲学史 講談社.
佐藤公治 2013 学びと教育の世界：教育心理学の新しい展開 あいり出版.
高橋恵子 1990 第 2 章 充実した中高年期 高橋恵子・波多野誼余夫 生涯発達の心理学・所収 岩波書店 33-52.
滝沢武久他 1980 ピアジェ知能の心理学：知能はいかに働きどう発達していくか 有斐閣.
上島国利・上別府圭子 2007 知っておきたい精神医学 誠信書房 33-40.
ヴァイラント, G. E. 2002 50 歳までに「生き生きした老い」を準備する 米田 隆（訳）2008 ファーストプレス.
渡辺恵子 1991 現代の発達課題—生涯発達の中の青年 八千代出版.
やまだようこ 1995 生涯発達をとらえるモデル 無藤 隆・やまだようこ（責任編集）講座 生涯発達心理学 1・所収 金子書房 57-92.
山岸明子 1990 第 2 章 青年の人格発達 無藤 隆他（編）発達心理学入門 2・所収 東京大学出版会 11-30.

第2部

子どもの生活・活動と保育

　乳幼児は大人の助けを借りながら、日々の生活や遊びを通して自らを発達させていく。第2部では生活と遊びが保育の中でどのように行われているのか、その際子どもはそれらに必要な行為をどのように獲得し活動をどう展開しているのか、また絵本やロボットとの出会いからどのような発達が子どもの中に見えるのかを具体的な保育の実践から示していく。第1部の乳幼児の発達とその理論を踏まえ、発達を捉える視点をより深めるとともに、子ども個々の発達や仲間関係の育ちに有用な関わりや環境、保育活動のあり方についてここで考えてみたい。

生活行為の自立：食事・排泄・身辺自立・睡眠とその保育

ここでは、子どもが生活におけるいくつかの文化的行為を獲得していくために必要なものは何か、発達的視点から捉える。その上で食事や排泄などの生活面の自立について、具体的な保育実践や子どもと保育者のやりとりを提示しながら、物的環境としての保育室の環境や使用する生活用具について、また人的環境である保育者の援助についてそれぞれ考えていく。

§1　自立へのプロセス

(1) 自立に必要な他者への信頼感

　幼い子どもは養育者に支えられ生活を営んでいく。その日々の生活のなかで、子どもは他者を見たり他者に教わったり、他者と共にやってみたりしながら、関わり（相互作用）のなかで文化的行為を獲得していく。その際問われるのは、共に生活する養育者への信頼感や愛着の質である。

　愛着を形成することは、人とのかかわりや社会性の発達のうえで非常に重要である。ボウルビィ（1969）は、**愛着**（Attachment：アタッチメント）とは、子どもと養育者（多くは母親）のような、特定の人と人との間に形成される情緒的な結びつきであると定義した。また、愛着を向ける特定の人を**愛着対象**という。赤ちゃんは誕生後、人の区別なく微笑んだり泣いたりするが、次第に特定の大人へ目的や意味のある微笑みや泣きをするようになる。赤ちゃんから向けられた微笑みや泣きに対して、養育者は敏感に反応し、その反応に適切に対応しようと努める。愛着は誕生と共に当たり前に形成されるものではなく、このような乳児と養育者の**応答的な関わり**（相互作用）の積み重ねによって形成される。また、エインズワース（Ainsworth, 1978）は、愛着の対象を**安全基地**という言葉で表した。子どもは安全基地があることによって、探索が活発になり、自ら発達していく力を発揮することができる。

安定した適切な愛着を形成している子どもは、養育者との間で安定した情緒的結びつきを持っている。子どもが様々な事象に出合い、多くのことを経験していくためには、困ったらいつでも戻れる安全基地が必要であり、そのためには周囲の大人が子どもの示すサインに敏感に反応し、子どもの要求に応じていつでも受け止める姿勢を示すことが求められる。

　エリクソン（1959）は人間の一生を8段階に分け、健康なパーソナリティを構成するための必要な要素をそれぞれの段階ごとに示した。誕生後1年間の経験から引き出される課題は「**基本的信頼**（Basic Trust）」であり、他者を信頼すること、自分自身を信じること、生きている世界に安心を得ることが求められるとした。この基本的信頼の獲得は、母子関係の質によって決まるとして、赤ちゃんの欲求に敏感に反応しケアすることが必要であるとエリクソンは述べた。また、基本的信頼を獲得しなければ、自分自身とその世界に対して不信を抱くとして、人が社会の中で生きていくことへの困難性についても示した。このように、乳幼児期に獲得すべき愛着や信頼感は、人間のその後の生き方に大きな影響を与えるのである。

　ヴィゴツキー（1928）は、人間は社会や文化、歴史的な文脈のなかで、社会的関係から影響を受け、人間になっていくと考えた。つまり、すべての高次精神機能の発達は、**精神間機能**から**精神内機能**への、すなわち子どもの社会的集団活動から個人的機能への移行現象であり、最初は協働活動として発生し、その後で子どもによって自分自身の精神活動の形式に移されると述べている（ヴィゴツキー，1930-31）。このように、社会の中の人やモノとの関わりのなかで子どもが行為を獲得していくと考えると、養育者への愛着形成や信頼感の獲得、また周囲の世界への安心感は、行為の獲得すなわち**自立**において非常に重要である。

　子どもに関わるすべての人は、子どもの自立を促す際に子どもとの関係について認識しなければならない。なぜなら、自立は他者に依存することから始まるからである。児童精神科医の佐々木（2017）はエリクソンの発達課題を示しながら「子どもは自立と依存をくり返しながら自立に向かう」と述べた。子どもはある日突然自分でできるようになるのではなく、ともに過ご

す養育者との協働的な行為を通して少しずつ自分でできることを増やしていくのである。依存できる大人が側にいる時、子どもは安心して自己を発揮したり、自分を安心できる他者に委ねたり、その他者と協働的に行動したりしながら、安定した生活を送ることが可能になるのである。自立に向かうためには、以上のような信頼のおける他者の存在が必要である。

(2) 自立と心身の発達

　信頼できる他者がいて依存することができれば、子どもは自立に向かうわけではない。そこには子ども自身の心身の発達が伴っていることが必要である。例えば自分で服を着る時に必要なことは、服を着ようとする**意欲**、身体を思うように動かす**身体運動発達**、服の構造（仕組み）についての**認識**などである。このように自分ですることを可能にするには、**情緒**や**運動**、**認知**の発達を必要とする。したがって、保育者は個々の子どもをよく観察し、様々な発達的視点から子ども理解に努めなければならない。

　人が生活行為を獲得していくためには、何よりも意欲が必要である。例えば、食べるという行為を獲得するためには、食べたいという意欲が必要である。多くの子どもの食事の様子を観察したところ、食欲の高い子どもは比較的早い段階で食事道具を使おうと手を伸ばす。つまり食行為の自立は食欲の意欲と繋がっていることが予想される。また、意欲のために必要なことは、適度な活動と自分自身への成功体験である。子どもが生活や遊びの中で自分の働きかけで何かが変化したり獲得できたりする経験があること、またそれらの行為の中で十分に子ども自身の身体や思考を使用することなど、様々な体験や経験が組み合わさって自立に向かっていくことを認識する必要がある。食べる行為は食事の時間だけで獲得されるものではない。遊びの中で手指を十分に使用すること、またその体験の中で子どもが自身の行為に満足し、自己を肯定する気持ちが育っていくことが必要なのである。自立には心と身体、認知など、いくつかの発達が伴っていることが求められる。

(3) 子どもの自立と保育の環境

　子どもは信頼する他者に出会うことで、安心して自身の力を発揮し、主体的に生活していく。子どもが基本的な生活習慣を身につけ、自ら主体的に生活を営んでいくために、保育者の援助は子どもを主体として考えられたものでなければならない。その際、子どもが自分でしようという意志を持った時に主体的に行動できるよう導くことが大切である。子どもが自分自身の意志で様々な行動を行えること、また自分で行ったことに満足し、自分自身の力を信じることなどが自立のために求められるが、そのために保育者は、子どもの身体や運動発達に伴い、子どもがやってみたいという意志を持った時に、それが実現できるような保育環境を設定しなければならない。保育所は遊びの場であり、生活の場でもある。「保育所保育指針」第1章 総則1 (3)保育の方法 イの中に、「健康、安全で情緒の安定した生活ができる環境や、自己を十分に発揮できる環境を整えること」とある。子どもの発達に即した環境の中で、一人ひとりの子どもが自分の力を発揮し、自らの意志を満たすことができるような環境を構成していかなければならない。例えば、子どもが戸外から戻り上着を脱いだ時に、上着をかけるフックが子どもの手に届く高さや場にあれば、自分で掛けようとした時にその行為が実現できる（写真6-1）。しかし、フックの位置が子どもの手に届かなければ、到底掛けることはできない。すなわち、掛けようとする意志を実現するためには、掛けられる環境が必要である。その環境がなければ、子どもの意志や行為は満たされない。子どもの自立を助けるには、保育者自身が子どもの視点に立って保育環境を十分に検討する必要がある。しかし、当然のことながら、発達には個人差がある。そのため同じクラスの子どもであっても、同じ環境では不十分な場合があることを踏まえなければならない。また、子どもが安心してそれらの行為を行うために、毎日決まった場所で生活が行われることが望ましい。上着をかける場所が決まっていること、食事をする場所、おむつを換える場所、睡眠をとる場所などが決まっていることで、子どもは自分の場所があることに安心するとともに、自分の生活に見通しを持って過ごすことへ近づいていく。すなわち、自分で生活をしていく自立に向かうことができるのであ

写真 6-1　上着をフックにかけようとする子ども

る。

　自立というと、○○ができるようになるという行為獲得のイメージを持つが、決してできることを促すのではなく、○○したいという意志を促すことをまず考えることが大切である。子どもは安心できる場や信頼している他者の側で、自分のできそうなことに対して挑戦することが多々ある。保育者が無理にその行為を押しつけるのではなく、子ども自身が意欲的に行動するように、子どもとの信頼関係を形成し、また個々の発達を捉え、適切な環境の準備とともに、子どもにとっての適切なタイミングを測りつつ、子どもが必要とする援助を行っていかなければならない。

§2　食行動の自立

　食は人間にとって生きていくために欠かせない文化的行為のひとつである。食事をすることは、栄養補給という食べること自体が目的とされるほか、何を食べるか、誰と食べるかなど、文化として食を楽しむということも目的

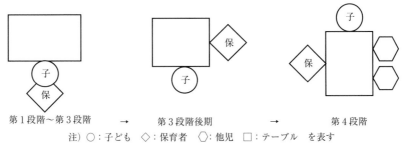

図 6-1
　　　各段階における子どもと保育者の食事環境

（増山, 2012）

となる。しかし、自ら文化的に食を楽しむことは食行為を獲得しなければ難しい。では、子どもは食行為をどのように獲得していくのだろうか。

　離乳食の開始時期にある子どもと保育者の食事場面を観察したところ、子どもが食行為を獲得するまでに4つの段階があることが示唆された（増山, 2012）。第1段階は中間的な受動的摂食、第2段階は癒合的身体関係における摂食、第3段階は能動的摂食への移行、第4段階は能動的摂食である。また、図6-1に示したように、子どもと保育者の食事環境は各段階で異なる。

　第1段階は保育者に食べさせてもらう段階であるが、正しくは食べさせてもらっているように見えると言ったほうが良いだろう。子どもが自身の手や指を使用していなくても、子どもは決して受動的に食事をしているわけではない。子どもは食べ物が口元に運ばれると、食べるという意志のもとに自ら口を開け自分で食べ物を取り込む。反対に子どもが食べたくないという意志を持っていると、口を背けたり手で押しのけたりして食べることを拒否する。このように、自分の手を使用して食べることができなくても、子ども自身が主体的に食事をすることが可能なため、保育者は子どもが自分で食べ物を取り込もうとする主体的行動を引き出すよう援助しなければならない。

　図6-2は7か月の子どもと保育者の食事場面である。保育者は食べ物がのったスプーンを子どもの口元で止める（①）と、子どもは口を開けスプーンをくわえる（②）。このような口元で止めるという行為のもとに、子ども

§2　食行動の自立

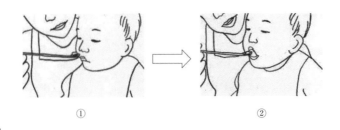

図 6-2　7か月の子どもと保育者の食事場面（第1段階）

（増山，2012）

の能動的な食行為は成立しやすい。保育者は、子どもが自分の手や指を使用しない時期から、食べさせられているのではなく自分で食べるという感覚を体験するためにこのように援助を行っている。食事中は子どもの意志が表面化しやすい。保育者は子どもの意志を尊重し、子どもが主体的に食事できるよう対応していかなければならない。

　第2段階になると、子どもは自分の手を伸ばし、保育者の手首や保育者が使用しているスプーンを握るようになる（図6-3）。この段階では、子どもは自分でスプーンを握ったり、食べ物を掬ったりすることはできない。しかし、保育者の身体運動動作と一体になった形で、自分がしたい行為を可能にしている。このような子どもと保育者の間の自他未分化の状態はワロン（1956）が述べる「**融即**」であり、メルロ＝ポンティ（1962）が述べる間身体的な「**癒合性**」という身体性である。メルロ＝ポンティは自己を形成していく基盤になるのは自己の身体運動的感覚であり、その形成の最初には他者と一体になった**間身体的経験**があると述べている。子どもは次第に自他が融合した段階から自他の分離の段階、つまり**自己の成立**（自立）へと進んでいく。またこの時期は、子どもが道具と出合っていく時期でもある。子どもは保育者が使用している介助用のスプーンを握るほかに、自らの手を使って食べることを行う。これが手つまみ食べである（図6-4）。身体運動の発達に伴い、自分の手を使用し始める行為は、その後のスプーン操作のスタートともいうことができる。

図 6-3　癒合的な身体関係における摂食（第 2 段階）

（増山，2012）

図 6-4　手つまみ食べ（第 2 段階）

（増山，2012）

　ヴィゴツキー（1928）は、文化的発達とは人類がその歴史的発達の過程において創造した行動の補助手段を習得するということであると述べた。また、ワーチ（1991）は、行為は文化的道具に媒介されており、その意味では文化の一部であり、また文化的道具の中にあることから、環境から切り離すことはできないとして、人間の行為は道具や言語といった「媒介手段（mediational means）」を用いていると述べた。食事においても、運動発達の過程にある子どもにとって、どのような道具を使用するかは重要である。皿やスプーンであれば何でも良いのではなく、子どもの手先指先の操作発達から考えると、皿は縁が直角に立ち上がった形状のものを、スプーンはグリップの太さやさじ部分が子どもの握る力や口の大きさに合っているかどうかなど、子どもにとって使いやすい道具を選ぶことも必要な保育者の援助である。

図6-5
食行為の援助（第4段階）

（増山, 2012）

　第3段階は、能動的摂食への移行期である。この時期は子どもが自ら自分のスプーンを持つようになる。しかし、自分でスプーンを使ってうまく食べ物を口に運ぶことは難しいため、保育者は必要に応じて子どもの手の上に自分の手を添えながら、協働的に食事を進めていく。すなわち、保育者は子どもの食行為において補助的な役割を果たしている。このように、子どもの食行為に合わせサポートを加減しながら、自他分離までゆっくりと移行を進めていく。

　そして、第4段階の子どもがほぼ自分で食事をする能動的摂食、すなわち、食行為の獲得に達していく。しかし、子どもは完全に行為を獲得したわけではない。肘の上げ方や手首の使用の困難性から、時には食べ物をうまく口まで運ぶことができないことがある。子どもが自分で食べるという意志を持っている時には、保育者が子どもの手や腕を操作して食べさせてしまうのではなく、子どもの力を最大限に使いながら援助をしていく（図6-5）。自分だけではできないが保育者の力を借りてできるようになることは、ヴィゴツキー（1932-1934）が述べた**発達の最近接領域**への働きかけであり、協働的に行う保育者の援助の力が減少しつつ、子どもは食行為の自立へと向かうのである。

　これまで、子どもの身体行為に添って援助することを主に述べてきたが、子どもの身体行為を単純に捉えればよいのではない。行為が意志のもとにあるということを忘れず、子どもは何をどうしたいのか理解するよう努めるこ

写真 6-2
第 4 段階の子どもの食事風景

写真 6-3
食行為の獲得が完了した子ども

とが必要である。ある子どもと保育者の食事場面で、次のようなことがあった。テーブルに落ちた食べ物を拾い、汚れている子どもの口元をきれいにしようとする保育者に、子どもは早く食べたそうに「あー」と声を発する。しかし、保育者は気づかず、きれいに汚れを拭き取っている。すると、子ども

§2 食行動の自立　147

はさらに大きな声で「あー」と発する。だが、保育者は気づかない。すると次に、子どもは泣く。いよいよ保育者は気づき、食べ物を子どもの口元に運ぶ。食事場面でこのようなことが数回続き、子どもは食べ物を早く運んでほしい時に泣きまねをするようになった。以上のことから、援助は子どもの心の動きを捉えながら行わなければならないことがわかる。子どもの欲求と保育者の援助が一致することが、子どもの適切なコミュニケーション（感情表現）を生み出すことにもつながるだろう。

　食行為の獲得がほぼ完了する頃、子どもの身体運動発達は巧みになり、○○しながら△△するようになる。写真6-3の子どものように、食器を持ちながらスプーンを使うという複雑な行為を獲得すると、次の段階では話をしながら文化的に食事を楽しむことができる。同じテーブルで食事をしている子ども同士が、共に同じものを口に入れ微笑み合ったり、「おいしいね」と共感したりする姿が見られるが、これが石毛（1982）の述べる**共食**であり人間が持つ**文化的行為**の一つである。

§3　排泄の自立と身辺自立

　乳児はおむつが濡れ、不快を感じると泣いて養育者に知らせる。養育者はそのサインに応答しおむつを交換し、子どもを不快の状態から快の状態へ導く。この際、養育者は子どもと目を合わせながら、言葉をかけ、共に心地よさを感じる。村上・根ケ山（2007）は、排泄のやりとり場面には、親子の絆を確かなものにするための重要なやりとりが存在すると述べているが、このような応答的な関わりこそが、両者間の絆を確かなものへと導いていくのではないだろうか。しかし、紙おむつの品質向上によって、乳児が不快を感じて泣く機会が減っていることが懸念される。近年、保育所において布おむつより紙おむつを使用しているほうが多いと予想される。そのため、乳児は不快を感じず生活をすることが可能となっている。そのことが要因となってか、いくつかの保育所の様子を見聞きすると、子どもの排泄の自立は以前に

比べると少しずつ遅くなっているように感じられる。

　排泄の自立にとって必要なのは、子どもの**身体的発達**と**精神的発達**である。身体的発達においては、子どもが尿意を予告することと排泄間隔が長くなることである。すなわち尿意を感じる大脳の発達が必要であり、これとともにある程度の時間膀胱に尿を溜めておくという子どもの身体機能の育ちが必要となる。精神的発達においては、子ども自身がパンツの使用へ移行するという意志を持つことである。この両方の発達が伴うまでの過程において、保育者は個々のそれぞれの発達を捉えるため、子どもの排泄間隔を記録し、適切な時間に子どもにトイレでの排泄を促していくなど、自立へ向かうための援助を行うことが必要である。その際、排泄をする主体である子どもの気持ちを尊重し対応することが大切だ。保育者が排泄の自立をさせるのではなく、子ども自身が排泄の自立を獲得していくということを忘れてはならない。しかし、子どもの意志や行為を待つのみでは、排泄の自立は遅くなる可能性が高い。保育者は子どもの意志を尊重しつつ、子どもがトイレで排泄することに関心を抱くようにしなければならない。

　排泄の自立に伴い、それと同時に行為を獲得していくのは衣服の着脱である。これにおいても、子どもが主体であることを念頭に置き援助していくことが必要である。衣服の着脱は、子ども自身が身体を自由に動かすまでは、保育者が着脱させているように思うだろう。しかし、保育者は子どもの身体の動きに合わせて、衣服の持ち方などを変化させている。子どもの身体発達によって、保育者の着脱の援助は変化する。この際、大切なことは保育者の言葉と行動の一致である。「ズボン履こうね」と言って子どもにズボンを見せ、子どもの意志が伴ったら足元にズボンを持っていく。そうすることで子ども自身が足を動かし、ズボンに自らの足を入れようとする（写真6-4）。これもまた、子どもの主体的行為を大切にした自立を促す援助だと言える。このような一つ一つの丁寧な援助は、子どもの自立を促すだけでなく、子どもの言葉の意味理解も促しているのである。

　衛生面についても十分な配慮が必要である。鼻水が出たり、下着が出ていたり、服が汚れたりなど、身辺が十分に整っていない場合や清潔が保たれて

写真 6-4　　　　着脱の援助

いない場合は、保育者がその援助を行う必要がある。しかし、それらを援助する際は、「鼻水が出ちゃったね。拭こうか」「シャツが出ているね。自分でしまえるかな」など、年齢に合わせた言葉で子どもに伝えた後、行動を行うようにする。子どもは意志を持ったひとりの人間である。大人が良かれと思って行う援助でも、子どもの意志を確認し、コミュニケーションを取りながら、身の回りの援助を行うべきではないだろうか。自我が芽生えはじめた子どものなかには、保育者が行う援助に対して「自分でできる」「自分でやりたかった」などと、葛藤することがある。援助とは大人が思う正しい姿に子どもを仕立てるのではなく、子どもの心身の発達を尊重し、子どもの気持ちに添って行っていくべきものである。写真 6-5 のように、保育者に鼻水を丁寧に拭いてもらい、清潔にすることへの意識を持ち始めた子どもは、次第に自分で気づき清潔を保とうとするようになる。このような行動は、保育所保育指針や幼稚園教育要領、幼保連携型認定こども園教育・保育要領に示される幼児期の終わりまでに育ってほしい姿の「自ら健康で安全な生活をつくり出すようになる」ものである。このような保育者（大人）の援助のもとに、子どもは信頼と安心と心地よさを持ち、自らの力を使い、自立へと向かっていくのである。

写真 6-5　　鼻水を拭いてもらう→自分で鼻水を拭くようになる

§4　保育における睡眠

　保育所保育指針の第1章 総則1（2）保育の目標ア（ア）には、保育所は「十分に養護の行き届いた環境の下に、くつろいだ雰囲気の中で子どもの様々な欲求を満たし、生命の保持及び情緒の安定を図ること」が保育の目標のひとつであると明記されている。子どもは信頼する保育者のもと、安心できる空間（環境）の中で、生活が守られ（**生命の保持**）、**情緒を安定**させていく。子どもにとって、日々の暮らしは穏やかで落ち着いた安定したものでなければならない。

　保育における睡眠は、子どもの生き生きとした活動を支える重要な時間であるが、夜の睡眠時間を補うためのものではない。0歳児の子どもは1日に数回睡眠をとるため、保育所においても午前と午後に睡眠をとる場合がある。しかし1歳以降になると夜以外の睡眠は1日1回で機嫌よく生活できるようになる。年齢や体調によって睡眠時間を調整するが、夜の睡眠に影響を与えないよう遅くても午後2時半までには目覚めていることが望ましい。保育園での睡眠は子どもが午前中の活動で疲れた身体を休ませ、午後からの活動に生き生きと参加するための時間である。子どもによって体力に個人差があるため配慮が必要となるが、眠るだけ眠らせてしまうのは子どもの生活リズムを考えると決して良いとは言えない。また、眠れない子どもを無理に寝かせることへも配慮が必要だろう。寝かせること以前になぜ眠れないのか、子ど

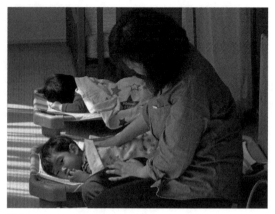

写真 6-6
午睡の様子

もの生活と遊びの状況をよく考え対応すべきである。そして、就学前は小学校の生活リズムに身体リズムを近づけるため、午睡をしない保育所が増えてきている。生活リズムは成長と共に整うものではない。周囲の大人が適切な生活リズムをつくっていくことで、子どもの身体リズムができるのである。その際、園と家庭が連携して子どもの睡眠について考えることが必要である。

文献

ボウルビィ, J. 1969 母子関係の理論Ⅰ 愛着行動 黒田実郎他（訳）1976 岩崎学術出版社.
Ainsworth, M. D. S., Blehar, M. C., Waters, E., & Wall, S. 1978, *Patterns of attachment: A Psychological Study of the Strange Sittuation*. New Jersey: Lawrence Erlbaum Associates.
エリクソン, E. H. 1959 アイデンティティとライフサイクル 西平 直他（訳）2011 誠信書房.
石毛直道 1982 食事の文明論 中央公論社.
厚生労働省 2017 保育所保育指針.
増山由香里 2012 食行為の形成と獲得への関係論的接近―子どもと保育者の相互行為に着目して 平成23年度修士論文（北海道大学）.
メルロ＝ポンティ, M. 1962 幼児の対人関係 滝浦静雄（訳）2001 みすず書房.
文部科学省 2017 幼稚園教育要領.
内閣府・文部科学省・厚生労働省 2017 幼保連携型認定こども園教育・保育要領.
村上八千世・根ケ山光一 2007 乳幼児のオムツ交換場面における子どもと保育者の対立と調整―家庭と保育所の比較―保育学研究, 45（2）, 19-24.

佐々木正美 2017 はじまりは愛着から―人を信じ自分を信じる子どもに 福音館書店
ヴィゴツキー，L. S. 1928 子どもの文化的発達の問題 柴田義松 他（訳）2008 ヴィゴツキー心理学論集・所収 143-161 学文社．
ヴィゴツキー，L. S. 1930-31 文化的―歴史的精神発達の理論 柴田義松（監訳）2005 学文社．
ヴィゴツキー，L. S. 1932-34 新児童心理学講義 柴田義松他（訳）2002 新読書社．
ワロン，H. 1956 身体・自我・社会：子どものうけとる世界と子どもの働きかける世界 浜田寿美男（訳編）1983 ミネルヴァ書房．
ワーチ，J. V. 1991 心の声：媒介された行為への社会的アプローチ 田島信元 他（訳）1995 福村出版．

第7章 子どもの遊びの世界

「よく学び、よく遊べ」という言葉があるように、遊びという活動は人間の人格発達において重要なものと考えられている。特に乳幼児期の遊びは、生活や学びと密接に関係していて、乳幼児の発達を考える際に外すことができないものである。「保育所保育指針」の中にも、「乳幼児期にふさわしい体験が得られるように、生活や遊びを通して総合的に保育すること」また、3歳以上児の保育については「仲間と遊び、仲間の中の一人という自覚が生じ、集団的な遊びや協同的な活動も見られるようになる。（中略）個の成長と集団としての活動の充実が図られるようにしなければならない」など、遊びという活動が取り上げられ、その重要性について言及される箇所が多くみられる。

子どもは乳児期の早期から周囲のものに様々な働きかけを行う。手元にあるガラガラを振ったり、ぬいぐるみを叩いたり、プラスチックのおもちゃを舐めたり、体の機能や知覚を使って自分の身の周りのものに関わっていく。それらは見方によっては遊びとも捉えられるが、ごく「まじめな」探索であるとも言える。それらは後の子どもの発達の基礎になっており、その基礎があってこそ、後の模倣遊びやごっこ遊び、ルール遊び、そしてスポーツや大人になってからのゲームといった、遊びの発達も生じる。

ここでは、模倣遊びとごっこ遊びを中心に、乳幼児期の遊びの発達的意義を具体的な事例を交えながら述べていく。

§1　模倣遊び：運動からシンボル的表現へ

一般的に、**模倣**というと、他者の真似だったり、既にあるものの再現だったりと、あまり創造的なものとは捉えられていない。しかし、子どもは他者の模倣を通して、大切な心理的機能を発達させている。ここでは、模倣の発

達過程をみながら、その中で子どもがどのように成長をしているのかをみていこう。

(1) 行動の単純な移行としての模倣

1歳ごろから現れる初期の模倣においては、子どもは模倣対象（モデル）の動作をそのまま真似するということがみられる。次の事例7-1は、そのような単純な模倣の一例である。

事例7-1

1歳3か月のTくん

Tくんはおもちゃの包丁を持っているが、ただ持っているだけで、切るなどの行為はしていない。保育者がおもちゃの桃を包丁で切ってみせると、Tくんも保育者の持っているおもちゃの桃に包丁を当てて切る。
保育者は今度はおもちゃのケーキを差し出すが、Tくんはそれを包丁で切ろうとしない。

この事例のTくんは、最初、包丁をどう使ったらよいか分からず、ただ持っていた。そこで保育者が包丁で桃を切るという見本を見せてあげると、Tくんも包丁で桃を切った。つまり、Tくんは「包丁で桃を切る」という行動を模倣したのである。しかし、続いて保育者が差し出したケーキに対しては、包丁で切ろうとしない。

他の人が行った行動を模倣する様子は、1歳の早い時期から見られる。このような行動の「写し取り」をワロン（Wallon, 1942）は「**運動的投影（projectif）**」と呼び、写し取った動作とモデルの動作が同じだと感じ取り、モデルの動作を取り込んでいくとしている。

この事例でTくんが模倣したのはあくまで、「包丁で"桃を"切る」という動作であって、その「切る」という動作を他の物（ケーキ）に応用することはまだ難しい。これは、具体的で、限定された状況での行動の模倣であり、「食べ物を切る」という包丁の一般的な使い方、つまり意味のレベルでの理解にはまだ至っていない。しかし、意味のレベルでの模倣が可能になっていく土台には、こういった具体的で限定的な状況における身体動作の写し取り

§1 模倣遊び：運動からシンボル的表現へ

がある。

(2) 意味レベルでの模倣
 (1)で扱った模倣は、身体動作をそのまま写し取るような模倣だが、模倣には、身体動作だけでなく、行為の意味を写し取る働きもある。そのような模倣について次の事例 7-2 でみていこう。

事例7-2

1歳5か月のA子ちゃん

<u>A子ちゃんは保育者と一緒にコップから水を飲むふりをした後、おもちゃのお皿を床に置き、「ジャー」と言いながら、近くにあった蓋をお皿の上で傾ける。その後、お皿を持って口元で傾けて水を飲むような動作をする。</u>そして、A子ちゃんは保育者にもお皿を渡して飲ませようとする。

　この事例 7-2 に出てくる A 子ちゃんも、保育者の水を飲むという動作を模倣しているが、事例 7-1 の T くんと違い、最初の模倣をした後に、もう一度水を飲むふりをしている。このような、モデルの動作が終わった少し後に子どもがその動作の模倣を行うことを、ピアジェ（1946）は「延滞模倣（後発模倣）」と呼んだ。ピアジェはこれを、モデルの動作を記憶して再現するという想起表象の表れだとしている。
　しかし、この事例 7-2 には、「延滞模倣」とは違った興味深い点がある。A 子ちゃんは、「コップから」水を飲んだ後、「おもちゃのお皿」から水を飲むふりをしたのだが、これは、具体的な物にとらわれず、「水を飲む」という動作の意味を模倣したということである。これは、事例 7-1 の T くんが、包丁の「切る」という動作を桃にしか適用できなかったのとは対照的である。さらに、A 子ちゃんは水を飲む模倣をする前に、「ジャー」という擬音語を発しながら水を注ぐ動作をしている。こういった様子から、事例 7-2 における A 子ちゃんの模倣は、単なる動作の写し取りではなく、「水を飲む」という意味レベルでの模倣であったと考えられる。

(3) 他者理解の手掛かり：シンボルの表現と理解

ここまで紹介してきたような模倣では、身体動作の写し取りと、意味レベルでの写し取りが見て取れた。模倣のこういった働きが示す発達的意義についてここでは述べていく。

次の事例7-3は保育者と子どもとの遊びの途中に、別の子どもが加わる場面である。

事例7-3
1歳6か月のEくん

保育者とSくんがままごとセットでコップから飲み物を飲んだり、食べ物を食べたりする遊びをしている。そこにEくんが仲間に入る。保育者はEくんにコップを渡した後、自分のコップで水を飲む仕草をする。そして保育者はEくんに向かって乾杯の動作をするが、Eくんはそれに応じなかった。そこで、Sくんが保育者とEくんのコップにヤカンから飲み物を入れるふりをして、二人に向かって乾杯の動作をし、保育者が応じる。これを見て、EくんもSくんと保育者に向かって乾杯する動作をする。

この事例のEくんは最初は乾杯という動作の社会的な意味が分からなかったが、Sくんが保育者との間で乾杯をしているのを見ることで、模倣することが容易になり、さらにはそれを自分でも再現することが促されていた。

模倣によって動作の意味を理解し、表現することができるようになると、保育者と他児が行っている見立て遊びとふり動作を外から見ていくことで、その動作と意味を具体的に知ることが可能になる。事例7-1と事例7-2では、子どもと保育者との二者関係の場面であったが、子どもが他児と保育者が見立ての遊びを最初に見て、その後一緒の遊びに入るという場面では事前にどのような行動を取ればよいのかその具体的な活動の仕方が分かり、スムーズに遊びに加わりやすくなる。そういったことから、仲間の模倣をすることは、仲間と遊び場面と動作の意味を共有して遊ぶための重要な手掛かりになると言える。それと同時に、その動作はどういった用途で使われ、どういう意味を表すのかということ、すなわち社会的意味＝シンボル的行為を知る手がかりを得てそれを使うという、大人の対人関係においても本質的な基礎が、幼

§1 模倣遊び：運動からシンボル的表現へ　　157

児期の模倣遊びにあるとも言える。

　このように模倣には模倣するモデルの行動をシンボルとして扱っていくべき部分も含まれている。これは運動的模倣を基礎とし、その後に出てくるもので、行動そのものを写し取るだけのものではなく、行動の目的を捉え、その目的へのアプローチとしてモノや身体を用いるという模倣である。それは単なる「行動」の模倣ではなく、「行為」の模倣である。ここで一度「行動」と「行為」の違いについて確認しておく。「行動」と「行為」の違いについて細川（1985）は以下のように述べている。「行為とは何か。行為は『……の為に……を行なう』という構造をもっている。行為者は『……の為に』という目的を設定し、その目的に到る手段を選び、行なう」。つまり、「行為」は単なる「行動」ではなく、目的のある行動である。そして、そのような目的に向かうことは、必然的に、その行為は何なのか、その行為においてモノはどのような手段として扱われているのかを表現することになる。その時の行為やモノはシンボルとして、他者と意味を共有できる可能性を帯びる。

　そのようなことから模倣遊びは、身体動作を通して他者の表現している意味（意図）を理解し、また自身が表現し返すという活動であると言える。それは言葉が未発達な幼児が他者とコミュニケーションを取るための重要な活動であり、後に現れる言語的コミュニケーションはこういった身体を通したコミュニケーションを土台としている。ウェルナーとカプラン（1963）は、ある子どもが階段の手前で足を上げるしぐさをしたり（13か月時）、移植ごてを探しながら右手を移植ごての形にしながら砂をすくうふりをする（15か月時）という観察結果を示しながら、身体運動は実践的なものからだんだんと描出的な性質を帯びるようになり、それは言語の重要な機能である、物を表示することの先駆けだとしている。

　このように子どもは、まだ言語が十分でない時期から、身体運動を介して周囲の人とコミュニケーションを取っている。その中で見られる模倣の動作は、後の発達段階で言うところの、友達と同じ言葉を繰り返して楽しんだり、一緒に歌ったりといった活動のように、経験や感情を共有する働きを持っているのである。

§2　ごっこ遊び：意味世界の創造としての遊び

　§1で取り上げたように、模倣遊びは1歳ごろから現れ始め、最初は身体動作や具体的な使用物の写し取りから徐々にシンボリックな意味を扱うようなものになっていく。そういったシンボリックな意味をモノや行為だけでなく、それらを取りまく空間や子ども自身の役、そしてそれらを取りまく枠組みにも付与し、それらを子ども同士で共有してつくり上げていく遊びとして**ごっこ遊び**がある。特に、3歳から就学前頃の幼児期後期におけるごっこ遊びに関して、ヴィゴツキーはその時期の発達を主導する活動であると位置づけている（ヴィゴツキー，1933）。この節では事例をみながら、子どもたちがごっこ遊びを展開する様子や、遊びの中で子どもたちが何をしているのかを述べていく。そしてそこからみえてくる発達的意義についても論じていきたい。

(1) 遊びの空間づくり

　ごっこ遊びが模倣遊びと大きく異なるのは、子どもたちが実際に遊び始める前に「○○ごっこしよう」などと、これから始める遊びのテーマを決める点である。場合によっては役の割り振りなども行う。この遊び始める前の設定に大部分の時間を割いてしまう場合さえある。次の事例は、A市内の幼児教育施設（二年保育、異年齢混合保育）での、病院ごっこをしようとする子どもたちが遊びの用意をしている場面である。

事例7-4　　　　病院ごっこの準備

　5歳児のミナミとスズカ、4歳児エリカが大型積木を並べている。①積木の側には窓口が置かれ、その脇に医者道具の玩具や薬のカゴが置いてある。囲いを作り終え、スズカがそれを保育者に見せると、保育者は「広い病院だ。診察室と待合室も作ってね。わたし待合室で

待つから。看護師さんが注射するところも作ってね」と言って去る。

　積木と窓口を使って外の囲いを作り終えると、スズカは②「これ椅子」③「ここが検査するところで、ここ入り口だからね」④「ここが入院するところ」などとミナミや観察者に言いながら、中を区切るように積木を並べる。そして窓口の前に⑤「これ椅子」と言って立方体の積木を置く。エリカは白衣を取ってきた後スズカとミナミの様子を見ながら「病院」作りを手伝う。その後ミナミは「病院」の外に出ておはじきや貼り紙を取ってくる。積木を並べ終えた頃に4歳児のトモコがやってきて加わる。スズカがトモコに「エリカちゃんと一緒に薬屋さんやって」と言うと、エリカとトモコは窓口付近の積木に座る。スズカとミナミは患者（保育者）を呼びに行く。

　事例7-4では、大型積木で「病院」の外縁を作っていたスズカ達が、保育者の発話を受けて病院の中を区切り、「ここが診察するところ」など、それぞれのスペースを意味づけている（ここで作られた病院の概略図は図7-1のとおりである。なお、図中の番号は、事例7-4中の下線部の番号に対応している）。そして、スズカとミナミは白衣を取ってきて身につけたり、おはじき（他の日の遊びの中でお金として使われていた）や貼り紙を持ってきたり、窓口の前に椅子となる積み木を置いたりなど、病院ごっこでどんなことをするかを考えながら、モノを用意している。また、モノを用意するだけでなく、図7-1から見て取れるように、診察や入院、薬の受け渡しといった、病院で

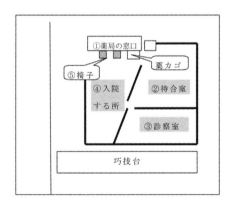

図 7-1

事例 7-4 で作られた病院

起こるであろう出来事に対応するような空間配置を、積み木による区切りやモノの配置によって作っている。

また、スズカが新しく入ってきたトモコに対して「エリカちゃんと一緒に薬屋さんやって」と、役を頼み、エリカとトモコは薬局の窓口付近に置かれた積み木に座る様子もみられた。このように、区切られた空間やモノの配置は、遊びに参加する子どもたちにとって、自分の役やその役の行う行為を理解する手がかりとなり、遊びにおける協同を助けてくれる。

(2) 空間に応じた遊びの展開

このように準備された病院ごっこは以下の事例7-5のように展開した。

事例7-5　病院ごっこ

白衣とナースキャップを身につけたスズカは保育者を連れてきて「待合室」の中に座らせる。保育者が「受付どこ？」と言うと、スズカは「受付って？」と保育者に聞き、保育者は説明をする。スズカは窓口を示し「ここの前で…」と言うと、保育者は別室からスタンプと紙を持ってきて、トモコとエリカに渡し、「ここに判子押してもらえませんか」と言って紙に判子を押してもらう。その後、スズカは患者（保育者）を座らせ、体温計のおもちゃを渡し、保育者はそれを脇に挟んだ後にスズカに返す。スズカはミナミのいる「診察室」に行き、ミナミに聴診器の玩具を渡し、患者（保育者）の名前を呼ぶ。患者（保育者）はミナミの前に行って診察を受け、窓口で薬の袋（薬）をもらって去る。

ここでは、保育者が患者として連れられてきて、窓口で受付をし、看護師役であるスズカに待合室に座らされ、診察室で医者役のミナミから診察を受け、窓口でエリカとトモコから薬を受け取って帰っていった。患者役の保育者はその間、窓口→待合室→診察室→窓口、というように移動している。そして移動した場所で子どもたちはそれぞれの役に応じた仕方で保育者（患者）と関わり、役の分担をしながら、協同して病院ごっこを展開させている。

(3) 協同的な遊びを可能にするモノと空間

幼児のごっこ遊びの中では、事例7-5のような形で、役の分担がうまくで

きることは珍しい。多くの場合は、それぞれの子どもがあれもこれも自分でやろうとして、平行遊びや連合遊びのような形になる。保育者に関わりたい気持ちや、自分がモノを使いたい気持ちが強く、モノや行為を他の子どもに譲ることが難しいからだ。しかし、事例7-5では4歳児も含めた子どもたちはそれぞれの役を持ち、分担して役に応じた行為を行っている。

　こういった協同的な遊びが可能になった要因としては、保育者の働きかけがあったり5歳児が配役を決めていったということもあるだろうが、もうひとつの重要な要因として、モノや空間の配置がある。遊び始める前に子どもたちは、大型積み木で外枠と仲の仕切りを作り、病院の建物を作った。その様子に関しては事例7-4と図7-1で説明したが、その際、それぞれの場所に名前を付けたりモノを置いたりしていた。このことによって、その場所にいることとそこにあるものを使って行為することがつながり、それが役としてのふるまいにつながっていく。

　このように、遊びの中のモノや空間は、子どもたちに遊びの手がかりを与えてくれる。このような手掛かりを与えられることによって、子どもは自分だけでは気づかなかったことに気づいたり、しようと思わなかったことができたりするのである。こういった、子どもの力を次のステップに押し上げる働きは、具体的なモノや空間の配置だけでなく、遊びという活動そのものにもある。次節では、遊びの持つ、子どもの発達を促す力について述べる。

§3　発達の最近接領域としての遊び

　保育所保育指針に示された、集団的な遊びや協同的な活動を通した個の成長を心理学観点からどのように考えたらよいだろう。

(1) 知的能力の発達

　遊びと発達について重要な指摘を行った人物としてヴィゴツキーがいる。ヴィゴツキーは、幼児のごっこ遊びに注目し、特に就学前期の子どもの発達

においては、遊びは主導的な活動であると述べている。その考え方は1933年にレニングラード教育大学で行われた講義の速記録である「子どもの心理発達における遊びとその役割」(1933)の中で述べられている。

　ヴィゴツキーは遊びの本質的な特徴として、**虚構場面**の創造ということを挙げている。この虚構場面の創造という特徴はふり遊びやごっこ遊びなどの一部の遊びに固有なものではなく、すべての遊びは虚構場面を含んでいる。ここで確認しておくべきことではあるが、ヴィゴツキーの言うところの虚構場面とは、空想的な場面設定のみを指すわけではない。彼は鬼ごっこやかくれんぼ、チェスといった遊びのルールに伏在するメタファーも虚構場面であるとしている。そして彼が重視している虚構場面の特徴とは、モノや行為の視覚的意味と遊び上の意味とが分化しながらも同時に起こっていることである。一つの例として、「棒にまたがって駆け回る」という遊びを考えてみる。まずこの遊びの表現するところを、「馬に乗って駆け回る」という行為であるとする。これは、「バイクにまたがって走り回る」でも良いし、「魔女の箒で飛び回る」などと言い換えても良い。この時使われている棒は、現実的には棒に過ぎないのだが、その意味、表現するところは「馬」や「バイク」、「魔女の箒」である。つまり、「棒にまたがる」という現実的意味と「馬に乗る」などの遊び上の意味の二つが同時に生じているのである。ここで重要なのは、郵便ハガキでもマッチ棒でもなく、「またがって走り回れる棒」が「馬」という意味を持っていることである。この場合の「またがって走る」とは棒に対する現実的な動作であると同時に、「馬にまたがって走る」という、遊び上の意味の遂行でもある。これは、「棒＝馬」という虚構の関係性を行為によって表現しているということである。遊びの中での現実のものは、遊びの中の行為によって使用されることで、遊びの世界の中での虚構の意味を持つようになる。そして、そういった虚構場面の生成が行為と切り離されていないからこそ、遊びの中の虚構場面やモノの見立てといったものを単なる表象の問題として考えてはいけないというのである。どんなにファンタジックに見える遊びでも、実際の身体的行為や使用するモノといった現実的要素と地続きなのである。この点から、遊びにおける意味の遂行は、単なる見立てや

表象能力によるものではなく、それら知的な能力と具体的なモノや身体を実際に用いた行為とが結びついたものであることが分かる。

これが意味するところは、子どもは遊びの中で現実のいろいろなモノや経験を自分なりに加工して遊びの世界をつくり上げるということだ。そして、その活動の中で想像力が成長していく。もう少し言うと、遊びの中での想像力は行為やモノと不可分な状態にあるが、徐々に行為が簡略化され、モノや行為が無くても虚構場面の創造と展開ができるようになっていく。

(2) 自律性の発達

もう一つ、遊びのなかで発達するものがある。それは、ルールに対する姿勢である。ヴィゴツキーは、「子どもは、生後数か月から、一定のルールにもとづいて振るまうことを学びます」(1933, 邦訳 p.151) と、子どもはかなり早い段階から生活の中でルールと出合い、それを守ることを学ぶことを確認し、そういったルールは子どもの周囲にあふれているという。

その上で、遊びのルールは生活のルールとは違った特殊なものだと指摘する。ヴィゴツキーは遊びのルールの特殊性を、生活の中のルールと区別して以下のように述べる。

> 遊びのルールは、他人のものにさわってはいけません、テーブルに静かにつきなさい、というルールと本質的に異なっています。なによりも、遊びのルールは、子ども自身によって確立されている、という点が特徴です (1933, 邦訳 pp.151-152)。

ここでいうルールとは、広い意味でのもので、振る舞い方の規則とでも言うべきものである。特に幼児期の遊びについて考えてみると、スポーツや鬼ごっこ、かくれんぼにおける、勝敗や反則についての枠組みというよりは、ままごとでの「お母さんらしい振る舞い」といった実質的な罰則の伴わないようなものを考えるとよいだろう。そういった遊びのルールとは、他者から与えられたルールではなく、子ども自身が設定し、子ども自らが積極的に順

守する「内的な自己限定と自己決定のルール」(1933，邦訳 p.152) なのである。これは、他律から自律という道徳性の発達に関わってくる。

　例えば、ままごとにおいて、お母さん役の子は「お母さんらしい」振る舞いが暗に要求される。もちろん子どもは「お母さんらしい」ことをしたいから遊ぶわけだが、そこにはある程度の我慢の必要が生じる。ヴィゴツキーや共同研究者のレオンチェフなどは、飴やクッキーといった、子どもにとって魅力的なものをごっこ遊びの中に持ち込む、一種の破壊実験を行った。その実験のなかでは、自分の欲求を我慢したり、遊びの展開との整合性を図ったうえでクッキーを食べたりするといった、「お菓子を食べたい」という欲求よりも「遊び上の役にふさわしい行動をとる」ことを優先させる子どもの姿が見られた。つまり、欲求に従って遊びを壊してしまうことよりも、欲求を我慢して遊びを続けることを選んだのである。ここでの子どもたちは、お菓子を食べることを我慢しているが、母親から「我慢しなさい」と言われて我慢するのとは明らかに異なり、他者からの命令や制止ではなく、遊びにおける役の自覚から自らの行動をコントロールしている。

　こういった形で自らの行動をコントロールすることは、幼児には本来難しいことである。しかし、遊びという活動と、「遊びを楽しみたい」という欲求によって、「お菓子を食べたい」という直接的な欲求を退けるのである。このような形で、遊びのなかの子どもは、その時期の普段の生活よりも年長のように振る舞う。そして、遊びのなかで発揮された自律性は、後の発達段階で普段の生活において現れてくる。そういった意味で、遊びは発達の最近接領域を形成すると言えるのである。

§4　保育における遊びの意義

　本章では、遊びの具体的な事例とその分析を通じて、子どもの発達における遊びの意義を述べてきた。大きな観点としては、周囲の大人や友達とのコミュニケーション（模倣や役割分担）というものと、個人の内的世界の生成

というものであった。もちろんそれらは個々別々のものではなく、周囲との関わりを通じて内的世界を生成していき、内的世界の表現を通じて周囲の人とコミュニケーションを深めていくという相互の往還の中で進んでいくものである。本章冒頭で取り上げたように、保育所保育指針には保育において遊びは子どもの生活と切り離せず、発達を促す重要な活動と位置づけられており、子ども一人ひとりの個の発達と保育者や友達との関係性の発達が同時に起こる活動とされている。これらのことは保育に携わる者としてはごく当たり前のものと捉えられているものだが、それを具体的な事例の分析や発達論と結びつけて示したのが本章である。ここで取り上げた事例のような遊びは保育の日常の中、いたるところで行われており、それらの遊び一つひとつの中に、子どもの様々な発達を見出すことができるのである。

文献

細川亮一 1985 生きられる時間 岩田靖夫他 大森荘蔵他（編）新・岩波講座 哲学 7 トポス・空間・時間・所収 岩波書店 180-204.

厚生労働省 2017 保育所保育指針.

ピアジェ，J. 1946 模倣の心理学 大伴　茂（訳）1968 黎明書房.

ヴィゴツキー，L. S., 1933 土井捷三・神谷栄司・伊藤美和子・西本有逸・竹岡志朗・堀村志をり（訳）2012 就学前期―子どもの心理発達における遊びとその役割「人格発達」の理論・所収 三学出版 138-170.

Wallon, H. 1942 *De l'acte à la pensée*. Paris: Flammarion.

ウェルナー，H., & カプラン，B. 1963 シンボルの形成：言葉と表現への有機―発達論的アプローチ 柿崎祐一（監訳）1974 ミネルヴァ書房.

子どもの遊びを促す環境と保育

　第7章では屋内での模倣遊びやごっこ遊びを取り上げて、その発達的意義をみてきたが、保育の中では屋外での遊びもまた重要なものである。屋外での遊びにおいて子どもは自然に触れたり広い空間で元気に動き回ったりすることができる。こういった特徴は、保育の領域「環境」や「健康」と関連づけて語られることが多い。特に自然との関わりは屋内での遊びでは得難いものであり、屋外での遊びの大きな特徴である。

　その一方、「外で遊ぶこと＝良いこと」というように、半ば自明の了解があり、改めて屋外での遊びの発達的意義を理論的に整理したり明示したりする必要性が感じづらくなっているかもしれない。しかし、屋外での遊びの環境が限られる保育園や幼稚園が増えていると思われる今日では、ただ外で活動すればよいという発想ではなく、屋外での活動の何が重要なのか、どこに発達的意義があるのかを分析的に捉え、それをもとに限られた環境をどのように活用するのかを考える必要がある。

　ここでは園庭での遊びの事例をもとに、屋外での遊びにおけるモノの使われ方や空間の展開のされ方の特徴をみていく。それらの分析を通して、屋外での遊びや自然との関わりが持つ発達的意義について述べていく。

§1　モノ：行為を引き出すもの

（1）道具や遊具の役割

　遊びのなかに存在する具体的な要素、現実的な要素に注目することは、子どもの遊びを読み解く上で重要なことである。

　無藤（1997）はモノが遊びに現実感や実在感を与え、活動や協同関係を支えている、としている。現実感や実在感は、仲間と遊ぶ際に、設定やストーリー、遊びの目的などを共有するために重要である。そして、そこで重要

になってくるのは、どのようなモノを使うかである。高橋（1993）は、ある程度の精神発達を遂げた子どもにおいても、思考の支えとしてのモノを必要とする、と述べた。例えば、大根は「エンピツ」にならないし、おもちゃの電車は「スーパーマンのマント」の代わりにはならない。なぜなら、大根は「エンピツ」にしては大きくて重いし、おもちゃの電車は「スーパーマンのマント」のように羽織ったりできないし、ヒラヒラとなびきもしない。「エンピツ」に見立てられるのは、指で握れるくらいの細長い棒であろうし、「スーパーマンのマント」に見立てられるのは、羽織れるくらいの大きさの布であろう。このように、見立てに使われるモノと見立ての意味となるものの間には、現実的な共通点が必要である。その一方で、テープ・レコーダーをヘアーブラシに見立てる、というような、見立ての意味と現実のモノがあまりにかけ離れている場合には、逆にモノが意味の操作を阻害してしまうと高橋は指摘し、モノが遊びの展開や行いたい行為に対応した大きさや形状であることの重要性を述べている。

　モノの見立てということに関しては、栗山（1993）の研究がある。栗山は、おもちゃを **low structure 遊具**と **high structure 遊具**の二つに大きく分けて、おもちゃと子どもの想像の広がりとの関係を論じている。low structure 遊具とは、例えば積み木や縄跳びの縄、といったもので、それらは遊びのなかで多様な意味を持ったモノとして使われ、登場してくる。一方 high structure 遊具とは、例えばままごと遊びのナベ、といったもので、使い方や想像の広がりが制限されているものである。

　この二つは、それぞれ特徴が異なっていて、low structure 遊具は様々な見立てが可能でいろいろな用途に使うことができる反面、外見だけでは遊び上の意味は分かりづらく、見立ての発想や文脈の共有、発話や行為による的確な表現が必要になってきたりする。一方 high structure 遊具は、それが何を表しているのかが明確で、どのように使い、どのようなモノとして扱えば良いのか分かりやすく、仲間との意味の共有も容易である。その反面、限られた用途にしか使えず、それを外れた意味を持たせようとすると、low structure 遊具以上に表現とその読み取りが困難になる。実際の遊びのなか

で子どもたちは、具体性の違う様々なモノを用いながら、遊びの世界を表現している。

　ここで重要な考えとして、遊びにとってのモノの良し悪しは、どれだけ遊びのなかでの行為にとって有用であるかということと、仲間との意味の共有ができるかという点で決まるということである。特に子どもが小さいうちは、子ども同士での言語による意味の共有が難しいため、high structure 遊具の持つ具体性の力を借りることによって、仲間との協同がしやすくなるという面がある。ある程度大きくなってきたら、low structure 遊具などを用いた自由な表現と遊び世界の形成、共有がしやすくなるであろう。

　子どもの遊びを引き出す保育の環境を考える際、子どもの行為とモノの具体性を吟味することは不可欠である。

(2) 素材の役割

　子どもの遊びのなかで使われるモノは道具や玩具だけではない。様々な加工ができる素材もまた、遊びを構成するモノのひとつである。素材は、紙や粘土、毛糸など、様々である。また、トイレットペーパーの芯や牛乳パックやペットボトルといった廃材も子どもの遊びの素材となり、保育の現場では、それらを使った作品を展示する作品展を行ったりもする。

　そういった素材のなかから、ここでは砂を取り上げる。小川（2001）は、砂遊びの中でみられる様々な行動を、「こねる、さわる」ということを中心とし、そこから伸びる「積み上げる─掘る」「集める─拡散する」という二つの軸を持つ球体の中に位置づける形で砂遊びでの活動を整理している（図8-1）。小川は砂遊びを「こねる、さわる」という砂との「始原的出会い」をきっかけに、「穴を掘る」「水を流す」などの様々な「意図的出会い」へと発展するものだと考えた。さらに小川は、これらの砂遊びでの行動は二つの軸の上の移行形態として存在しており、砂遊びでの行動は常に他の種類の行動へと流動的に変化していると指摘している。例えば、「山づくり」のような、砂を「積み上げ」「集める」遊びは、トンネルやダムを作る「掘る」遊びや、水を流して砂を「拡散」させる遊びへと移行していき、トンネルやダムを掘

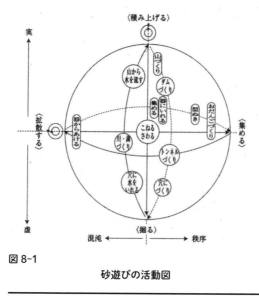

図 8-1
砂遊びの活動図

(小川, 2001, p142 より)

った時に出た砂を別の場所に「積み上げる」というように、「積み上げる―掘る」「集める―拡散する」という軸の上で、一方に移動した後はその反対側に移動するというような動きの中で遊びが展開していくというのである。小川は実際の観察事例を挙げながら、砂遊びの特徴として、繰り返しが多いこと、砂や水との関わりがメインとなるために子ども同士の会話が少ないことを挙げ、これらの特徴は、砂や水の流動性に由来する活動の流動性と関連があると指摘している。

　こういった砂との関わりによって発達するものに関して、笠間（2001）は以下のものを挙げている。まずは、砂そのものを触ったり、シャベルなどの道具を使ったりすることによる身体の運動や感性の発達である。また、砂で形を作り、それを意味づけることを通した想像力や創造性の発達も挙げている。さらに、そういった造形活動の中で砂や水の特性を理解し利用するという素朴な科学的思考が芽生えたり、複数の子どもで空間や道具を共有し共同作業をすることを通して情緒や社会性が身につくということに関しても言及している。実際の砂遊びでは、これらの発達は同時に、しかも相互に関係し

ながら起こっていると考えられる。笠間自身も「むしろそれぞれの要素は複雑にからみあいながら、全体として連続する一つの遊びとなって現れるものです」(2001, p.140) と述べており、子どもたちの砂遊びの中に全人格的な発達を見出そうとしている。

　また、笠間は砂場という空間自体が持つ特徴に関しても考察をしている。彼によると、滑り台やシーソーのような園庭にある他の遊具が物理的な「ハード」としてしっかりしているのに対して、「ハード」としては単純であるがゆえに「ソフト」として子どもたち自身が好きなように加工して遊ぶことができるという自由度の高さが砂場の魅力なのだと言う。このような自由度の高さが子どもたちにとっての魅力になるという考え方は砂場に限ったことではない。笠間は以下のように述べる。

　　　わたしはこのように子どもが心地よさを感じる場所というのは、すべてが整然と整えられたところではなく、むしろ未完成ともいうような場所、そして子ども自身がその環境をどう利用するかを決めることができるような場所ではないかと考えます。かつて、遊具がきちんと並んでいた児童公園よりも、ただの草っぱらのようなところに人気があったというのもうなずける気がします (2001, pp.141-142)。

　砂場という空間自体が、子ども自身が主体的に自由にモノと関わり、自身の世界をつくり出せるような余地に満ちているということである。そのような自由な創造性の発揮こそが砂場遊びの醍醐味である。

　工作や砂遊びといった素材を加工する遊びは一人での遊びと思われがちだが、上に述べたように、空間を共有する仲間との共同的な関わりがある。砂遊びにおける子ども同士の関係に関して、箕輪 (2007) は、子どもの砂遊びを理解するためには、砂や水という素材だけではなく、遊びの時間的展開や子ども同士の相互作用、年齢による遊びの違いをみていくべきであると主張している。そして、実際に3～5歳の子どもが砂遊びをしている場面を観察し、年齢ごとの行為の変化を分析した。その結果として、年齢が上がるに

つれて、砂への働きかけや使用する道具の選択が目的に沿った意図的なものになっていき、仲間との目的の共有も安定的で持続的になっていくことを指摘している。そして、それらの変化に伴って保育者の子どもへの働きかけが変化していくことにも言及している。具体的には、保育者は砂や水を使うのに不慣れな3歳児には一緒になって砂山作りをし、砂や水に慣れていても見立てや状況設定をするのは難しい4歳児には見立てやテーマの提案をするなど、子どもの遊びをより展開させるために必要な要素を補うという働きかけをしている。

　このように、個人の自由な創造性を発揮する場としての自由度を持ちながら、仲間同士の協同にも開かれているのが、砂場遊びをはじめとした素材を用いた遊びの特徴であろう。この自由度が遊びの楽しさの源泉である反面、ある種の難しさも持っている。例えばままごとなどで用いられるおもちゃと比べて、砂や紙、廃材などは特定の意味に繋がるような手がかりが少ない。これは子どもが色々なものに自由に見立てることが可能だという楽しさを支える特徴であるが、その反面、子ども自身が少ない手がかりをもとに想像力を働かせなければならないということでもある。また、そのことは必然的に見立ての共有の難しさに繋がっていくとも考えられる。

　ここでは、砂という素材を議論する際に付随的に砂場という空間についても触れたが、次に、その空間について取り上げる。

§2　空間：空間の使用と構成

　子どもの遊び空間、特に屋外での遊び空間に焦点を当てたものとしては、建築家の仙田満の著書がある。仙田（1992）は著書の中で、子どもの遊び時間などの全国的な調査や横浜の児童公園などの遊び空間、環境を調査し、子どもの遊びを取り巻く実態と望ましい遊び環境について論じている。仙田は、子どもの遊び空間は6つの「原空間」から成り立っていると仮定する。ここで言う「原空間」とは、子どもが遊び場として楽しく遊べる空間の中に

存在すると思われる中心的な特性を抽出して名づけたものである。仙田の挙げる「原空間」は「自然スペース」「オープンスペース」「道」「アナーキースペース」「アジトスペース」「遊具スペース」の6つである。「自然スペース」は動物や植物が存在する、森林や土手や川などの自然の地形である。「オープンスペース」とは、体を使ったゲームやスポーツを楽しめる広さを持った空間である。「道」とはその名の通り、道路などの道であり、また遊び場の拠点を連結する通路という意味合いも持っている。「アナーキースペース」は、工事現場や廃材置き場のような、遊びのために整えられた空間ではない、混沌として無秩序な空間のことである。「アジトスペース」とは、大人や他の集団から隔離された空間のことである。仲間内で作る「秘密基地」などがこれに当たる。「遊具スペース」は児童公園のような、遊ぶための遊具が整えられた空間である。これらの「原空間」は遊び場の持つ空間的な特徴を抽出し分類したときに現れてくる特性のカテゴリーのようなもので、1つの場所には1つの「原空間」しかないというわけでもなく、あらゆる遊び場がすべての原空間をそなえているわけでもない。これらの「原空間」のいくつかが組み合わさって子どもの遊び場を構成しているのである。そして仙田はこれらの「原空間」の特質を持った空間は、巨大遊具や児童公園のような空間に限らず、町の一区画や道路なども遊び場として機能しうることを示している。その上で本来的に子どもの遊び空間は多様であること、そのような多様さが失われていっていることを論じている。

　そして、それらの「原空間」のタイプの違いはそのまま、そこで展開される子どもの遊びのタイプの違いに繋がっていくとしている。

　子どもの遊び世界が公園などのわかりやすい「遊び場」だけでなく、子どもの生活圏のいたるところに存在するということを、「原空間」という空間特性をもとに考察した仙田の論は、子どもの遊び空間の研究に大きな影響を与えた。例えば、寺本・大西（2004）は子どもが自身の生活世界や遊び環境をどのように捉えているかを、子ども自身が描いた地図や撮った写真、及びそれらに関する子ども自身のコメントから研究した。その中では、子どもの特定の場所に関する具体的な遊びの経験や感情と地理学的な理解が入り混

じりながら、子ども自身の生活する地域に対する空間認識が発達している様子が描かれている。そして、そのような空間認識のキーになるようなランドマークは子どもの遊びと関わっている。

　寺本・大西の研究は、子どもの地理学的な空間理解の発達という視点に重きを置いたものであったが、もっと狭い範囲で微視的な遊び空間を取り扱った研究もある。横山（2004）は、保育施設の園庭での幼児の活動に焦点を当て、3つの保育施設の園庭をフィールドに調査を行った。この調査では、子ども数人を追跡して移動や遊びの様子を観察しており、子どもたちが園庭の各所を移動しながらそれぞれの場所に応じた活動をして遊んでいる様子が描かれている。そして子どもたちの遊びの傾向として、1～2箇所の遊びの拠点で長時間滞在しながら遊ぶ幼児が多く、そのような場合にも同一拠点で多様な遊びを連続的に展開する場合と、1つの遊びを継続しながら、その合間に別の場所を行き来する場合とに大別できると横山はまとめている。

　これらの研究は、遊具や場所の物理的な特質についての工学、建築学的な視点からの考察や、移動の動線や滞留といった空間内での移動に焦点を当てた研究であるが、そこでは、そこにいる子どもたちの活動とのつながりが議論されている。これらは保育や教育の場を物理的にデザインする上で有用なものである。そして、保育の空間構成を考えるときには絶えず、子どもたちの動きや遊びの展開とセットで議論するべきである。

§3　屋内の遊びと屋外の遊びにおける展開と発達的意義の違い

　ここでは、第7章で取り上げなかった、屋外での遊びを取り上げつつ、屋内での遊びと異なる展開の特徴や、発達的意義の違いを述べていきたい。観察された事例はA市内のA園でのものであり、5歳児、4歳児が入り混じって遊んでいる場面である。これらの遊びについてみていく。A園の園庭の空間については、おおむね図8-2のようなものである。

　「三角屋根」とは地面から浮かせた床が順次高くなっていくように3段に

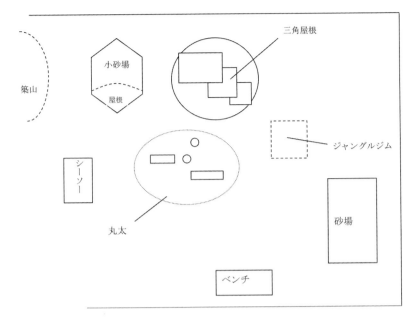

図 8-2

事例 8-2：A 園の園庭の見取り図

重ねられていて、床を囲う壁と最上段の床の上に三角形の屋根が取りつけられた遊具である。「小砂場」とは 2 辺に壁と平らな屋根が取りつけられていて、他の辺には座ったり物を置いたりできる板が取りつけられた六角形の小規模な砂場である。「丸太」とは、倒木を適度な長さに切ったものであり、長いものは横たえてあり短いものは立ててあって、それらは椅子やテーブルのように使われていた。

　この園庭の中でも、以下の事例で特に取り上げるのは、「砂場」での砂遊びと「三角屋根」でのごっこ遊びである。これらをみることで、屋外独自の遊びの特徴をみるのと同時に、同じ「ごっこ遊び」に分類できるような遊びのなかにも、屋内と屋外という空間の違いによる差異があることをみていきたい。

（1）砂遊び：素材との関わりと協同

　A園での砂遊びは主に「砂場」（図8-2右側）で行われ、砂遊びの際には園庭に設置された水道から汲んだ水も使うことができた。また、使用できる道具としてはスコップやバケツ、ざる等があった。次に挙げる事例8-1は砂遊びの典型的な事例の一つである。

事例8-1

砂遊び

　保育者と園児数人が「砂場」で遊んでいる。
　保育者は「さて砂山作るか」と言い、シンタと一緒に砂山を作りはじめる。二人は「よいしょ、よいしょ」と言いながら、砂山を作っていく。保育者はその間、「シンタはそっち頑張って。先生はこっち頑張るから」「このくらい（シンタのあごくらいの高さ）まで高くしよう」などと声をかける。途中でユウコとスズカも加わって砂山を高くしていく。
　別の場所では、タクヤ、ヤヨイ、コウタ、タケシがそれぞれスコップを持って、穴掘りをしている。子どもたちは一人ひとり違う穴を掘っており、協力している様子はみられなかった。

　以上の事例8-1では、数人の子どもが「砂場」という一つの場所を共有して遊んでいるが、遊びの目的やモノの見立てなどを共有している様子はあまりみられない。タクヤ、ヤヨイ、コウタ、タケシらは一人ひとりがスコップで穴掘りをしていて、道具の貸し借りに関する発話は少しみられたが、協力したり、見立ての共有をしている様子はみられなかった。また、保育者とシンタ（後にユウコとスズカも加わる）が協力して行っていた砂山作りに関しても、保育者の「そっち頑張ってね」「このくらいまで高くしよう」というような声かけはあったが、砂山を何かに見立てる発話や、砂を掘ることや砂山作りにごっこ遊びの要素をつけ加えるような発話（「ダム工事」や「温泉作り」など）を行っている様子もみられなかった。この事例では、何かの役になることや砂を掘って山を作るという行為に別の意味をつけることではなく、砂山を高くしていくことそのものが遊びの楽しみになっていた。このことから、砂遊びのもっとも素朴な楽しみは、多くの研究で指摘されている通り、砂という素材と関わり、加工していくことにあると考えられる。

しかし、同じく「砂場」を舞台にした砂遊びでも、砂の加工に終始しているわけではない遊びもみられる。以下の事例8-2はそのような事例の一つである。この事例では、「砂場」の中央部分では保育者とコウタと、数人の子どもが「砂場」の真ん中に砂山を作っていた。そして、汲んできた水を山の頂上や砂を掘った後にできた穴に流して遊んでいた。周縁部では、ヤヨイやユウコが一人ひとりで穴を掘り、水と砂を混ぜたりしながら遊んでいた。

事例8-2　見立てのある砂遊び

　保育者と子どもたちが「砂場」で遊んでいる。保育者とコウタと他数人の子どもは「砂場」中央部で砂を掘り、掘り返した砂を使って砂山を作っている。ヤヨイやユウコは「砂場」の端の方でそれぞれ一人で砂を掘ってその中に水を流し入れたりしている。そこで保育者が「お池作るか」と言って、穴に水を入れると、ヤヨイが「こっちもお池作ってるよ」と保育者に言う。また、保育者の提案を受けたコウタが「塩コショウも入れて…」と言いながら、保育者の作った池に砂を入れると、ヤヨイは「砂糖を入れて」「牛乳を一回」と独り言を言いながら、自分の作った池に砂を入れたり、バケツの中で砂と水を混ぜたりする。その後、ユウコが「ユウコね、泥団子作る」と言って泥団子を作りはじめ、それに砂をかけて「味つけ」などをし始める。

　「砂場」での遊びで多かったのは事例8-1や事例8-2前半のような、砂を掘る、穴や溝を掘って水を流すなどの、砂を加工する遊びであった。これらの遊びでは、その場にいる全員がストーリーを共有したり、役割を持っていたりといったことはあまりみられなかったが、事例8-2後半にみられるように、砂を調味料に見立てたり、泥団子を食べ物に見立てたりといった簡単な見立てを行い、その見立てを用いて他の子どもや保育者や観察者に話しかけることは所々にみられた。その見立ては別の子どもたちの遊びの中にも入り込んできていた。例えば、事例8-2のコウタの「**塩コショウも入れて**」という発話の直後の「**砂糖を入れて**」「**牛乳を一回**」と言いながら自分の作った池に砂を入れるヤヨイの行為や、ユウコの「**泥団子作る**」という発話など、お互いにまったく関心を持たずに自分の遊びだけに集中しているというわけでもない様子がみられる。このことから「砂場」で遊ぶ子どもたちは、それ

それが自分のやりたい活動に没頭しながらも、他の子どもの見立ての枠組みを取り入れるという微妙な繋がりの中で「砂場」という空間を共有していると考えられる。

　これらのことから、先に挙げた箕輪（2007）の研究で指摘されたように、ごっこ遊びにみられるような「物の見立て」や「状況設定」といった要素が砂遊びにも存在しうることが確認できる。しかし、事例8-1のような、砂を掘ったり山を作ったりして砂という素材そのものとの関わりを一人ひとりが楽しむという遊びの形の方が、砂遊びの中では多くみられる。そのことから砂場での遊びは、協同でストーリーを展開させていく楽しさよりも、素材（砂、水）を使い、加工していく楽しさが土台として存在し、それが遊びの楽しさのメインであると考えられる。事例8-2は、このメインの楽しさの中に、別の遊びをしている子どもの見立てを取り入れるという形で意味世界の共有が入り込んできた事例だと考えられる。そして、この意味世界はその場の全員に共有される必要の無い曖昧なものである。このような曖昧な形での意味世界の共有は、第7章で取り上げた「病院ごっこ」が準備段階でモノの配置や空間の意味を共有し、話し合いながら準備していたことと比べると対照的である。しかし、このように意味世界の共有が曖昧だからこそ子どもそれぞれの行為や見立てにずれがあっても、問題なく一緒に遊ぶことができるのだとも言える。そういった意味では、様々な研究で指摘されているように、あらゆる年齢や個性を持った子どもが自然に参加できるのが砂場遊びの特徴であると言える。

　ここでは砂遊びを取り上げたが、A園の園庭ではごっこ遊びも行われていた。次は園庭でのごっこ遊びの例を取り上げ、その中での行為や空間構成の特徴を分析していく。

(2) ごっこ遊び：行為と空間構成の独自性

　園庭では砂遊びだけでなく、ごっこ遊びも行われていた。行われていた場所は、「三角屋根」とその横の「小砂場」であった。また、観察された事例の多くが、「家族ごっこ」、あるいは「家族ごっこ」を起点として別の遊びに

展開していくものであった。「家族ごっこ」から別の遊びに展開していく事例については後述することとし、ここでは「小砂場」で観察されたごっこ遊びの事例を示し、園庭でのごっこ遊びの特徴を示すことにする。

事例8-3　「小砂場」でのごっこ遊び

　ユウコとナナが小砂場に水の入ったバケツを並べている。そこにカツヤとミナが加わり「家族ごっこ」が始まる。ナナは「こことここ（「三角屋根」と「小砂場」）繋がってるから」と説明をしながら容器を持って水を汲みに行く。ミナとユウコとカツヤが①水の入ったバケツの1つに砂を入れてかき混ぜているとナナが戻ってくる。しばらくバケツの水と砂を混ぜた後、ナナは②「小砂場」の屋根に登り、屋根を石で叩き始める。カツヤが屋根に登ろうとすると、「ここ工事中ってことね。登れない」と言うがカツヤは「僕がやる。女の子ってそうそう（工事を）しないんだよ」と言って、屋根を石で叩き始める。
　その後、「小砂場」は船ということになり、船でどこかへ行き、上陸して食べ物を取りに行き（③築山に駆け登って草を集める）、④取って来た草を水や砂に混ぜる遊びになる。

　事例8-3では、「小砂場」を家として「家族ごっこ」が行われていた。行われていた行為は料理のような、屋内の遊びでよくみられるようなものだけでなく、下線部②のように実際に高い所に登って屋根の修理をしたり、下線部③のように築山を駆け登って食べ物を取りに行ったりと、オープン・フィールドならではの身体運動を伴う遊びが行われていた。また、料理という行為でも、バケツの中の水と砂をかき混ぜたり（下線部①）、それに取ってきた草を混ぜたり（下線部④）というように、砂や水、植物など、園庭内で見つけた素材を加工する遊びも入り込んでいる。このような行為の傾向は屋外でのごっこ遊びにも多くみられる。

　また、空間の構成の仕方も屋内の遊びとは異なっている。そのことについて以下にみていく。

　事例8-4は「三角屋根」で年長児数人が「家族ごっこ」をしている場面である。

事例8-4　ストーリーと空間の追加

　イチカ、マナ、ミナ、ナナ、カツヤ、タクヤが「三角屋根」で「家族ごっこ」をしている。男児がお父さんで、女児がお姉さん（中高生くらいの女性）のみでお母さんはいない。しばらく、年齢や名前、学年といった役の設定を言い合った後、遊具を登り降りして遊んでいた。それがしばらく続いた後イチカが「遊びに行ってくるわ」と言いながらシーソーに向かって駆け出す。ナナも「わたし、電車で向かいのおばあちゃんのところに行ってくる」と言ってイチカを追う。

　イチカとナナがシーソーに座ったところで、イチカは「末っ子こぎ…、あ、サクラこぐわ」と言ってシーソーをこぎ始める。少しすると、ミナも「おばあちゃんところ行ってこよう」と言って、シーソーに乗りにくる。

　3人でシーソーに乗った直後、3人はマナに呼ばれて「三角屋根」に戻る。

　この事例8-4は、それまでは「三角屋根」周辺で展開していた「家族ごっ

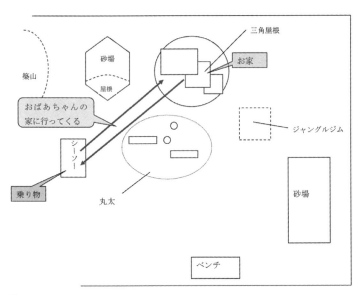

図8-3　　事例8-4の意味空間の構成

こ」に「遊びに行く」という展開が加わる。きっかけは、イチカの「**遊びに行ってくるわ**」という発話で、その発話を受けてナナが「**電車でおばあちゃんの家に行く**」という発話をし、「遊びに行く」という内容をより具体的にし、シーソーを電車と意味づけようとした。この時点での遊びの空間構成は図8-3のように「三角屋根」がお家であり、シーソーが乗り物、そして「三角屋根」からシーソーに行き、シーソーをこいで再び戻ってくるという動きが、おばあちゃんの家に行ってくるという意味を持った動きとして遊びの中に存在しているのである。

　この事例8-4の後、しばらく「三角屋根」を中心に花を取りに行き、取ってきた花を砂と混ぜたりしていたが、またイチカとナナが出かけようとする。その時の様子が事例8-5である。

事例8-5　追加されたストーリーの具体化と空間の追加

　イチカとナナが「出かけてくるわ」と言ってシーソーに乗る。
　イチカは「あたし、こぐの得意なの。あさひにあるところね。あさひ、遠くて遠くて二時間もかかる」と言って、シーソーをこぎ始める。するとナナが「ピピィ〜」と言うが、イチカは「まだよ」と言い、少しこいだ後、「はい、おばあちゃん家よ」とこぐのをやめる。
　ナナとイチカはシーソーから下りて駆けだし、丸太の前に来ると、イチカは①「ここの橋を渡っていくのよ」という。そして二人で園庭に置かれた丸太の上を渡る。
　丸太を渡り終えてベンチの前に着くと、イチカは②「ここがおばあちゃん家よ」と言い、ナナは「おばあちゃ〜ん、おばあちゃ〜ん」と声をかける。特におばあちゃん役の子などもいなかったので、イチカは「おばあちゃん、透明っていうことね」などと言う。
　ほどなくイチカとナナはベンチからシーソーに移動し、帰ることになる。行きと同じように、丸太を通ってシーソーに乗り、
　イチカとナナは「三角屋根」戻って食事をしているカツヤ達に加わる。

　この事例8-5は、事例8-4と同様にお家からおばあちゃんの家に行って帰ってくるという内容のストーリー展開である。しかし事例8-5ではシーソーをこぐだけでなく、シーソーをこいだ後、丸太を渡ってベンチの前まで行く（事例中下線部①）という形に変わり、おばあちゃんの家としてベンチも加わった（事例中下線部②）。ここでは「おばあちゃんの家に行く」という

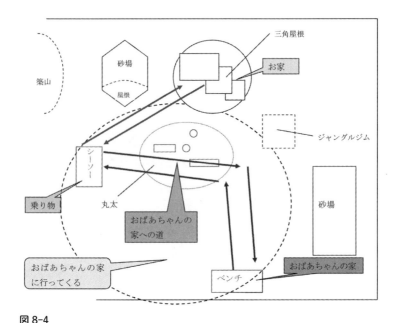

図 8-4

事例 8-5 の意味空間の構成

ストーリーがより具体的なものになっている。また、この具体化に伴って、丸太やベンチといった空間での行為が加えられ、遊びの中に「おばあちゃんの家への道」「おばあちゃんの家」という意味空間が加えられている。そのことも合わせて事例 8-5 の空間構成を図示したのが図 8-4 である。

図 8-4 と事例 8-5 からわかるように、事例 8-4 の時点ではシーソーをこいだだけでおばあちゃんの家に行ったことになっていたのが、事例 8-5 では、シーソーを下りた後、丸太の上を歩いてベンチに行き、そこで「おばあちゃ～ん」と声をかけるというように、おばあちゃんの家に行くというストーリーがより具体的な行為を持ったものになっている。そして、そのような具体化に伴って丸太やベンチといったものも遊びの中に取り込まれ、事例 8－4 でつけ足されたものよりもさらに多くの空間が加えられ、動きの範囲が大きくなっている。

また、丸太を渡るという行為は、単にストーリーを具体化させるためだけのものではなく、バランスをとりながら丸太を渡るという全身を使った運動の要素も含んでいる。幼児期の遊びの楽しみとして、身体を使う楽しみというものもある。この身体運動の楽しみの大きさが、起点の場所（この事例では「三角屋根」）をまず決めて、別の場所の遊具を用いたり、一定の地点（ベンチなど）まで走っていくというような形の空間構成の仕方として現れているのではないだろうか。

　この空間構成の仕方に関わってくるものとしてもう1つ考えられるのが、園庭に配置されている「三角屋根」やシーソー、丸太、ベンチといった配置物である。子どもたちはこれらのものを手掛かりにして意味空間を形成している。つまり、遊具や配置物は遊びの出来事の中心部分になっており、基本的に遊びはその周囲で展開する、いわば「スポット」のような働きをしていると考えられる。そして、起点の「スポット」から遊びを外へと広げていき、その意味空間の中を行為しながら移動していくことで遊びのストーリーを展開している。このような空間構成を持つ園庭でのごっこ遊びは、外枠を決めて中を区切ったり具体化させていく形で空間が構成されていた第7章の「病院ごっこ」とは対照的である。しかし、行為のための空間を形成し、それらの中を移動することでストーリーを展開させていくという、ストーリーと空間との関係性においては共通していると考えられる。

(3) 屋外での遊びの特徴と発達的意義
　ここでは主に、砂遊びとごっこ遊びに注目し、事例の観察から屋外での遊びの分析を行った。これらの事例から明らかなように、「砂場」と「三角屋根」周辺とでは、行われる遊びの傾向が異なっていた。「砂場」では、砂を掘る、水を流すといった、主にモノとの関わりを楽しむような遊びが行われており、「三角屋根」周辺では、主にごっこ遊びが行われていた。

　このような遊びの違いを生み出しているもののひとつに、空間やモノの持つ具体性の違いがあると考えられる。「砂場」で使われるのは砂と水という流動性に富んだ素材で、具体的なモノや遊具は、スコップやバケツといった

道具とテーブルぐらいであった。これらはいずれも抽象度が高く、意味づけのきっかけがつかみづらいものである。特に砂や水といった素材は自在に形を変えていくものである。そのため、見立てなどがあまり必要ないトンネル作りや砂を掘って水を流す作業といった遊びがメインになったと考えられる。このように、成形の自由度が高い素材を使うことがメインになる砂場遊びでは、第7章で分析した「病院ごっこ」のように空間の区切りやモノの配置を具体化し固定化させるようなことはしづらい。したがって砂場での遊びでは、空間配置が行為（＝時間）の流れを具体化するということは当てはまらないと考えられる。むしろ、流れる水や子ども自身の手で時々刻々と姿を変え、作られては壊されていく砂の流動性そのものが、砂遊びでの時間の流れである。遊びのためにモノや空間を作るのではなく、作っては壊し、形を変えていくという過程そのものが活動の中心であり、遊びの面白さになっているのである。これは先に取り上げた小川（2001）の主張とも重なるものである。役を演じ、ふさわしい振る舞いをすることが目的であった「病院ごっこ」（第7章参照）に比べて、「砂場」での遊びは砂や水と関わることそのものが目的であり、極端に言えば行為の意味づけの必要すら無い自由度を持っているのである。一緒に作業しながらも一人ひとりが素材との触れ合いを楽しみ、自由に振る舞えるという点で、「砂場」での遊びは年長児、年少児問わず参加しやすい遊びであろう。

　それに対し、「三角屋根」付近で行われていた遊びは、ストーリーや役のあるごっこ遊びであった。「三角屋根」は壁や屋根を持っていて、家や建物として意味づけしやすい具体性がある。これが内と外の境界を生み出し、「家族ごっこ」の中心となる「家」などの枠組みを作りやすく、そこからごっこ遊びが立ち上がるのだと考えられる。また、「家族ごっこ」でしばしば用いられた遊具のシーソーにしても、「こいで動かせる」という特徴が「乗り物に揺られて移動する」という身体感覚にマッチし、「遠くに出かける」という展開の出現に関わっていると考えられる。砂場遊びで用いられた砂や水、道具のような抽象的なものに比べて、「三角屋根」付近での遊びでは上記のように多少具体性を持った空間や遊具が用いられていた。このようなモノの

具体性の差異が砂場遊びと「三角屋根」付近の遊びの違いを生んでいたと考えられる。

　また、「三角屋根」で行われた遊びがストーリーや役のあるごっこ遊びであったと言っても、屋内で行われるごっこ遊びとは様子が異なる。例えば行為やそれに伴う動作に関しては、第7章で取り上げた「病院ごっこ」では、紙にスタンプを押す「受付」や「診察」など比較的動きの少ないものであった。それに対し、園庭での「家族ごっこ」では、屋根に登って「屋根の修理」をしたり、築山に登って「食べ物を取りに行く」ということや、シーソーをこいで「電車やバスに乗った」ことにするという遊びが展開されていた。さらに、丸太の上を渡って「おばあちゃんの家に行く」という道のりを表現したりと、全身を使った運動が遊びのストーリーとして加わっていた。これらはストーリーの展開と体を動かす楽しみの両方を満たすようなものであったと考えられる。シーソー等の遊具を使ったり、築山に登って草を取ったり、丸太の上を歩いたりという楽しみも子どもにとっては大切であり、このような楽しみとごっこ遊びの展開とが相互的に関わることで、園庭でのごっこ遊びは、屋内でのものとは違った様相を呈していたと考えられる。

　このように、全身の運動を楽しめたりランドマークが配置されているという屋外独特の空間的特性と、それらと連動して子どもがごっこ遊びの中で体を動かす楽しさを追求するという動機の違いが、屋内でのごっこ遊びと屋外でのごっこ遊びの展開や空間構成の仕方の違いに繋がっているのである。

　そしていまひとつ確認しておきたいのが、「**自然**」**との関わり**である。自然との関わりの重要性は、「保育所保育指針」等でも触れられており、そのことに異論のある保育者や保護者はほとんどいないであろう。しかし、自然との関わりによって育まれる子どもの感性や知性とはどういうものだろうか。「自然」は他者である。それは、植物、動物、土壌、天気、季節といった、人間とは違った身体や生活の秩序を持った、きわめて異質で多様な他者である。これらの他者と協同し、素材として用い、空間として利用し、時には行動を制限されたりしながら子どもは屋外で遊ぶ。その中で子どもは、自身とは異なった秩序の中で生きる存在とコミュニケートし、ままならない相手と

協同することを経験する。「自然とのコミュニケート」というと、非常に空想的な響きに聞こえるかもしれないが、自然を観察し、関わりながら行為を調整して環境に適応するという、生物の極めて自然なプロセスこそが「自然とのコミュニケート」である。このように、屋外での遊びは、人間とは違う異質な他者（自然）との出会いと協同の場であり、そのような出会いが、子どもの「**発達の最近接領域**」を形成し、発達を促すのである。異質な他者との関わりについては第12章でも触れるが、このような観点から屋外での遊びや自然との関わりを見ていくことが、これからの保育（特に領域「環境」）を検討するための有力な示唆となると考えられる。

文献

笠間浩幸 2001〈砂場〉と子ども 東洋館出版社.
厚生労働省 2017 保育所保育指針.
栗山容子 1993 2-4歳児の象徴遊びと玩具の役割 教育者・研究者のための遊び・おもちゃに関する研究Ⅰ 財団法人佐藤玩具文化財団.
箕輪潤子 2007 砂場における山作り遊びの発達的検討 保育学研究, 45（1）, 42-53.
無藤 隆 1997 協同するからだとことば：幼児の相互交渉の質的分析 金子書房.
小川清実 2001 砂遊びの構造：出会いの種々相 小川博久（編著）「遊び」の探求 生活ジャーナル 139-164.
仙田 満 1992 子どもと遊び：環境建築家の眼 岩波書店.
高橋たまき 1993 子どものふり遊びの世界：現実世界と想像世界の発達 ブレーン出版.
寺本 潔・大西宏治 2004 子どもの初航海：遊び空間と探検行動の地理学 古今書院.
横山 勉 2004 園庭における幼児の遊び空間に関する研究：幼児の活動と環境構成要素（計画系）日本建築学会北陸支部研究報告集, 47, 391-394.

第9章 子どもの遊びを支える保育

　乳幼児期は生涯にわたる**生きる力**の基礎を培う時期として、2017年改定（訂）の「保育所保育指針」「幼稚園教育要領」「幼保連携型認定こども園教育・保育要領」には、表9-1に示したように幼児期の終わりまでに育ってほしい姿として以下の10の姿を示している。保育者はこれらの姿を念頭に置き、子どもへの関わりや環境の設定を行う必要がある。またこの姿は到達目標ではなく、子どもが自主的に遊ぶことを通して自ら育っていく姿と捉え、今後の小学校以降の学びへとつながるものであることを認識すべきである。発達は途切れるものでなく連続し積み重なっていくものとして、個々の子どもの発達の連続性を意識しながら、乳幼児期の保育・教育についてしっかり検討しなければならない。

　また子どもの発達に**遊び**は欠かせないものである。子どもは生活や遊びを通して、人やモノ、自然など周囲の環境へ自ら働きかけ関わりながら、自分が生きている世界の認識を深めていく。そうした様々な体験を通して自らを発達させていく。保育者は子どもの発達を踏まえ、子ども自ら主体的に関わることができる遊び環境を構成しなければならない。また、一人ひとりの子どもの発達には当然のことながら個人差が生じる。ある一定の範囲の玩具しかなければ、その枠内の子どもの発達しか支えられない。したがって、一人ひとりの子どもの発達に適した玩具が必要となる。また玩具は子どもが持つ

表 9-1　幼児期の終わりまでに育ってほしい姿

ア　健康な心と体
イ　自立心
ウ　協同性
エ　道徳性・規範意識の芽生え
オ　社会生活とのかかわり
カ　思考力の芽生え
キ　自然との関わり・生命尊重
ク　数量や図形、標識や文字などへの関心・感覚
ケ　言葉による伝え合い
コ　豊かな感性と表現

力を使えるものを準備し、その環境の中で子どもが自ら玩具を選択し、子どもの意志が尊重されながら自主的に遊ぶことが大切である。その中で行われる経験を通して子どもは発達する。発達は経験に支えられる。

　ここで遊びの特性について確認する。森（1992）によると、遊びは①**自由**であり、②**自発的**な活動であり、③**自己目的的活動**であり、④**喜び、楽しさ、緊張感**を伴う活動である。マーフィは「遊びは楽しいものである。遊ばねばならないとき、遊びは楽しみではなくなる」と述べている（ピアジェ他, 1997）。これらの特性を踏まえて、子どもは園で真に遊んでいると言えるか、保育活動は遊びになっているかを考えることが必要である。この章では子どもの遊びについて再考し、遊びと発達の関係性を保育という具体的な営みの中で考えてみたい。また、子どもとモノである玩具との関わりから発達を捉える目を養い、遊びを支える、すなわち発達を支える保育について考えていきたい。

§1　乳児前期の遊びと環境：モノとの出合いや全身の運動発達

(1)　感覚や身体を使った遊び

　乳児は自分の感覚や身体を使い、様々なモノに出合っていく。この時期は感覚が敏感に働くため、**視覚、聴覚、触覚**を使用する遊びを行うことによって、子どもは自分自身の感覚をより発達させていく。また、自分自身を使うこと自体が自分の身体を発達させていく時期とも言え、玩具に触れようとして手をのばすことで腕は発達し、つかもうとすることで手指が発達していく。この時期の身体発達は遊びと密接に結びついていると捉えても良い。保育者は、乳児の感覚が働いているかどうか、身体がどう使われているか、一人ひとりをしっかり観察し、適切に働きかけ、子どもの発達に即した環境を整えつつ遊びを支えることによって、子どもの心身の発達を援助していくことができる。

　ピアジェが述べる**感覚運動期**（第2、3章）が示しているように、この時

期の子どもは感覚や運動機能を生活の中で様々に使うことによって、生きていく世界やそこに存在するモノを知り、次第にそれを意図的に使用するようになる。感覚運動期の第1次循環反応から第2次循環反応にかけての時期である。子どもは自分自身の身体や感覚に繰り返し働きかけたり、感覚を敏感に働かせたりするため、適度な感覚刺激が与えられるような環境（玩具）が必要となるが、強すぎる刺激は子どもにストレスを与えてしまうことになりかねない。そのため、音質や光の質、匂いなどへの配慮が必要となる。

　では、この時期の子どもにとって適切な環境（玩具）とは具体的にどのようなものだろうか。表9-2に示したように、①凝視する、ゆっくりと動くものを追視するなど、見ることを可能にするのがモビールやスロープの玩具である。これによって子どもは**視覚**を十分に使う。そして②保育者の声で言葉や歌を聞くほか、オルゴールなど落ち着いた音を聞き、**聴覚**を使う遊びも必要である。聞き慣れている人の声に安心を感じること、また言葉や歌を通した発声や表情のやりとりは、機械的に流れる玩具ではできないものである。次に③自分の身体を動かした時に触れるような吊り玩具では**触覚**を使用し、触ると動いたり音が鳴ったりすることを繰り返すうちに、モノの特性や自身の身体との関係性の気づきにつながっていく。そして、④把握反射により**握る**ことが可能なため、ガラガラは子どもの手で握ることのできる軽いものからスタートし、握る力の育ちによって次第に重さのあるものへと変化させていくことで、より身体の発達のサポートが可能となる。そのためガラガラはいくつかの種類を準備しておくと良い。また子どもはこれらの握った玩具をしばしば口元へ持っていく。これは約1歳半頃までみられるが、口に入れることが子どもにとっての感覚的満足感につながるとされる。そのため、口に入れる玩具はできるだけ子ども一人ひとりに個別のものを用意し、衛生面に配慮することが必要である。

　表9-2に示したような玩具を使用することによって、子どもはほどよい刺激の中で感覚を働かせることができる。4か月頃までの仰向けで横になっている状態でも、その場所から見える玩具をじっと見たり、ゆっくりと動く玩具を追視したり、音の鳴る玩具に反応し身体を動かしたり、また写真9-1の

表 9-2
感覚の使用や手の動きを助ける玩具

①見る	モビール スロープの玩具 ゆっくりと動くものを目で追う	
②聞く	わらべうた オルゴール 優しい声や音質を聞く 声を出してやりとりをする	
③触る	吊り玩具 手を触れると動いたり、音が鳴ったりする 横向きでも触れるようにする場所も必要	
④握る 　口に入れる	ガラガラ 握る、振ることによって玉が動き音が鳴る 子どもの握力によって重さの違うものを使う	

写真 9-1　　目と手の協応の始まり

ように子どもが手を伸ばしたところに触れる玩具を置くことで、感覚を働かせながら次第に自分の身体を使って遊ぶようになる。触れると動いたり音が鳴ったりする玩具で繰り返し遊ぶことからは、自らの感覚や身体を使うことを、そして自分の身体の動きで物が動いたり音が鳴ったりする経験からは、自分の働きかけで何かが動くことに喜びを感じていくことを経験できる。このような自分の身体を使う喜びが自分を使う意欲の元になり、自己を肯定する気持ちが育っていくのである。また子どもは少しずつ自分の身体を動かし、視覚で捉えたモノに対して自分の手を伸ばして触ろうとするようになる。このように手の動きが活発になると**目と手の協応**が始まる（写真9-1）。

次第に全身を動かすことができるようになると、**寝返り**をするようになる。また**ずり這い**を経て**はいはい**をするようになっていく。このようにはいはいで移動するような時期の子どもには、表9-3のような全身運動ができる環境が必要になる。トンネルをくぐったり、大きめのクッションを乗り越えたり、またゆっくり転がるボールや大人が引くプルトーイを追いかけたりなど、這うことや全身を使う粗大運動遊びを十分に行うことが、身体の発達へとつながるのである。牧野・山田（2013）は、はいはいで育つ腕から肩、胸から首、顎から頬までの筋力が十分に育たなければ、噛む力や飲み込む力、呼吸の深さや言葉の不明瞭さに影響を与えると述べている。はいはいなどの全身運動は、その後の歩行運動のみならず、食べることや話すことへの影響もあることを意識しなければならない。発達の過程に無意味なことは一つもないと言われる。近年、はいはいをせず早々につかまり立ちをする子が増えている（牧野・山田，2013）。しかし発達を飛び越すことなく、子どもの力を十分に使いながら育つことが保育における発達の援助である。またそのためには子どもにとって発達に即した魅力ある遊び環境を設定することが必要である。

(2) 行為を遊ぶ

自分自身の身体が思うように動かせるようになること、また周囲にあるモノの認識が深まることによって、子どもは次第に目的を持って遊ぶようになる。子どものしたいことがわかると、保育者はその行為が満たされる玩具を

表 9-3

全身を使う遊び

はいはい	トンネル トンネルをくぐる プルトーイ・ボール 目の前の玩具や転がったボールを追いかけ、つかまえようとする		
踏む・触る	感触マット それぞれ違う感触のマットに触れる		
のぼる	太鼓橋 つかまって登ろうとする、つかまり立ちをする 滑り台 はいはいで坂をのぼる		

準備し、子どもが自主的に遊べるよう環境を構成することが可能になる。その環境がさらに子どもの発達を導いていく。

一人で座ることができるようになると、手の自由度が増し両手を使って遊ぶことが増えるため、より微細に手指を使用する遊びを好むようになる。両手に積み木を持ち、たたき合わせたり、振ると音が鳴る玩具の場合は腕を振って音が鳴ることを楽しんだりする。またこの時期には**つまむ、入れる、はめる、押す、たたく、引っ張る**など手や指を使った様々な行為を遊ぶ（写真9-2、9-3、9-4）。表9-4のようにその行為を実現させてくれる玩具を設定することで、子どもは自ら玩具に働きかけ、主体的にできることや、したいことを遊びの中で実現していく。

身体運動は**一人座り**から**つかまり立ち、伝い歩き**と全身を使って遊ぶことによって徐々に歩行に近づいていき、一人で立つことや歩くことが可能になる。歩行の獲得は子どもの遊びの世界をより広げ、さらに主体的にまた能動的に活動を行うようになる。壁面の手作り玩具は一人座りの時期の子どもには写真9-4のように低い位置に設定しているが、歩行を獲得した子どもには写真9-5のように高い位置に設定し、立って遊ぶこと、さらには背伸びして全身を大きく使うことを可能にする環境が子どもの発達を促す有効な環境と

写真 9-2　つまむ

写真 9-3　入れる

写真 9-4　引っ張る

写真 9-5　背伸びして玩具を穴に入れようとする

なるのである。

　8か月頃の子どもが、何も入っていないままごとのコップを持ち美味しそうに飲むふりをすることがある。これは現実とは別の精神世界の誕生であり（高橋，1989）、物を何かに見立てて遊ぶことのスタートとも言える。飲む、食べるというような子ども自身の日常生活で行われている行為を基盤として、本当ではないけれどそれらの行為を再現する**ふり遊び**が始まる。ここから子どもの想像世界は少しずつ膨らみ、イメージを持ちながら遊ぶことが可能になっていく。これはピアジェが述べている感覚運動期の**モノの永続性**（第2章§1）の理解の始まりであり、この時期においてはコップやお皿、スプーンなど、日常生活で子どもが使用しているようなままごとの道具を設定す

表 9-4

手指を使用する遊び

つまむ・指先で持つ ↓ 入れる・はめる	リグノ 円柱を穴にはめて遊ぶ チェーンリング 穴からケースの中に入れて遊ぶ．チェーンリングの長さによって難易度が変わる ポッチ付きパズル つまみがついた型抜き式パズル	
押す・たたく	ノックアウトボール 手でボールを押すと下に落ち穴から出てくる たいこ・木琴 手やばちで叩くと音が鳴る ※道具の使用が可能になるとハンマーを使う	
引っ張る	チェーンリング ケース内のチェーンリングを引き抜く ファスナー・マジック テープ剥がし	
まわす・ひねる	ねじ回し ねじを外したり、つけたりして手首を使って遊ぶ	

ると、子どものふり遊びは盛んに行われる。またモノの永続性の理解によって簡単なかくれんぼ遊びを楽しめるようになる。そのため、写真 9-6 のような布カーテンがついた棚があると、子どもは「いないいないばあ」を保育者と一緒に楽しむようになる。

写真 9-6　かくれんぼ棚に入って遊ぶ子ども

§2　乳児後期〜幼児の遊びと環境：目的を持った遊びとその援助

　自分の身体が思うように動くようになると、自分の腕や足に玩具をはめたり、頭に載せられそうな玩具を載せてみたりと自分の身体への気づきを遊びの中で見せるようになる（写真9-7）。また指先をさらに細かく使うようになり、写真9-8のようにボタンをはめるなど生活に必要な行為を一層獲得していく。この段階では「○○するために△△を使う」というように、子どもたちは自分の身体や道具を思うように使いこなすようになる。すなわち、目的のある遊びを行うために様々な手段や方法を思考するようになる。また、ピアジェが述べる**前概念期**（第3章§1）へ次第に移行していくこの時期は、見立てることや自分で意味づけをしながら遊ぶことが増えてくる。この**表象**の開始によって、子どもの遊びはめざましく変化する。ただ積み木を並べるのではなく、並べた積み木を動かし「がたんごとん　がたんごとん」と列車をイメージしたり、ただ積み木をつむのではなく「これ○○ちゃんのおうち」と言ったりしながら、何かに見立てることや自分のイメージしているものを作るようになる。

写真 9-7
リングを足にはめてみる

写真 9-8
ボタン遊び

写真 9-9
人形とおでかけ

写真 9-10
人形のお世話

　また、子どもは自分が周囲の大人にされたように人形にその行為を行うようになる。ぬいぐるみを優しく抱きお出かけをしたり（写真9-9）、ぬいぐるみに飲み物を飲ませお世話をしたり（写真9-10）、エプロンをつけお母さんのように赤ちゃん人形を寝かしつけたりして遊ぶ（写真9-11）。そして周りの子が賑やかだと人差し指を口元に当て「しーっ」と静かにするよう促す。時にはドレッサーの前に座り、玩具の口紅をお母さんのように塗り、髪を整えてから人形とお出かけをする（写真9-12）。このように、子どもは自分の周りで起きていることをよく観察し遊びで再現する。そして、子どもの手に

写真 9-11
人形を寝かしつける子ども

写真 9-12
お化粧する子ども

写真 9-13
人形をお風呂に入れる子ども

かかると、人形は玩具ではなく、まるで生きているかのような大切な赤ちゃんとなる。写真 9-13 の子どもは、ままごとの場所にあった洗面器をお風呂に見立て、お人形をそれぞれお風呂に入れている。おそらくこれらの遊びは、子どもがこれまで養育者にしてもらったことや弟や妹がしてもらっている姿など、どこかで見たりされたりした行為を真似ている。これが**延滞模倣**である（第 3 章 §1）。子どもは自らの想像で抽象的な玩具を具体物へと変化させることが多々あるが、周囲の環境から何らかのイメージを想起させられ遊びへとつなげることが多い。したがって写真 9-14 のおむつ交換の場所のように、ままごと遊びの環境が子どもの日常生活に近い環境として設定されることによって、子どものイメージが助けられ遊びが深まる。また子どもの経

写真 9-14　　子どものおむつ交換台　　　　お世話遊びのおむつ交換台

遊び環境の工夫

験が遊びを支え、遊びが発達を支えると考えると、このような生活体験を遊ぶ行為は子どもの**生きる力**になることが期待される。

　このように表象の豊かな使用と身体の微細な動きを獲得した子どもたちの遊びは、多種多様な表現として現れるようになる。また色の理解など認知の発達とともに写真 9-15 の子どものように、赤の列、青の列というように秩序のある表現が現れてくる。細かなペグを小さな穴に適当にはめていく段階は「はめること」自体が遊びであったが、写真 9-15 の男児ははめることが目的ではなく、「列ごとに色を揃える」ことが目的になっている。このように、行為の獲得によって「はめる」という遊びの目的は手段へと変化し、子どもは多様な表現を獲得することができる。そして、多様な表現のための認知発達や手指の操作を可能とする微細な身体発達、それに加えて想像力の発達が

写真 9-15　　　　　　　　　　　写真 9-16
　秩序のある遊び　　　　　　　　　パワーショベルで遊ぶ子ども

揃うと、写真 9-16 の男児のように工事現場や絵本などで見たパワーショベルを作り、自分で実際に動かして遊ぶ姿が見られる。またこのような他児の遊びに刺激され、友達が作るものや遊ぶ姿を真似て、自分の遊びにしていく様子が見られるようになる。このように、保育所や幼稚園、認定こども園等は自分以外の他者の刺激がとても多い。保育者が子どもの発達を援助するだけでなく、子ども同士も互いが刺激し合い発達していくのである。

§3 幼児の遊びと環境：他者とつながる遊び

　子どもにとって遊びは様々な学びの機会となる。そこでは、個々の発達だけでなく、仲間との関わりを通して発達すること、また仲間として育つことが求められる。幼児期の遊びは子ども同士が関わる場面が多々あり、**社会性の発達**や**人間関係の形成**に大きな影響を与える。そのため、子どもは仲間と遊ぶだけでなく、遊びを通して仲間をつくっていく。

　パーテン（Parten, 1932）は、子どもの遊びの行動観察から遊びの分類を行った。2歳から3歳までの間は**傍観・一人遊び・平行遊び**など、他児とのやり取りの機会は少なく、3歳以降に**連合遊び**や**協同遊び**など、他児とやりとりをしながら遊ぶ姿が増えると述べている。このことから、年齢とともに遊びを通して他児との関わりが見られることを単に捉えるのではなく、他児との遊びをしっかり観察し、その中で子どもがどのような体験を行い、その体験から得る社会性の発達とは何かを考察し、必要に応じて援助していくことが求められる。他者と関わる遊びはいくつもあるが、なかでもごっこ遊びは役割を決め、複数の人数で行われる代表的な遊びである。この遊びは子どもが生活の体験を再現した遊びであり、経験の多い子どもは多様なごっこ遊びを行うと考えられる。そのため風邪が流行る冬の時期に病院ごっこが盛んになる園がしばしば見られる。写真 9-17 のように病院ごっこにはお医者さん、看護師さん、患者さん（もしくは患者である人形の保護者）といった役割が必要になる。このようにごっこ遊びには**役割**があり、そこでやりとりが

写真 9-17　　病院ごっこの様子

行われるため、遊びの中にある程度の**ルール**が必要とされる。すべての子どもの病院の記憶が一致しているわけではないが、遊びの中でルールを調整し理解して、それを守りながら他児と遊ぶ体験は、社会性の発達において重要な体験となるだろう。他児と関わりながら遊ぶ年齢においては、この病院ごっこのように、子どもたちの間に**共通体験**があると遊びは深化する。ここでは、保育者が病院での経験を表現している子どもの様子を見聞きし、診察台や聴診器、白衣など遊ぶために必要な玩具を準備した。そのことによって子どもはより一層自分の体験を表現しやすくなった。このように保育者は子どもの様子を見守り、子どもの興味関心がクラスの共通体験となるよう導き、遊びとその環境を準備するなど、仲間とつながるための工夫を行っているのである。

　しかし、子どもは遊びだけで仲間関係を築いていくわけではない。その際重要なのは周囲の大人の存在である。クラスの雰囲気が担任の気質と似ているということはよくあるだろう。また、保育者の子どもへの関わりは、子どもの他児への関わりに影響を与える。子どもが担任保育者と同じ言葉で、仲間をほめたり注意したりする場面をよく見かける。保育者が肯定的な言葉や態度で子どもと関わることによって、子ども同士の間でも肯定的な言葉や態度がやりとりされるようになる。このように保育者は自分自身の言動が子どもの仲間関係に影響を与えるということを常々意識して、一人ひとりの子ど

もと関わる必要がある。そのためにはまず、保育者は一人ひとりの子どもの特徴を捉えなければならない。適切な援助はひとつに限らず、子どもが10人いれば適切な援助は10通りあると考えても良い。保育者は試行錯誤を繰り返しながら、その子どもに適切で必要な援助を考えるべきである。

また、クラスの子どもたちが仲間として成長していくために、子どもの日々の活動である遊びを通してつながりを持つことが求められる。子どもたちが共通の体験を深め、遊びや活動の中で楽しみや葛藤を共有し、関係性の中で自らの心身を十分に使うことによって社会性の発達が促される。その際、保育者はクラス内で起きている様々な動きに対して共感や助言を行い、一人ひとりの子どもの心身に寄り添い、子どもが自己解決できるよう導いていくことが求められる。また、多くの楽しい共通体験を経験すること、遊びが深まっていくための環境の準備、適切な言葉かけや援助など、子ども同士のつながりが遊びを通して深化していくための工夫をしなければならない。

以下に3つの事例を取り上げ、子どもが経験や遊びを通して仲間関係を強めていくこと、また自分自身への信頼や自己成長を遂げていく姿から、遊びの重要性について認識を深め、このような遊びが生まれる背景にはどのような要因があるのか考察していきたい。

事例9-1　オリジナル絵本作り『ばなな なかよし しりとり』

散歩の行き帰りにクラスの子どもたちとしりとりをしていると、担任保育者は年長児Dがしりとりの仕組みを理解していないことに気づく。そこで、しりとり絵本『ままですすきですすすてきです』(谷川，1992)を約2週間クラスで楽しむと、Dは仕組みを理解し、クラスではさらにしりとり遊びが盛り上がった。担任が「ばなな組の（しりとり）があったら楽しいよね」と提案すると、子どもたちは大賛成しオリジナルのしりとり作りが始まった。

しりとりには、「なかよし」や「きずな」など、仲間関係を表す言葉が子どもから出てきた。「きずな」の意味を知らない子からの質問に、担任は「仲がよいってことだよ」と答えると、子どもたちは「ばななさんのことだね」と応えた。その後、ある子の名前がしりとりに出ると、次々と他の友達の名前を入れようと考えていった。そしてクラスのすべての子どもと担任の名前が入り、約1か月半かけてしりとりは完成した。子どもたちはクラスにある世界に1冊しかない自分たちのしりとり絵本を楽しんだ。その絵本はその後オリジナル絵本として

園で作成され、クラスの一人ひとりのクリスマスプレゼントになった。
注)『ばなな』はクラス名

　事例9-1は子どもがしりとり作りという遊びを通して、仲間関係を深めていった様子が示されている。きっかけはしりとりを理解していない年長児Dだった。担任保育者はDに仕組みを教えるのではなく、クラスで絵本を楽しむことを通してDが自分で理解していくよう導いた。この援助はDの理解も助けながら、クラスとしてのつながりも一層強まった活動になったと考えられる。それは、日頃から子どもの言葉や意欲を逃さず捉え、さらに子どもとの活動を保育者自身も楽しんでいると語った担任保育者の思いによるものだった。このような保育者の心構えがクラスの仲間関係を作っていくのだと思われる。保育者は援助者として子どもと共にいるだけでなく、子どもと共に活動を楽しむ**共感的他者**（佐伯，2007）として共にいるのである。

事例9-2　『ぐりとぐら』を遊ぶ

　子どもたちに人気のベストセラー絵本『ぐりとぐら』(中川，1967) を2、3歳児クラスで数回読み、その後もシリーズ絵本や言葉遊びの本などを引き続き楽しんだ。クラスでは積み木でぐりとぐらの家を作り、玩具で作ったぐりとぐらを寝かせたり（写真9-18）、ままごとではぐりとぐらのおかしやさんごっこをして遊んだり（写真9-19）と、クラスはぐりとぐらの世界でいっぱいになっていった。

写真9-18
ぐりとぐらとそのおうち

写真9-19
ぐりとぐらのおかしやさん

そんなある日、女児Sが玩具で何か丸いものを作っていた。Sは黄色のパーツを選び、丸くなるようにそれをつないでいった。その手元にはぐりとぐらの絵本の表紙が見える。黄色の輪ができると絵本のページをめくり、かすてらが焼けた場面で手が止まった。Sは黄色の輪を絵本のかすてらの絵の上に重ねて「あー、できた」「できると思ったらやっぱりできた」と言って（写真9-20）担任保育者のところへ見せに行った。

写真9-20
ぐりとぐらのかすてら作り

女児は明らかに何をどう作るかという明確な目的を持ち遊んでいた。それは女児の頭の中にある設計図である。楽しんだ絵本の記憶、玩具（モノ）の特徴や構造の理解、手指の操作、そして自尊感情、これらが伴ってぐりとぐらのかすてらが出来上がっている。女児の言った「できると思ったら…」という言葉は自分自身への信頼である。遊びは**記憶**、**認知思考の発達**、**身体発達**、そして他者を通して得た**自分への信頼**、これらの様々な発達が伴って生まれるものであると考えられる。

事例9-3　爬虫類を遊ぶ

爬虫類に興味のある子どもたちに、担任保育者は絵本『へびのクリクター』（ウンゲラー，1958）をお話の時間に読んだ。また年長組の社会見学で動物園に行き、爬虫類館を特に楽しんだ。それらの体験がきっかけとなり、子どもたちは積み木で爬虫類館を再現しようと遊びが始まった。積み木でワニを作り、その傍らには2匹のワニの子がいる（写真9-21）。またペグさしの玩具で作ったアカワニやまつぼっくりで作ったワニ（写真9-22）など個性豊かな様々なワニがいる。そのほかにもヘビやトカゲなど、子どもたちが作った爬虫類館は見

応えのあるものになっていった。

　その後お客さんに来てもらおうと双眼鏡を作ったりチケットを準備したりして、いよいよ爬虫類館は開館。お客さんは自分で作ったカメラを首から下げ爬虫類館の見学を楽しみ（写真9-23）、爬虫類館を作った子どもたちは動物園で見たように案内係として活躍した。

写真9-21
ワニの親子

写真9-22
ワニとアカワニ

写真9-23
カメラを持ってお出かけ

　ある特定の子どもたちから始まった爬虫類館作りは、出来上がってくるとクラスの誰もが入れる爬虫類館ごっこに変化した。このように子どもたちは、○○するために△△を作るというような**見通し**と**継続性**を持って遊ぶことができる。しかし、誰でもどの園でもそうなっていくわけではない。このような時間や空間を構造化し遊ぶ力は、養育者と繰り返し行われる応答的な関わりによる**満足感**、そして秩序のある**生活体験**、そしてその結果得た子ども自身の様々な**発達**、また継続的に遊べる**環境**や**空間**と十分に遊べる**時間**の保障によるものである。

　また継続的な遊びは他の子どもたちとのつながりを作るきっかけにもなった。次第に出来上がっていく爬虫類館を別の遊びをしながら見ている子どもたちが、爬虫類館に訪れるお客さんとして参加し始めた。このように子どもは周囲の環境に影響を受け、自分だけでは出合えなかった遊びの世界を経験することがある。事例9-3のクラスは3～5歳の異年齢混合クラスである。写真9-24の4歳児Eは年長児が作るワニを隣で見ながら、自分もワニ作りに挑戦していった。最初はうまくできなかったEだが、年長児がワニ作りを一生懸命しているEを認め「これ使う？」と玩具を渡したり、「これはこ

写真 9-24　ワニを作る年少児

こにつけて…」とアドバイスをしたりしながら、Eは自分自身のワニ作りという目的を達成していった。これがヴィゴツキーの述べる**発達の最近接領域**（第4章§5）であり、認め合うというクラスの育ちにつながる関わりだと言える。

§4　戸外の遊び：自然との関わりと科学的発見

　子どもたちは戸外で身体をダイナミックに動かすことによって、ますます自身の身体を滑らかに使うようになる。また5歳頃になると、大人とほぼ同じ動きができるようになる。しかし、戸外での遊びは身体を使うことだけでなく、様々な自然や生き物との出合いを導いてくれる。アリを捕まえて飼育ケースで飼ってみようとしたり、ワラジムシを大きな石の下に見つけると石を見つけてはひっくり返してみたり、セミの抜け殻を見つけ宝物のように大切にしたり、子どもたちは新たな出合いに大いに刺激を受けていく。保育者はそのような子どもたちと自然との出合いを**科学的な発見**として捉え、遊びにつなげたり物語につなげようとしたりしながら、興味を広げていく関わりを行っているのである。ここでは、そのような自然との出合いに着目し、子どもの好奇心をかきたてる保育について考えてみたい。

事例9-4　イモリ・カタツムリの飼育

卒園児Mが在園中、家族とのおでかけ先で見つけた2匹のイモリを持ち帰りクラスに持ってきた。そのイモリはイモちゃんとリーちゃんと名付けられ、現在もクラスで飼われている。子どもたちは科学絵本を眺めイモリの飼い方を試行錯誤し世話をする。写真9-25のようにイモリを観察すると、季節によるイモリの体の変化に気がつき自分自身で発見を広げていった。

写真9-25
イモリを観察する子ども

　保育者がなんでも教えるのではなく、子ども自身が自分で感じ、考え、調べ、試行錯誤しながら発見することを担任保育者は大切にしている。カタツムリを見つけクラスで飼った時には、飼い方だけでなく、カタツムリの科学絵本で見たようにカタツムリは食べたものと同じ色のうんちを本当にするのかという実験を行い盛り上がった。

　このような子どもの興味や好奇心をサポートするのが、科学絵本・図鑑などを準備する環境への配慮であり、保育者自身も興味関心を持って自然と関わっていくことが必要である。

　天気の変化や季節の違いによる自然の変化にも子どもたちは敏感である。芝刈りをした後の青々とした草に潜り、香りや感触を体験したり（写真9-26）、散歩に出かけると昨日はつぼみだった花が今日は咲いていたり、秋には葉の色が変わったり、冬が近づくとたくさんの落ち葉があったりなど、環境や自然の変化に気づくことは子どもたちの興味関心を広げる一助になると考えられる。また写真9-27のように、散歩途中で看板や標識に興味を持ち図鑑を眺めることもある。これらは表9-1に示した幼児期の終わりまでに

写真 9-26
草の布団で遊ぶ子

写真 9-27
標識の図鑑を眺める子

写真 9-28
植物の栽培

写真 9-29
ラベンダー集め

育ってほしい姿のキ・クに相当するが、それだけに止まらず他の姿の育ちにもつながっていく。戸外には様々な出合いが待っていて、子どもの育ちを支えてくれる。

　写真9-28のように園庭やベランダではプランターに食べられる野菜などを植え、自分たちでその変化を眺め世話をし、実がなると調理して食べてみたり、写真9-29のように庭に咲くラベンダーを集めてお掃除用石鹸を作り自分たちの部屋を掃除したりなど、自然とのつながりの中で生活し保育の中でそれらを活用することによって、子どもだけでは体験できないことを保育の中で行うこともできる。全ての体験が子どもだけでできるわけではない。保育者が自身の知恵や知識を活用し、子どもに新たな発見や出合いを作るこ

写真 9-30　波紋を見つめる子どもたち

写真 9-31　ミミズとの出合い

写真 9-32　協力して作った大きな雪玉

とも必要である。何が子ども自身で獲得できて、大人の出番がどこにあるのかを考え保育を営むことは、**保育者の専門性**として必要なものであろう。

　写真 9-30 は水たまりの中にできる波紋に子どもたちが気がついてじっと眺めている様子である。写真 9-31 は雨上がりに見つけたミミズを得意げに捕まえた様子である。そのほかにも、葉の上にきれいな雫を見つけ感激したり雨の音やにおいを感じたりしながら、子どもたちは雨の日ならではの体験をしている。雪の日には雪ならではの刺激や発見がある（写真 9-32）。晴れているから戸外で遊ぶのではなく、晴れの日も雨の日も雪の日もどの体験も子どもの**科学的興味**を刺激させてくれるきっかけがあることを保育者は知るべきである。こうした体験が子どもたちの経験となり、同じ状況に出合った

時には予想がつき見通しを持った行動を自分でとったり、記憶と違う場合にはまた新たな発見につながったりしながら、子どもは自分の知識や知恵として様々なものを自分の中に溜め込んでいくのである。

　子どもが出合ったモノへ興味を持つこと、またそれらを体験しながら自分なりの答えを見つけ出していくことは、今後の小学校以降の**学習**へとつながっていく。子どもは様々な経験を通して、**感覚**、**身体**、**思考**、**認知**、**記憶**、**感情**など自分自身を大いに使っている。こうした経験がその子の発達となることを保育者は意識して保育活動（遊び）を考えていかなければならない。また事例で見てきたように、どのような環境の中でどのような経験をするかが子どもの発達に影響すること、またその際、子どもとともにいる保育者の影響が大きなものであることを認識しなければならない。

文献

厚生労働省 2017 保育所保育指針.
牧野桂一・山田眞理子 2013 ことばが育つ保育支援：牧野・山田式言語保育発達検査の活用 エイデル出版.
文部科学省 2017 幼稚園教育要領.
森 楙 1992 遊びの原理に立つ教育 黎明書房.
内閣府・文部科学省・厚生労働省 2017 幼保連携型認定こども園教育・保育要領.
中川李枝子 1967 ぐりとぐら 福音館書店.
Parten, B. M. 1932 Social participation among pre-school children. *Journal of Abnormal and Social Psychology*, 27, 243-269.
ピアジェ，J. 他 1997 遊びと発達の心理学 森 楙（監訳）2013 黎明書房.
佐伯 胖（編著）2007 共感：育ち合う保育のなかで ミネルヴァ書房.
高橋たまき 1989 想像と現実：子供のふり遊びの世界 ブレーン出版.
谷川俊太郎 1992 ままです すきです すてきです 福音館書店.
ウンゲラー，T. 1958 へびのクリクター 中野完二（訳）1974 文化出版局.

子どもの絵本と物語の世界

§1　想像の世界に身を置くことの意味

　ここでは、子どもが絵本と出合うことの意味を考える。絵本は現実にはないもう一つの想像の世界である。子どもは絵本によって、そこで広げられている空想の出来事を物語として楽しみながら、もう一つの時間が流れている世界を過ごすことができる。それは現実では体験できない世界であり、子ども達の想像活動を刺激してくれるものである。

　同時に、絵本や物語は現実の世界ではともすると忘れてしまいがちな「人間として大事なものは何か」を伝えてくれる。だから、絵本は子どもに限らず、大人にとっても人間を変えていく力、人はどう生きていくべきかを考える力を与えてくれる。

(1) 絵本と文学：想像と創造の二つの活動

　児童文学の作者はどのようにして作品を創造しているのだろうか。その背景にあるものを取り上げてみよう。そして、そこから子どもにとって絵本や児童文学が持っている意味は何であるのかを確認してみたい。

　『ゲド戦記』(1968-2001) の作者として有名なル＝グウィンは自分の物語の創作の秘密や文学論を『ファンタジーと言葉』(2004) で、縦横無尽に、かつ痛快に語ってくれている。ル＝グウィンは、この本の中で、子どもの頃、文化人類学者の父親やアメリカ先住民の伝記を書いた母親との生活を通して、インディアンの伝説や神話が身近なものであったこと、そして幼少期から多数の本に接しておとぎ話やファンタジーの世界に浸っていたことを書いている。彼女の代表作でもある『ゲド戦記』はこのような背景から生まれたものである。もちろん、大事なことは物語の世界は現実にある事実をそのまま写したものではなく、想像力によって「変換され、変形され、変貌させら

れた経験」（邦訳 p.284）なのである。だから、『ゲド戦記』のシリーズで主人公たちが船で海を帆走して回る話も作者の想像力によって書かれたもので、自分のヨット経験などは実にわずかなものだと告白する。ファンタジーは現実ではできないこと、現実が定めている法則を意味ある仕方で破っている。それはまさに、現実では味わえない**空想**の世界を知ることで人間の経験の幅を拡げてくれる。

　ル＝グウィンのもう一つのエッセイ集『夜の言葉』（1979）に、「アメリカ人はなぜ竜がこわいか」という、少し変わったタイトルの文章がある。竜とはファンタジー作品のことである。アメリカ人といってもここでは成人男性の一部の人たちのことであると断っておかなければならないが、彼女は、この人たちは現実の中で勤勉に生き、成功を夢見る努力を惜しまないという価値観を持っていると言う。このような人たちからすると、ファンタジーは現実逃避で、自己陶酔の世界に過ぎないとなってしまう。しかも、彼らは想像するという自由な活動を軽蔑し、それは子どもじみて役に立たないとして想像力を抑圧してしまっている。

　ここで、ル＝グウィンは想像というイマジネーションの持っている働きを言う。彼女の言葉に耳を傾けてみよう。「"イマジネーション"と言うとき、わたしが言っているのは、知的感覚的な精神の自由なあそびのことです。あそびとは**リクリエーション＝再創造**（リ・クリエーション）、つまり既知のものを組み合わせて新たなものを作り出すこと。自由とは、それが目先の実益に執着しない自発的な行為であることを指します」（邦訳 p.86）。大人たちは竜がこわい。それは自由がこわいからである。

　このようなル＝グウィンの発言から、子どもは絵本から何を得ようとするのか、それが見えてくる。絵本や**ファンタジー**の世界で、自分のもう一つの世界を「再創造」するということである。それは作家の創造的活動の全てであり、また子どもも絵本の世界に触発されながら、それを時には自分たちの遊びの独自の世界をつくっていく活動へと広げたりする。このような子どもの絵本から遊びの世界の創造の活動については、本章のこの後のところでも詳しくみていくことである。絵本の持っている力はまさに、子どもをこの自

由な「再創造」の活動へと誘うということである。

(2) 空想の世界にはリアリティがなければならない

　名作『トムは真夜中の庭で』(1958) の作者ピアスが、この作品が生まれた舞台裏を作者あとがきの中で語っている部分がある。この作品の舞台は全て自分が生まれ育った土地と学生時代を送ったケンブリッジの町という具体的なものを使っているというのである。「『トムは真夜中の庭で』のなかに、私はこれらのもの（引用者注：父と祖父が建てた家と庭園のこと）を、いや、これよりももっと多くのことをみなぶちこんだ、ほとんどすべての描写は、細部にいたるまでみな、じっさいのままだし、正確である」（邦訳 p.355）。訳者の高杉一郎も、この作品に出てくるカースルフォドも現実のケムブリッジ（訳者の表記のママ）の町のことであったと言うが、もちろん、物語は現実の世界そのものの描写ではないことは言うまでもない。だが、私たちが作品にリアリティを感じる時、どこか似たような雰囲気をそこから感じなければ単に「絵空事」となってしまいかねない。作品には人をまるで現実の世界の中で起きていることのような世界を想像させる仕掛けがある。

　このように、作家が小説の舞台として使う土地、そこに置かれている建物は作者の想像性と創造性を支える重要な空間とモノになっている。と同時に、子ども達はリアリティが込められた絵本やファンタジーの世界から抜け出して、自分たちで遊びの中で目に前にある素材を使ってもう一つの空想の物語を創り出していくことになる。

(3) 人は現実と想像の二つの世界を持つ

　絵本や空想（ファンタジー）の世界は現実の世界とは違うもう一つの世界を提供してくれている。現実ではできないこと、現実では味わえない空想の世界を知ることは人間の経験の幅を拡げてくれる。そして、現実の世界に生きている中でしばしば忘れてしまった大切なことを気づかせてもくれる。だから、「絵本は決して子どもたちのものだけでない」と、しばしば言われるのである。作家の柳田邦男は、人生の体験を重ねた大人こそが絵本がメッセ

ージに込めた意味を知ることができるし、絵本は生きることの意味をもう一度問い直していくきっかけを与えてくれると言う。『砂漠でみつけた一冊の絵本』(2004) でも、彼は絵本は人の心の中に生き続けるし、子どもだけでなく、大人達の生き方に影響を与え、新しい自分の人生という物語を生み出していくと言う。そこには、絵本とファンタジーの世界が持っている圧倒的な力がある。

　『ゲド戦記』の翻訳者であり、絵本についての貴重な提言をしている清水真砂子が『大人になるっておもしろい？』(2015) という小さな本で、絵本と文学はもうひとつの時間が流れる世界をつくっていること、そして人は現実の世界とそれとは違う絵本や文学の世界という二つの「境界」に身を置くことを可能にしてくれると言う。現実の力に押しつぶされて自己の生き方や価値観を押し殺して生きていくことを強いられてしまっている世界を、もう一つの世界から見直していくきっかけを与えてくれる。現実の世界ではともすれば忘れてしまいがちな大事なこと、自分の個性を大切に生きていく本当の自由とは何かをそこではさりげなく、押しつけがましくなく教えてくれる。清水はこの本で、たくさんの絵本やファンタジー小説を紹介しているが、例えば誰もが知っているエッツの『もりのなか』(1944) は、現実の社会では味わうことのできない豊かな空想の世界に身を置くこと、そこで過ごす時間の大切さを教えてくれる。あるいは、ドーデの『スガンさんのヤギ』(1869) は、今の社会では人の生き方や価値観をどこでも横行して鋳型にはめ込むようにして決めつけ、それを求めたがる傾向に対して、人が自由に生きていくことの本当の意味を伝えている。清水の大切なメッセージでもある。個人的な好みであるが、筆者は『スガンさんのヤギ』については、清水が紹介している岸田衿子訳の偕成社版（邦訳1966年）よりも、バテューのイラストで、とき ありえ訳の 西村書店版（邦訳2006年）が好きである。なお、清水真砂子はこれまでも『もうひとつの幸福』(1994) や、『幸福に驚く力』(2006) などで絵本の持っている本当の力を教えてくれている。

　ここで、大切なことを確認しておかなければならないが、子どもも大人も現実と空想の世界を「ごっちゃ」にはしていないということである。私たち

はもう一つの自分の世界を手に入れるのである。だから、絵本や文学という想像の世界は現実の世界を逆照射して、問い直しをしてくれる。

(4) 時間を共有する営み
　ル＝グウィンのエッセイ集『ファンタジーと言葉』(2004)をもう一度取り上げてみよう。彼女は、「語ることは耳を傾けること」であると言う。情報化社会の時代で私たちはコミュニケーションを一方から他方へと一方向に伝達される情報の流れが支配的なものと思い込んでいるが、そこでは話し手と聞き手の間の関係性は限りなく縮小してしまっている。だが、本来のコミュニケーション、話し言葉によるやりとりは双方向的なもので、かつそこには関係性があり、また関係を創っていくものなのである。そこから、ル＝グウィンは話し言葉という声が持っている役割、そして物語を話す、聴くという場所と時間の意味を言う。「語ることは耳を傾けること」の最後に書かれている文章である。少し長いが引用をする。「人々は再生不能な瞬間を、一つところに集まった人たちの間で語られる物語が作り出す、束の間の、壊れやすい共同体を求めるのである。だから子どもたちは図書館に集まり、本を読んでもらうのだ。ぐるっと輪になった子どもたちの顔を、熱心さのあまり輝いている彼らの顔を見てほしい。だから各地を回り、本屋で自作の朗読をする作家と、それに耳を傾ける聞き手の集団は、輪の中心に語り手が位置する古代の儀礼を再演するのである。生きた反応があるからその声を語ることができた。語り手と聞き手、それぞれが相手の期待を満足させるのだ。言葉を語る生きた舌、そしてそれを聞きとる生きた耳が、わたしたちを束ね、結びつけて、内なる孤独のもたらす沈黙のなかでわたしたちが切望する交わりをつくりだすのである」(邦訳 pp.218-219)。
　我が国の絵本研究者や絵本作家の発言も取り上げなければならない。日本を代表する昔話研究者の小澤俊夫の『昔ばなしとは何か』(1990)という小さな本の中に、東北地方の民話を採録する作業の中で出会った一人の老人について書かれている部分がある。幕田 仁さんである。幕田さんは子どもの頃に祖父から聞いた多数の昔話を正確に記憶している人である。今では、子

どもの頃に聞いた話を孫に話して聞かせるような機会もなくなって70年以上の空白がある。それにも関わらず、かつて自分が祖父から何度も聞かせてもらった話を完璧なまでに再現してくれている。そこには話し言葉が持っている直接性と現前性の力が見事に表れている。小澤は、幕田さんは昔話を思い出す時、「そのテキストを思いだしているのではなくて、語ってくれたずんつぁまを思い出しているのだ。ずんつぁまのまるくなった背中、その声、声の調子、いろりの火、まきのもえるにおい、すりきれたたたみのへり、あたりのくらさ（中略）そんな全部を思いだしているにちがいない」(p.251)と言う。小澤は何故、何十年も前に聞いたことを忘れないでいるかということについて大切な指摘をしている。まず話の内容それ自体が面白くなければならない。面白いから何度も聞こうとする。それでも彼が述べている中でもっと大事なことは、次の二つである。一つは信頼関係、信愛の関係のある者同士が一緒にその場にいること、その人から話を聞いているという場であるということ。そして第二は、声が持っている特別な力である。声はその人の人格とそれを聞く者との間の情感という独特の関係のきずなをつくり出していく。その人の声や声の調子は関係と共に記憶の中にしまい込まれている。このことはどの絵本読み聞かせの場面でも共通することである。母親が読んでくれた絵本とお話、保育の先生の読み聞かせを他の子どもたちと一緒に聞いた楽しい時間は関係の形成の内実そのものであり、それが子どもの言葉を豊かにしていくものである。言葉は人との関係の中で生きているものそのものである。

病院の小児病棟で生活している子どもたちや大学生、さらにはお年寄りと様々な人たちに絵本読み聞かせの実践を行っている村中季衣(2005)は、絵本はテキストではなくて生き物だと言う。「読みあう人といっしょに姿を変えて育っていく。100人いれば100とおり。100回読めば100とおりの読みの場が生まれてきて当然なのです」(p.52)と言う。そして村中は大人自身も子どもと横並びで物語の世界に出会っていることを忘れてはならないとも言う。絵本を一緒に読みながら大人も読んでいる「その瞬間のふわっと心浮き立つ思いをこどもといっしょに共有できなければ、その読みの場が幸福の

場として子どもの内面に記憶されることはないでしょう」(p.141)と、この本の最後でまとめている。小澤が昔話に関して述べていたのと同じことである。絵本を読んで聞かせることの一番大事なことは、結局、一緒に楽しみ、共に想像的な活動を展開していくことである。

哲学者の長谷川宏は『ことばへの道』(1997)で、「言語とは本質的に人間的な共同性の場」(p.108)を前提にしており、そのはじまりは直接的な共同関係にあると言う。そこでは、話し言葉による言語活動、間身体的関係が展開される。これが言語的な共同性の基礎をつくっていく。言葉による共同性と共同的な言語意識は共同の活動の中でしか生まれない。そして長谷川は、共同の言語世界を創出できるだけの言語能力と経験を身につけたとき、子どもは本を読んでもらう段階を卒業して、自分で読書を楽しむ段階に入っていけるようになるのだと言う(p.109)。長谷川宏は絵本・童話作家の長谷川摂子の夫である。

日本の児童文学の世界で決して忘れてはならない人物がいる。瀬田貞二である。北欧民話の『三匹のやぎのがらがらどん』(ブラウン, 1957)の訳者や『きょうはなんのひ？』(瀬田, 1979)の作者と言えば一番馴染みやすいかもしれないが、『ナルニア国ものがたり』(ルイス, 1950-1956)や『指輪物語』(トールキン, 1954-1955)のシリーズなど実に多くの作品の翻訳を手がけ、また児童文学の研究者としても大きな足跡を残した人である。瀬田が絵本について語った大部の著書、『絵本論：瀬田貞二子どもの本評論集』(瀬田, 1985)がある。この中で瀬田がよい絵本の条件として共通にあるものが何かを指摘している記述がある。はっきりしたテーマを持っているもの、小さい子にもわかる親しみの持てる主人公がでてくるもの、そして、立派な絵で挿絵してあるものなどが上げられるが、一番大切な条件は次のことだと言う。「お宅のお子さんが、なんどもなんどもくり返して立ちもどっていく絵本に、お母さん方が親しまれることです。小さい子たちが体験するところを、お母さん方が追体験していけば、絵本のよしあしはすぐわかります。それは、架空の顕微鏡なしで、子どものミクロ世界を透視することなのです」(p.49)。子どもがくり返し読むもの、つまり楽しんでいくものが良い絵本で

あり、それを一緒に親が楽しむことで絵本としての条件は十分だと言うのである。あるいはこれと関連して「最初の絵本は、どんなものがいいでしょう」という問いに対しては次のように述べている。「幼児の絵本には物語（文）はいらないというのは、古い考えです。字を読むずっと前から、小さな子たちは聞き耳をたてて、おもしろい筋を楽しもうと思っています。それによって成長しようとしています。単純な発展を持った筋を、筋の動きを、明確で美しい言葉で、明確で美しい絵で、みのった果実のようにみごとにまとまった一冊を絵本として、持ちたいと待ちかまえています。そして、お母さんなり保母さんなりが、声を出して読んでくれたら、絵本がりっぱな体験になります。読む大人がまず楽しんで、その人なりに消化してなんどでも（くり返される楽しさ！）読んでやれば、小さな人たちは、物語をそっくりおぼえて絵本を『読む』でしょう」(p.51)。

(5) 子どもの絵本の中の表現活動とその意味について

　詩人の長田 弘が読書と本について語ったエッセイ集がある（『本という不思議』、1999）。この中の「子どもの本の秘密」で、子どもたちは本に対して独自の態度を持っていることを言う。子どもたちは同じ本をいくども読みかえす。そしていくども聞き返す。大人の本の読み方は同じ本を二度と繰り返すことをしない。子どもは物語のなりゆきや結末を既に知っているのに繰り返し読み、聞こうとする。それはどうしてか。我々大人は、同じことの繰り返しを否定的に捉えてきた。同じことが繰り返されるだけでは進歩がないと考えるからである。長田はこう言う。「二度三度と読めるというのは、物語をいわば台本のように読んでいるということです。しかし、大人は一度しか読めないというのは、物語を事件のように読んでいる。子どもたちは物語を、演出家として読む。対するに、大人達は物語を、目撃者のように読んでいます」(p.155)。このように大人と子どもの大きな違いは本の読み方そのものにある。子どもは大人と違って書かれている内容よりも書かれ方や話の展開の仕方そのものに注目する。それは大人が遊ぶときにも「何を遊ぶか」と考えるが、子どもは「どのように遊ぶか」を遊びに求めるのと同じである

と長田は言う（p.157）。子どもたちが「どのように」に注目するから繰り返しに飽きない。

　「繰りかえしは、大人には単調ということです。しかし子どもには、繰りかえしは多様性なのです。一つのことに一つのやり方。それがいわゆる大人のやり方です。『何』が『どのように』を規定するというのが大人のやり方です。ですが、子どもにとっては、『どのように』こそが『何』をあらわす具体的な表現なのです。繰りかえしをとおして、繰りかえしのなかに、あるまとまりをもった全体をつくりだす。ただのボール投げにすぎないことをどんな野球よりもほんとうの野球に変えるのは、『どのように』の発見にほかならない繰りかえしです。そうした繰りかえしのもつ力というものを、子どもはじぶんに、身ぶりとして身にもっています。繰りかえしを多様性として生きる生き方が、身ぶりなのです」（pp.160-161）。長田の指摘にはきわめて大切なことが含まれている。

(6) 絵本から生まれる創造的活動

　これまでみてきたように、絵本やファンタジー小説は現実の世界とは違うもう一つの世界に人を招き入れてくれる。それは**想像**という活動を通して自分の物語を作っていく再創造の活動でもあることもみてきた。実は、新しい物語を作っていく活動は決して絵本という世界に限定されたものではない。子どもたちは絵本から触発されて遊びの中で自分たちの物語を創り出していく活動へと展開していくことがある。

　想像すること、イメージすることは**内的表象**の活動であり、現実と対比される空想・虚構の世界で起きていることだと考えられてきた。たしかに人間は現実の状況に縛られることから解放されて表象する能力を獲得した。だから子どもたちは絵本やファンタジーという想像の世界を楽しめることができる。しかし、この想像やイメージは具体的な身体による身ぶりや表現によって形作られたものが根源になっていることも忘れてはならない。そしてここに言葉という人間独自の表現行為が加わることで現実と状況に支配されない表現世界が生まれてくる。

子どもの想像の世界で流れている時間と空間は現実のモノや絵本で表現されている知覚的現実に刺激され、しかもそれは現実の生活のなかで流れている時間なのであり、決して頭の中だけではなく現実の時間と空間の中で展開されているものである。子どもは自分の想像の世界を、リアルな現実の時間があり、それに支えられているからこそ仮の世界に入って行けるのであって、想像と現実に入る「出入り口」を用意してくれている。だからこそ、想像の世界でも現実的なリアル性を持ち得るのである。子どもたちは楽しく味わった絵本の世界を、自分たちの身体と材料を使って自分たちならではの新しい世界を創り上げていこうとする。自由を目指した表現活動である。優れた保育の実践が展開されているところでは、このような子どもたちの豊かな表現活動が可能になっている。そして、それを可能にしてくれる条件として、子どもたちの多様な活動を支えている保育実践とモノを含めた空間がある。何もないところからは何も生まれないのである。逆に、豊かな保育環境は子どもたちの創造と表現活動を生み出してくれる。具体的な内容はこの後のところでみていくが、ここでは絵本の活動を支えている環境と空間の役割についてみていこう。

　北海道・中央部の旭川市から北に向かって50km程の所にある剣淵町の「絵本の館」である（写真10-1）。ここは、絵本図書館としてユニークな活動と空間を提供していることで全国的にも知られている。当初は、絵本で文化的な町作りをすることで始まった運動が、絵本に関わっている国内の多くの人達の援助で活動が広がっている。現在、この図書館には絵本が約36,000冊、一般図書が雑誌を含めて約28,500冊所蔵されている（写真10-2）。剣淵町は人口が約3,300人であるから、小さな町としては絵本を収めている冊数がいかに多いかが分かる（2016年時点）。

　もちろん、蔵書冊数の多さだけがこの「絵本の館」の特徴ではない。建物の大きさやその配置のユニークさもさることながら、そこには子どもたちの遊具施設や、中に入って自由に遊ぶことができる遊具等が置かれた部屋などがあり、ここでは子どもたちはごっこ遊びなどを他の仲間と一緒に楽しむことができるようになっている。その一部の様子は写真10-3、10-4のような

写真 10-1　「絵本の館」入り口

写真 10-2　館内風景

写真 10-3　館内にある遊具施設

写真 10-4　館内にある遊び空間

写真 10-5　館内にある活動スペース

ものである。そこには絵本の世界と子どもたちの自由な遊びの創造的活動との間の境界はなくなっている。

　また、ここには、子どもだけでなく、大人達が自由に交流したり、地域の文化活動の場として使うことができる体験教室や展示室なども備えている。ここには多様な活動を支える空間がある（写真 10-5）。

(7) 子どもの想像と創造の活動を幼児教育に位置づける

　2017 年に「保育所保育指針」「幼稚園教育要領」そして「幼保連携型認定こども園教育・保育要領」が改定（訂）された。幼稚園教育要領と幼保連携型認定こども園教育・保育要領の改訂は、2020 年から小学校、中学校、高等学校で順次実施される新しい学習指導要領と連動する形で変更点が加わっているところがある。学校教育の目標として出されているのは、「主体的・対話的で深い学び」を目指すというもので、教育関係者の間では**アクティブ・ラーニング**という言葉でも言われているものである。このスローガンの下で、三つの育てるべき資質・能力が位置づけられ、1. 知識及び技能、2. 思考力、判断力、表現力等、そして、3. 学びに向かう力、人間性等の三つが具体的に目指すべき学習と教育の基本的な目標となっている。これまでもこれら個々の目標はそれぞれの教科においても位置づけられてきたが、新しい学習指導要領では、全ての教科において三つの目標を実現していくことを目指すというものである。そして、幼稚園、認定こども園の教育要領でも同じように、幼児教育の資質・能力の三つの柱が目標として置かれ、「知識・技能の基礎」、「思考力・判断力・表現力等の基礎」、「学びに向かう力、人間性等」という、小学校からの学校教育で必要となるものについての基礎を身につけていくことが位置づけられている。そして、ここでも三つの資質、能力をこれまでの幼稚園教育要領で置かれている全ての領域で実現していくことが目指されている。

　同じように 2017 年改定の新しい保育所保育指針も、幼稚園の教育要領と連動して新たに変更・追加になった部分がある。保育所保育指針の変更として注目しておきたいのは、3 歳以上児とその前の 3 歳未満児の保育内容とを

分けて記載したことであり、特に、3歳以上児については、保育に加えて教育的な要素を盛り込んで、幼児教育を積極的に位置づけていることである。主体的な遊びを中心とした教育内容を幼稚園、認定こども園との整合性を確保することで、共通の目標を目指して保育所でも行っていこうということである。

　新しい幼稚園教育要領や3歳以上児を対象にした保育指針でも共に、言語・表現の領域でさらに深めていきたいこととして子どもの想像性と創造性を子ども自身の活動を通して実現していくことが期待されている。つまり、子どもが遊びを通して表現と表現行為を、幼児教育、保育の活動を今以上に、積極的に目指していくということである。その時、大切になるのは、遊びを支える素材、環境の設定と工夫である。子どもの多様な活動の展開から新しい創造的な遊びが生まれてくる可能性を追求していくことも現場では求められてくるだろう。これまでは、絵本の世界と子どもの遊びの世界とは別もので、絵本の読み聞かせ、子どもの協同遊び活動とを結びつけていくといった発想はあまりなかったのかもしれない。だが、絵本や物語による想像の世界へ子どもが誘い込まれた時、次に子どもは絵本の世界を飛び出して、自分たちで絵本の世界を再創造し、自分たちの自由な活動として遊びを展開していくようなことは保育実践でもっと位置づけてもよいことである。それは、子どもの想像と創造の活動は、教育を考える前に、子ども一人ひとりの発達と成長のためにかけがえのないものである。

§2　文化に出合う場としての保育・教育の役割

　人は文化の中で生き、文化に影響を受けながら発達していく。人間の発達はどのような社会集団に属し、どのような人とどう関わるかという物的環境や人的環境に大きく影響を受ける。ヴィゴツキーの文化的発達の理論（第1章§3）では、人間は社会文化的背景のなかで、人やモノとの相互作用を繰り返しながら発達していくとされる。また人が生きていくなかでこの文化的

発達は重要な役割を持つ。言語や生活習慣、規範意識などが文化的発達とされるが、これらは日々の生活の営みの中で行われた他者との関わりによって習得されたものであり発達である。このように文化と発達は非常に深く関わっている。

　1951年に制定された児童憲章のなかに「九　すべての児童は、よい遊び場と文化財を用意され、悪い環境からまもられる」とある。絵本や児童文学は人間にとって非常に重要な文化財である。文化財にふれる機会は家庭でも多々あると予想されるが、必ずしもすべての子どもが良質な文化財に出合えるとは限らない。次世代に引き継いでいきたい文化財とは何か、また子どもがそういった文化財に出合うことができるよう、保育者は良い文化財とは何かを考え、子どもたちと共に文化を楽しみ、子どもたちがその文化のなかで主体的に活動していけるよう導いていかなければいけない。ロゴフ（2003）は、人は文化の活動に参加し関わりながら発達するのであり、文化の活動も世代を超えた人々の関与によって発達的に変化するものであると述べている。私たち一人ひとりが文化の担い手であり、また担い手となるために幼い頃から文化と出合うこと、またその中で活動していくことが求められる。その役割を担う場として保育・幼児教育現場は今後重要な場になるだろう。

　§1で述べられているように、絵本は子どもを想像世界へ導き、創造し表現することを可能にしてくれる重要なモノである。それとともに子どもは絵本から愛情を知り、読んでもらう大人とのやりとりから自分が大切にされていることも感じ取る。絵本にはそのような情緒的な発達を助ける一面がある。また良質な絵本は言葉やリズムの楽しさを感じさせてくれる。そこで子どもは日常生活だけでは出合えない美しい言葉に触れることができる。また絵本の物語に出合うことで心が弾むようなドキドキした気持ちやハラハラするような緊張感、ホッとする安心感や穏やかさ、絵本の世界に入ったかのように登場人物に心を寄せる瞬間の喜びなど、物語は私たちに様々な心の使い方を体験させてくれる。こうした経験が生きていく時の支えになることが期待されるのである。文化として出合う絵本の役割は、文化という広い意味においても個人の生き方という意味においても非常に重要なものを持つ。

近年絵本は多様化していると言われる。子どもに文化を届ける保育者は、子どもの育ちや興味関心、そして心の動きを感じ取りながら、良質な絵本をしっかり選択して子どもと本との出合いをつくることが大切である。そして、本を見ている時の子ども一人ひとりの心の動きを感じ取り、本を読んでその世界が終わるのではなく、そこから始まる再創造の世界に保育者も敏感になり、子どもが想像の世界をどのように楽しんでいるか、またその世界を楽しむために保育者はどのような助けを担うのか、次節以降で紹介していきたい。

§3 物語の世界を楽しむ子どもたち

(1) 0歳から2歳の絵本の楽しみ

　絵本の楽しみの始まりは、信頼のおける人の心地よい声を聴くこと、視線を合わせ安心感と満足感を得ることである。また、その人とのやりとりから絵本の楽しさを知り、物語の入口へ進んで行く。保育所は集団生活の場であるが、一人ひとりの子どもと目を合わせ、言葉を交わし、また共に感じることを大切にしながら絵本に親しむことが重要である。そのような体験は、幼い子どもが園で過ごすことの安心感と心地よさを得る一つの機会となる。絵本は子どもと保育者の心を通わせていくことができる。子どもは保育者と一緒にいたい時に「絵本を読んで」と言うことがある。写真10-6のように言葉がまだ話せない子どもは指差ししながら保育者に「これ読んで」と話しているのである。保育者がその思いに応え本を読み始めようとすると、また一人子どもがそばに来て一緒に絵本を楽しむ。その際、子どもは時折保育者の顔を見てにっこりと微笑む。すると、保育者も微笑み返す（写真10-7）。このように子どもは保育者と共感しようとするのである。子どもが持つ人との関わりの欲求に、保育者は絵本を通してしっかり応えることができる。絵本には人と人をつなぐ力があり、この応答の積み重ねが愛着や人への信頼感を形成していく。

　こうして周囲の大人に読んでもらった絵本は、子どもの内面世界にまで入

写真 10-6
「読んで」と指差しする子ども

写真 10-7
微笑み合う子どもと保育者

写真 10-8
本を眺め呟く子ども

っていく。おもちゃの車を走らせ遊ぶ1歳半の子どもと目が合った保育者が「ぶーぶーぶー」と語りかけると、子どもは絵本棚に置いてある絵本『ぶーぶーぶー』(小風, 2007)を指差す。保育者と見た絵本が子どもの記憶に残り、言葉をきっかけに呼び起こされる。写真10-8の子どもは保育者に読んでもらった絵本を、今度は自分で何やら呟きながら一枚一枚ページをめくって楽しんでいる。まだはっきりとした言葉は話せない1歳過ぎの子どもが一人で物語を楽しむことを可能にするのは、大人にお話を読んでもらった経験があるからである。そして2～3歳頃になると、子どもは大人に繰り返し読んでもらった物語を最初から最後まで間違えずに自分で語るようになる。そのことを松居(2007)は、「ことばを食べている」と表現している。これから文

字に出合っていく子どもがまず体験しなければならないのは、豊かな「ことば」との出合いであり、大人と一緒に言葉を交わすことや物語に親しむ時間である。

そのような大人との楽しい時間が、子どもの一人遊びの中に表現として現れることがある。『しろくまちゃんのほっとけーき』（わかやま，1972）という多くの子どもに愛され続けている絵本がある。しろくまちゃんがお母さんと一緒に作ったホットケーキを仲良しのこぐまちゃんと食べるお話だ。この絵本を保育者と楽しんだ2歳前後の子どもが、ままごとのコンロにフライパンを置き、その中に大きめの平らなお手玉を載せ、フライ返しを片手に持ちながら「ぷつぷつ　やけたかな」「まあだまだ」と呟き、お手玉のホットケーキをひっくり返して「できあがり」と楽しげに遊んでいる。これは絵本に出てくるホットケーキが焼ける過程の楽しいリズム（言葉遊び）であり、この子どもはただ焼いているのではなく、記憶の中にあるしろくまちゃんのように（もしかするとしろくまちゃんになって）ホットケーキを焼いているのである。このように、絵本の楽しみは読んでいる時だけにとどまらず、子どもの表現遊びにつながっていく。

(2) 3歳からの絵本の楽しみ

幼児期の絵本の楽しみは物語の世界に出かけ想像の世界を楽しむこと、現実と想像の世界を行ったり来たりできること、またそれを一人ではなく仲間と共有することである。そのベースには、大人と絵本を通して心を通わせた経験、すなわち物語の楽しみを大人と共有した経験が必要である。発達は積み重ねられる。何歳になったら〇〇ができるのではなく、何歳になって△△するためにはこれまで何を経験し積み重ねてきたかが重要である。絵本に限らず保育・教育とは、子どもが誕生した時からこれまでの足跡を辿ること、そしてこれからの見通しに期待を持って歩んでいくことが必要である。

本章の§1で述べられた、想像することや再創造することの意味を踏まえながら、ここでは保育所・幼稚園などの集団生活において、絵本や物語が与える影響とは何かについて考えてみたい。物語を楽しみ、もうひとつの**想像**

写真 10-9　童話『もりのへなそうる』

写真 10-10　"へなそうる"の絵

写真 10-11　玩具で作った"へなそうる"

世界を経験した子どもたちは、その世界を様々な表現で仲間と共有することが可能となる。ある5歳児クラスでは童話『もりのへなそうる』（渡辺，1971）を楽しんだ（写真10-9）。兄弟が森の中で出会った怪獣「へなそうる」と楽しい時を過ごすお話だ。するとクラスの子の多くが「へなそうる」の絵を描きはじめた（写真10-10）。ひとつひとつの絵を見ると様々な「へなそうる」がいる。また、ある子はモザイクやはめ込む玩具を使って「へなそうる」を作成した（写真10-11）。同じ物語体験を通して各々が「へなそうる」に想いを寄せていたことが、これらの表現から読み取ることができる。そして子どもそれぞれの表現方法や作品は様々であった。このことから物語は子ども一人ひとりが自ら想像し創造する表現へ影響を与えること、またそれぞ

れの個の表現がクラスで認められることで個々の自己肯定感を高めるだけでなく、集団の中で認め合うというクラスの育ちにもつながっていくと示唆される。このような絵本から遊びへの創造が絵本体験の面白さのひとつであり、様々な表現に出合い、楽しみ、互いを認め合うことが集団における絵本体験や遊びの醍醐味となる。それらの事例は次のセクションで具体的に説明したい。

　では、これまで述べてきた集団での絵本の楽しみを実現するために必要なことは何だろうか。まず一つ目は、クラスの仲間と絵本を楽しむ時間の確保である。クラスのデイリープログラムの中に絵本の時間を位置づけているかは重要なポイントであろう。同じ時間に同じ仲間と見る絵本は、お話が始まる前から想像の共有がスタートする。お話の場所に集まってきた子どもが今日の絵本を指差し「〇〇のお話だ」と表紙の絵から想像したり、絵を見て「見て、〇〇してる」と仲間と絵について話したりすることがある。このようにこれから始まるお話に仲間とともに期待する姿が見られる。また一度読んだらおしまいではなく、繰り返し読むことを楽しむことが大切だ。読むごとに子どもは新たな気づきに出合うことがある。そしてそのことを仲間と共有したり、意見を交わしたりするのである。このようにクラスの仲間全員で楽しんだ物語は、クラスの子ども全員の**共通体験**となる。すなわち、一緒に想像の世界へ行くことを可能にし、そこからクラスの誰もがわかる**協同的な遊び**が始まる。そしてそのことが他者とのつながりの経験となり、仲間を育む（クラスとして育つ）きっかけとなる。

　そう考えると、二つ目に大切なことは絵本を見るお話の時間だけでなく、その後に始まる想像の世界を楽しむことを保育者が見通すことである。これまでも述べてきたように、子どもは絵本の世界を遊びで表現することがしばしばある。物語が子どもの内面に浸透していれば、何かをきっかけに物語の世界が想起され、子どもはすぐに想像の世界に入っていく。保育者はそのきっかけを見逃さないこと、また想起できるようなモノと子どもを出合わせる環境の準備をすることが必要である。そのような保育者の言動や準備した環境（モノ）によって、子どもたちは物語の世界へ引き込まれ遊びへとつなげ

ていくのである。そしてそこにあるモノに共通の意味づけをして、子どもたちは自分たちで遊びを進めていくのである。このようなクラスの遊びが**主体的**で**協同的**、時に**対話的な活動**として生まれる。すなわち**アクティブ・ラーニング**のはじまりと言えるのではないだろうか。

§4 保育の中の絵本の役割：実践例を通して

　絵本は子どもの共通体験となり、共通体験は子どもの遊びとなることが多々ある。共通の絵本体験を共に楽しんだ子どもたちは、絵本を通して他者とつながり、また絵本を通した遊び（活動）によって、仲間関係を深化させていく。集団における絵本の活動はこういった他者とつながる体験を子どもたちに体験させてくれる。ここでは絵本から遊びへ、すなわち想像から創造へとつながった実践例を紹介し、絵本を楽しみ表現することとはどのようなことか考えていきたい。

事例10-1　3、4、5歳児クラスの絵本活動『めのまどあけろ』

①継続的な読み聞かせの経過
　約1か月の間に6回にわたり言葉遊び絵本『めのまどあけろ』（谷川，1984）の読み聞かせを行った。回を重ねるごとに、子どもたちの様子に変化が見られた。
1回目：子どもたちはじっと見たりうなずいたりしている。
3回目：子どもたちはお気に入りのページの言葉「せっけんさんが〜」のフレーズを、担任が読む言葉を追いかけるように言うようになる。
4回目以降：お気に入りのページの言葉を担任の声と合わせて、時には担任より早く言うようになる。また言葉だけでなく絵にも注目し盛り上がる。
6回目：絵に出てくる身体の動きを自分の身体を使って真似する子が出てくる。

②遊びの中に見える『めのまどあけろ』
　繰り返し読むことで、絵本の時間以外にも絵本の言葉や表現が子どもから見えてきた。年長児が「いっぽんあしかかし〜」と一場面の言葉を言いながら戸外で片足立ちをすると、

年少児が真似をした（写真）。担任が地面に線を引くと、子どもたちは片足でけんけんをして進み、「いっぽんあしかかし〜」と絵本のフレーズを言いながら列になって遊んだ。

公園ですべすべの石を見つけてきた子どもに、担任が「すべすべだね。石鹸みたい」と言うと「せっけんさんが〜」と絵本の言葉をみんなで大合唱した。

③『めのまどあけろ』のその後
　2か月後の発表会で「めのまどあけろを言いたい」という声が子どもから出て発表することになった。室内ではおもちゃで石鹸を作ったりお風呂遊びをしたりと、絵本の表現を楽しむ姿が見られた。

④担任へのインタビュー
　園生活の中で大切にしているのは、暮らしを楽しむことで、絵本も室内遊びも外遊びも食べることもすべてつながりを持つことを意識して過ごしている。絵本を繰り返し読んでいると、絵本自体の言葉はそこに出てこなくても何かとつながることがある。絵本の言葉はクラスの共通言語になっていくと思う。

　絵本を繰り返し楽しむことによって、子どもの絵本の見方が変化することが①の様子からわかる。下線部のように、じっと見る→担任の言葉を追いかける→担任の声に合わせる（自分のペースで声を出す）→身体を使うというように、子どもたちはより回数が増すごとに主体的な読み手となっていくのである。この主体的な絵本活動が、絵本がそこに存在しない遊びの場でも、何かの物事に想起され絵本のフレーズや身体表現として表に現れてくるのである。そうした過程を経て子どもたちの意思によって、『めのまどあけろ』は発表会の演目となった。
　このクラスの活動のように、子どもは日々の生活や遊びを連続性のあるものとして過ごしている。活動は細切れに途切れるものでなく、子どもの経験

や記憶とのつながりで連続していくことを保育者は意識して活動を考えていく必要があるのではないだろうか。

事例10-2
4、5歳児クラスの「からすのパンやさんごっこ」

①

絵本『からすのパンやさん』(かこ, 1973)をくり返しお話の時間に楽しむ。

絵本を見ながらパンの絵を描く子どもがいる(①)。

↓

② ③

「わたしチョコちゃん」と絵本の中のからすになろうとする会話が子どもたちから聞こえる。

紙粘土でパンを作ったり(②)、絵本の中のからすのパンやさんがある「いずみがもり」を積み木で作ったりする(③)。

↓

④ ⑤

(この間、保育者はからすのマントと白いコック帽、パン屋さんに必要なトングやトレイ等を準備する)

からすのパン屋さんが開店し、お店は大繁盛する(④・⑤)。

物語を遊ぶ経験を子どもたちと楽しみたいと思った担任保育者は、『からすのパンやさん』の絵本を読み、遊びにつなげようと計画を立てる。子どもたちは絵本を気に入り、クラスのお話の時間にくり返し楽しんだ。すると、写真①のようにパンの絵を描いたり、「わたしチョコちゃん」と絵本の中のからすになろうとする姿が見られるようになった。パンやさんごっこにつながることを期待していた保育者は、その姿を見てごっこ遊びが始められると感じる。保育者が紙粘土を用意すると、写真②のようにパン作りが行われた。写真③にあるように、他の子どもは何人かで「いずみがもり」を積み木で作

§4 保育の中の絵本の役割:実践例を通して

写真 10-12
黒いマントでからすになりきる子ども

り始めた。絵本の中では「いずみがもりを抜けるとからすのパンやさんがある」のだ。子どもたちはすっかりからすのパンやさんごっこを始める気持ちになる。ここで大切なのは、保育者が準備した紙粘土という素材や、波線にあるようにパン屋さんを始めるための必要な道具、すなわちごっこが成立するためのモノがそこにあったということである。さらに保育者は黒いマントを準備した。これを身につけると、子どもはたちまちからすになれるのである（写真 10-12）。このように子どもたちは黒いマント＝からすのシンボルとしてモノに誘発され、より一層なりきって遊ぶのである。またこのシンボルがごっこ遊びに参加している子どもたちにとっての印として機能し、誰が何をしているのか物語を体験した皆が理解できることで遊びがうまく進んでいくのである。

　この遊びが始まってから、子どもたちは散歩に出かけ、からすを見つけると、からすのパンやさんをイメージするようになる。今までのからすを見ていた目とは明らかに違っている。子どもたちの内面世界に物語が浸透した時、

その子どもたちの目や耳、鼻などに変化が起きる。からすの鳴き声はこれまでより一層よく聞こえるようになり、散歩に出かけるとパン屋さんの良い香りに気がつくようになる。また、からすによく目をやるようになり、ある日食パンをくわえて飛んでいくからすを見つける。すると子どもはたちまちからすのパンやさんの世界に飛び込み、近くにからすのパンやさんが存在していると信じる。このように物語に引き込まれる日々の遊びや暮らしは、現実では体験できない世界を子どもに想像させてくれる。またこの体験ができる幼児期だからこそ、その楽しみをたっぷり味わってもらいたい。なぜなら想像は経験となり、どう生きるかについて時にヒントを私たちにくれるからである。

文献

ブラウン，M. 1957 三びきのやぎのがらがらどん 瀬田貞二（訳）1965 福音館書店.
ドーデー，A. 1869 スガンさんのやぎ 桜田 佐（訳）1932 風車小屋だより・所収 岩波書店 28-37.
ドーデー，A. 1869 スガンさんのやぎ 岸田衿子（訳）1966 偕成社.
ドーデ，A. 1869 スガンさんのやぎ ときありえ（訳）2006 西村書店.
エッツ，M. H. 1944 もりのなか 間崎ルリ子（訳）1963 福音館書店.
長谷川 宏 1997 ことばへの道（新装版）勁草書房.
かこさとし 1973 からすのパンやさん 偕成社.
小風さち 2007 ぶーぶーぶー 福音館書店.
厚生労働省 2017 保育所保育指針.
ル＝グウィン，U. K. 1968-2001 ゲド戦記（全6巻）清水真砂子（訳）1976-2004 岩波書店.
ル＝グウィン，U. K. 1979 夜の言葉—ファンタジー・SF論— 山田和子他（訳）2006 岩波書店.
ル＝グウィン，U. K. 2004 ファンタジーと言葉 青木由紀子（訳）2006 岩波書店.
ルイス，C. S. 1950-1956 ナルニア国ものがたり（全7巻）瀬田貞二（訳）1966 岩波書店.
松居 直 2007 声の文化と子どもの本 日本キリスト教団出版局.
文部科学省 2017 幼稚園教育要領.
村中季衣 2005 絵本の読みあいからみえてくるもの ぶどう社.
内閣府・文部科学省・厚生労働省 2017 幼保連携型認定こども園教育・保育要領.
長田 弘 1999 本という不思議 みすず書房.
小澤俊夫 1990 昔ばなしとは何か 福武書店.
ピアス，A. P. 1958 トムは真夜中の庭で 高杉一郎（訳）1975 岩波書店.
ロゴフ，B. 2003 文化的営みとしての発達 當眞千賀子（訳）2006 新曜社.
瀬田貞二 1979 きょうはなんのひ？ 福音館書店.
瀬田貞二 1985 絵本論：瀬田貞二子どもの本評論集 福音館書店.

清水真砂子 1994 もうひとつの幸福―挫折と成長― 岩波書店.
清水真砂子 2006 幸福に驚く力 かもがわ出版.
清水真砂子 2015 大人になるっておもしろい？ 岩波書店.
谷川俊太郎 1984 めのまどあけろ 福音館書店.
トールキン，J. R. R. 1954-1955 指輪物語（全3巻）瀬田貞二（訳）1992 評論社.
わかやまけん 1972 しろくまちゃんのほっとけーき こぐま社.
渡辺茂男 1971 もりのへなそうる 福音館書店.
柳田邦男 2004 砂漠でみつけた一冊の絵本 岩波書店.

第11章 子どもの表現行為：描画と保育活動

§1 子どもの描画と発達

(1) 描画のはじまり：「スクリブル（なぐり描き）」と「象徴的スクリブル」

　子どもの描画のはじまりは**「なぐり描き」**、あるいは「スクリブル」と言われるものである。子どもが手を自分で自由にコントロールできるようになると、紙に鉛筆やクレヨンで丸や線を描き出す。「なぐり描き」はどの年齢から始まるのかは必ずしもはっきりしていない。乳児もテーブルにこぼれたジュースを手で広げたり、こすって線を描くことはよく見かけるものである。1歳よりも前に子どもはこのような動作をするが、これを「なぐり描き」の一種だとするとそれは、早くから始まっていることになる。「なぐり描き」に表現の意図があるかどうかということについては異論もあって、自分の手や腕を動かしてその痕跡が線として残るだけで、描くという目的はなく感覚運動的な快感を得る動きであるとする考え方もある。

　だが、「なぐり描き」には何かを表そうという表現の意図が隠されている場合がある。例えば、ガードナーの名著『子どもの描画』(1980) は、子どもの描画の世界とその意味を体系的に論じているが、この本の最初では、自分の子どもの「なぐり描き」の絵とその状況を紹介している。息子のジェリーが1歳半の時に、自分の描いた「なぐり描き」を描いた紙を渡して満足そうに「パパ」と言ったのである。これは明らかに表現の意図を持って、それを身近な人に見せようとしていることの表れである。ガードナーは自分の子どもが「なぐり描き」をしているのはもっと前からであって、これが最初ではないとしている。だから、「なぐり描き」を表現の意図が込めて描いているのはいつ頃からなのかはここでも分からない。

　片岡は『子どもは描きながら世界をつくる』(2016) で、1歳半の子どもが紙に丸の線を描きながらそばにいる母親に振り向く動作をする様子や、紙

図 11-1　象徴的スクリブル

図 11-2　発話を交えながらの描画

に描くときにもしゃがんだり、手を伸ばすといった姿勢を変えて描いているエピソードを紹介している。明らかに表現の意図を持って描いている。あるいは1歳4か月の二人の男児が並んで壁に貼った紙に丸の線をぐるぐると描いている。一緒に同じように線を描くという動作は、単に手や腕を規則的に動かしていることだけで描かれたものとは違ったものである。片岡の事例からは、表現するという意図が自分以外の仲間や大人との関係の中で生まれていることを示してくれている。

　この「なぐり描き」も「らせん」や「渦巻き」を一つの「印」として子どもの見たこと、あるいは感じたことを表すと、そこには象徴的意味が込められてくる。エング（1931）はこのような絵を**象徴的スクリブル**と呼んでいる。例えば、ある幼児の3歳のはじめ頃の「なぐり描き」のようなものがある（図11-1）。この絵を見ただけでは、単なるでたらめに描いた「なぐり描き」になるだろう。だが、子どもは、ネコとウサギが喧嘩をしている時の動きと様子を表現していた。動物の動きそのものを線で表現し、描いたものである。これを描いた子はそのように説明している。この子は動物が喧嘩をしていた時の光景を動きとして表現しており、そこには描画を一種の記号という象徴的な形で表現していくという人間の表現活動の原初的な形態がある。

　発達初期の子どもが「なぐり描き」のように素朴な形で何かを表現しよう

としている時には、身近にいる人に見てもらい、自分の描いたものがそこに注意を向けることでつながっていく「関係の共有」を持とうとする。むしろ、描くことの結果として生まれる他者との間の「共有」をまず求めているとも言える。「なぐり描き」は一見すると何を描いているのか分からないものが多いが、保護者や保育者は子どもが「なぐり描き」という形のメッセージを共有していくことで、描画を中に置いた大人と子どもとの「**三項関係**」が立ち上がっていることを大切にしていきたい。

(2) 描画を支えるもの：身体的経験と活動によるシンボル形成

　図11-2は、4歳児が幼稚園で散歩をしてきた様子を描いた絵だが、この絵を描いている時には、「く〜もだよ〜♪」と口ずさみながら、青色で空を塗ったり、雲を描いている。あるいは、散歩の途中で、風が出てきて、草がなびいている様子を「さらさらさらさら、さらさらさらさら…と、まきあげて」とか、「くっさが〜ぽ〜ぽ〜♪　ぽ〜ぽ〜♪　くっさが〜のびて〜ま〜す〜よ♪」をリズムを取って歌い、それに合わせてそれらの様子を絵で表現している。子どもは、体験してきたことを歌を口ずさむ動作を交えながら想い出し、いわば経験を想像的なものにして描画の形で表している。その時には身体的なレベルで活動と描画とは一つの同じ表現活動として密接不可分な形でお互いの活動を刺激し合っている。描画は具体的な活動や経験を象徴的な形で表しているものだが、その背景には身体で体験したことや活動がある。

　モノを描くということは、外の対象を見た視覚経験や自分が身体で体験したことを紙の上に類似物として象徴的に描き直す作業である。絵画表現の元になっているのは現実の視覚対象であり、出来事の体験であって、特に幼児の描画の場合は、表現活動を促していくような興味関心と身体で感じていく豊かな体験が不可欠である。『眼と精神』(1964a)や『間接的言語と沈黙の声』(1952)などで、絵画論を独自の観点から論じた現象学者のメルロ゠ポンティは、人間には外的対象を見たり、直接体験し、身体で感じたことを外的イメージとして持ち、それを形にしようとする根源的な活動があると言う。外

的対象を類似したものとして捉えるのが知覚であり、イメージである。知覚にしても、イメージにしても、対象そのものではない。あくまでも表象化されたものであり、そこでは類似したものとしていわば虚構の形で加工したものだからである。ここに人がそれをどう感じ、どう表現するかというヴァリエーションが生まれてくる。絵という表現は、描かれた画像と現実とのあくまでも一種の類似性を前提にしていることで成り立っていること、そこには外的対象との本人の身体的関わりや知覚経験の延長の先にイメージや絵画表現がある。

物的イメージには対応物が存在する。しかし、この対応物そのものが直接イメージとしての意味を与えることはない。これらのいわば類似物や代理物を媒介にしてイメージ生成が立ち上がってくるためには事物をアナロジーとしてイメージと結びつけなければならない。いわば両者の関係を構造的に一致させるということである。それを可能にさせているものは、人間が根源的に持っている象徴的行動である。それを人は早い時期から持っていることを明らかにしてくれるのが幼児の描画なのである。

幼児の描画を支えているものと同じものに、幼児の遊びに特有の「ごっこ遊び」と「見立ての能力」がある。子どもが遊びの中で「小石をあめ玉に見立てる」、「葉っぱをお皿に見立てる」ことが遊びには不可欠である。この「見立て」の活動ができるのは、子どもの表象能力や「**能記―所記**」(「**意味するもの―意味されるもの**」)の結びつきが理解できるようになるからだと説明されてきた。それでは、この表象能力や象徴操作はどのようなことで可能になるのだろうか。実はこのことについて、発達研究では不問にされてきた。子どもが粘土を使って作ったものにお団子やケーキという象徴的意味を与えることができるのは、それらの間に知覚レベルでのゲシュタルト的類似性を見出すからであり、同時にこれらの物への関わり方にも共通性があるからである。ここで起きていることは心理学で通常考えているような具体的な対象を取り除いてしまったところのシンボル操作などではない。それはあくまでもモノを使った表現行為を基礎にした行為によるシンボル化の結果である。そしてこのモノにむけられた行為や経験を別の対象に「転調(modulation)」

(メルロ゠ポンティ，1945，邦訳 p.296）することでシンボル的一致や連続性を見出すことができる。メルロ゠ポンティが述べていた「物質の断片のなかに＜意味＞を設定し、住まわせ、出現させ、存在させるような根源的作用」（1942，邦訳 p.311）なのである。彼の主張は『見えるものと見えないもの』（1964b）でも同じように説明されている。我々は一個の「小石」や「貝殻」は目の前にある一個具体的なものとして見るだけでなく同一の名称をもった普遍的な小石として、貝殻としても見る。この一般性、普遍性を持つもの、つまり概念というものから目に前にある「小石」や「貝殻」も「流出」している。我々の認識はたしかにこの一般性に支えられている。しかし、この普遍的な小石、貝殻の土台になっているのは現前にあるものであり、これらに立ち帰らなければならない。メルロ゠ポンティはこう言う。「物とは、対一象（ob-jet）であり、言いかえればその自身の効能によってわれわれの前に誇示されているものであって、しかもそれはまさしく、物がそれ自身のうちに取り集められているからなのである」（1964b，邦訳 p.227）。外にあるものを直接、知覚を通して受けとめること、あるいは、それらへの身体的関わりという経験によって具体性を超えた記号レベルでの象徴的行動へと向かっていくことを可能にするものがつくられてくる。現実に存在するのは生活の中での身体的振る舞いとそこから生まれる運動表象である。

　以上のことを、幼児の描画で確認していこう。幼児の絵画についての研究で知られるリュケは、幼児は自分が体験したことや感じたこと、そこからつくられ、心にあるものが直接絵画となって表現していると言う。リュケはそれを「**内的なイメージ**」と呼んでいる。眼の前にある実際の対象の再現だけではなく、心の中でみる対象を彼らは描くと言う。その例として彼の『子どもの絵』（1913）の中にも登場してくるのがオランダの7歳の子どもが描いたじゃがいも畑の絵である（図11-3）。「じゃがいも畑の中の目に見えている地上の茎や葉はまったく描かれず、もっぱら、地下の球根のような見えない要素や、畑の輪郭のような客観的には存在しない抽象的なものが描かれている」（1913，邦訳 pp.181-182）。彼は、このような幼児の絵画表現の仕方を「**知的リアリズム**」と言っている。このことについては、次のところで詳

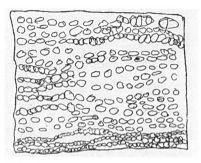

図 11-3
幼児の じゃがいも畑の絵

(リュケ, 1913, 邦訳 p.181)

しくみていく。

(3) 内的イメージと知的リアリズム

　子どもたちは年齢が進むにつれて次第に、「なぐり描き（スクリブル）」や「象徴的スクリブル」の後に、ケロッグ（1969）が分類した「図形」、そして図形を組み合わせた「結合組み合わせ」（コンバイン）、「集合体」（アグリゲイト）の図形表現の段階を経て写実的な「絵」を描くようになる。子どもたちは徐々に自分以外の人が見ても分かるように絵を描くことに自覚的になっていく。それは多分に、保育園や幼稚園では自由な発想で描いていたものが小学校に入学するようになると造形教育の中で求められる描き方の形式という一種の制約によっている。

　もちろん、子どもは人に自分の描いた絵を見てもらうことだけを主目的に描くのではない。子どもは自分の体験したこと、感動したことを表現したいから描く。そこに、子どもなりの表現方法の考え方と工夫からくる児童画の特徴が出てくる。子どもは自分が感じたことや出来事を時間経過の流れのままに表現しようとする。それが子どもにとってはリアルなことだからである。子どもはしばしば眼の前にある実際の対象だけを再現するのではなく、心の眼でみたものを描く。前のところでみたように、リュケはこれを「内的なイメージ」と呼んでいた。そこでは子どもは表現の枠組として大人や社会が持

図 11-4
「多視点画法」で描かれた運動会の絵

っているものに制約されない自由がある。

　子どもが絵で表現するものの多くは実際に自分が身体を使って活動し、体験したことである。子どもにとって「リアル」な単位になっているのは自分の身体と運動を中心にした出来事である。描くことは身体運動に基づいた身体図式から来ているからである。だから子どもは自分が見たり、体験した出来事をそのまま一枚の紙の上に描こうとする。そこで描かれたものは時間的順序通りに描くことや空間配置などは無視されていることが多く、視点を定めて描かれてはいない。それは、「**多視点画法**」と言われたりもする。その絵の代表的なものを見てみよう。

　図11-4の絵は運動会の玉入れの様子や徒競走で自分が走っているところ、母親が「大玉転がし」で走っている様子などたくさんの出来事を一枚に紙の上に描いており、一連の運動会で起きていたことを複数の視点から見たものである。

　リュケ（1913）はこのような絵は子どもたちが自分の知っていることや体験していることに基づいて描いているという意味で「知的リアリティ」による表現と言っている。子どもにとっては、自分が描きたいと思うものは一枚の紙の上に同時に全てを表したいのである。その時には実際には出来事の順番があり、一度に複数のことを同時に見ることなどできないのだが、そういったことにはおかまいなしに自分にとっては描きたいものを描くのであ

る。

(4) 知的リアリズムから視覚的リアリズムへ

　幼児が自分の内的イメージをもとにして描いていく時に見せる「知的リアリズム」の絵と対比されるのが、**視覚的リアリズム**」による絵である。この「視覚的リアリティ」を重視した表現方法では、視覚的な形態や客観的に見えることを重視して描かれる。誰が見ても何を描いているのか分かるようにまさに客観的に描くことを心がけた表現法といってよい。そこでこの社会が共通に持っている技法を使って表現する。具体的には、**平面遠近法**による表現であり、固定点を設定してそこから見た時の世界を描く方法である。この見る視点を共有させることで絵を描いた者もその作品を観る者も共通の視覚経験を感じることができる。そこでは、もはや絵を描いた者が個人的に大切だと思っている出来事や様子に固執して描かれることはない。リュケ(1913)は視覚的リアリティの段階から子どもは絵に関しては大人の仲間入りをしていると言う（邦訳 p.238）。例えば、次の視覚的リアリティから描いたものと、知的リアリティによる絵を比べてみよう。二枚の絵は遠足の山登りの様子を描いた同じクラスの子どものものである。図11-5の絵には途中の山道にあったお地蔵さんが加わっており、完全な平面遠近法を使ってはいないが、視点を固定してそこから見た時の頂上に立った子どもの様子と山の全体の景色が描かれている。図11-6では遠足の一連の様子を地下鉄にのって出かけるところから始まって山を登っている出来事を描き込んでいる。この種の絵をリュケは「擬鳥瞰図」とも称しているが、自分にとって大事な出来事や景色を描いている。リュケは子どもがこれらを全部見ていたとしても、子どもの心は、興味があり重要だと思うものしか捉えないし、描かないと言う（邦訳 p.104）。

　リュケ(1913)は、「現代文明では」と断った上で、子どもの絵は4つの段階を経て発達していくと言う。描く意図のないなぐり描きから、意図を持って描くが描かれた要素をまとめるという統合性が欠けた絵、そして「知的リアリズム」と「視覚的リアリズム」へと進む。子どもも大人の社会へ参加

図 11-5　視覚的リアリズムによる絵　　図 11-6　知的リアリズムによる絵

していかなればならない以上は大人が持っている表現方法を無視することができなくなる。そのようにリュケは考えた。それではリュケはこのような発達のコースを固定的に考えたり、子どもが無条件に大人の視覚的リアリズムの世界に入ることが正しいことだと考えていたのだろうか。リュケはそこでは微妙なスタンスを取っている。例えば、「知的リアリズム」から「視覚的リアリズム」へと進むという描画発達はあくまでも理論的なものに過ぎなくて、実際はこの段階区分はあいまいであるし、大人でも「知的リアリズム」の痕跡を残していると言う（邦訳 pp.238-239）。あるいは次のようにも言う。「大人の判断からすると、教師が介入して促進し得る子どもの絵の進歩の中の最大のものは、第4段階の達成、つまり、視覚的写実性〈リアリズム〉への到達ということである。しかし、これが子どもの判断からしても、実際に進歩となり得るかどうかは別問題である。（中略）視覚的写実性〈リアリズム〉が大人にとって好ましいということに異を唱えるつもりはないが、私には子どもにとっては知的写実性〈リアリズム〉が一番ふさわしいように思われるのである」（邦訳 pp.261-263,〈　〉内は筆者による）。

　「視覚的リアリズム」はあくまでも他者が理解できる表現方法であり、見る他者を意識したものである。いわば大人の社会へ子どもが足を踏み入れ始めた時には視覚的リアリティへと向かうことである。それは進歩のためにこの大人社会に通用する表現方法を獲得することであると同時に、もう一つの

自分なりの表現方法を捨てていくことを意味する。リュケは進歩のためには個人的なものから脱してこの社会で安定したものを獲得していくことが必要だと述べている。だから彼は「知的リアリズム」から「視覚的リアリズム」へと向かうことが必然であるような描画の発達を考えた。そしてこの大人社会への始まりは幼稚園の中で自分たちの絵を見合ったり、掲示されることで次第に他者の目に気づき出すことと決して無縁ではない。リュケは人間の発達の必然として社会の中で支配的な表現方法を獲得していくということが発達であるという考えを取りながらも、どこかで子どもの自由な表現の世界を保証してあげたいというもう一つの主張が見え隠れしている。「子どもは、他人のために絵を描くわけではなく、自分自身を満足させるために描くのである」ともリュケは言う（邦訳 pp.182-183）。大場（1996）も幼稚園の経験の中で子どもたちは次第に「きちんと作品を描く」ことを意識するようになっていると指摘している。それは見直しをしなければならないと言う。もちろん、これらが幼児教育の内容と方法から生まれているなどと簡単に言うことはできないし、ここで取り上げた子どもたちの描画はきわめて自由な、制約のない保育の中で描かれたものである。しかし、子どもたちは絵本をはじめとして様々なメディア文化の中で身を置いてもいるのであって、そこで支配的ないわば大人の表現方法に自ずと馴染んでしまっていくことは避けられないことでもある。しかしこの社会にある表現方法は安定したものであるが、それは一つのものでしかないことも忘れてはならない。発達という現象の中に潜んでいる二つの方向の違うベクトルがここでも見られる。

(5) 時間と運動を表現する

　「視覚的リアリズム」による描画表現とその具体的な表現技法である「平面遠近法」や「**透視画法**」は一つの表現方法である。描画の発達としてたどり着く最後の到達点が「視覚的リアリズム」としたリュケも「視覚的写実性〈リアリズム〉は知的写実性〈リアリズム〉と同様に約束にすぎない」（邦訳 p.263）と述べている。要するに、現代文明人の中で「視覚的リアリズム」が主要な表現方法の一つになっているだけである。メルロ＝ポンティも近代

が生んだ代表的な表現方法の遠近法は一つの表現方法にすぎないと言う。「遠近法は、人間が知覚された世界を自分の前に投射するために作り出した様々な方法のなかのひとつであって、この世界の転写ではないことは明らかである。つまりそれは、自然発生的なヴィジョンの任意的な一解釈なのである」(1952，邦訳 p.57)。

メルロ＝ポンティに「表現と幼児のデッサン」(1969) という短い論文がある。ここでメルロ＝ポンティは、幼児の描画とその発達を一つの完成された世界表現の仕方と私たちが思いこみをしている方法、つまり「平面遠近法」を目標に置いてしまって、そこに向かっていくものだと考えてはならないと言う。通常、対象や光景を表現したり、再現しようとする時に、「それを転写し、紙の上にその一種の等価物をつくり出し、原理的にはその光景のすべての要素を曖昧さなしにまた相互に蚕食し合うことなしに記号的に表されるようにすること」(1969，邦訳 p.120) であるという発想が支配的であったと言う。メルロ＝ポンティはこのような「平面遠近法」を固定化してしまって、この表現方法を獲得していくことが絵画表現の発達の道であるとしてしまうような考え方を否定する。彼は言う。(デッサンすることの)「目標は、われわれの視線や、潜在的にはわれわれの触覚やわれわれの耳、それに偶然性や運命や自由についてのわれわれの感情をもふるわせるかぎりでのこの対象やこの光景とのわれわれの接触の痕跡を紙上に記すところにある」(1969，邦訳 p.122-123)。われわれと世界との関係を表現することが目的であって、知性の眼に写ったことを正確に表現することが唯一の目的なのではない。そうなると、平面遠近法なるものが私たちの知覚している世界の唯一の表現ではないし、対象と合致するということだけに特権性を与えてはならないことになる。そしてメルロ＝ポンティは、この平板化され、ありきたりの表現方法から比較的自由なのが真の芸術家であり、また幼児の絵画であると言う。

次の幼児の絵を見てみよう。この絵は幼稚園児が遠足に出かけた時の出来事を描いたものである。図11-7を描いた子どもは自分の体験したことを重視し、一枚の紙の空間の上に体験＝時間の流れを表現しようとしている。

この絵は「平面遠近法」の伝統に従うことなく、「**絵物語**」として描いて

図 11-7
絵物語的手法で描いた絵

いる。リュケ（1913）はこのような表現方法は「知的リアリズム」に分類しながらも、いくつかの出来事を連続的に描く表現方法（「**継時混交型**」）は時間表現としてよく工夫されたものだと述べている（邦訳 pp.262-263）。日本の絵画表現法として西欧の平面遠近法とは異なったものとして「絵巻物」があるが、空間の中にいかにして時間を表現するかということは知覚したことを正確にあらわすことに重点を置いた西欧の伝統とは異なったもう一つの表現方法である。日本の絵巻物では、しばしば同じ人物が別の場所に時で複数回描かれ、それで時間経過を表現するという「**異時同図法**」が用いられる。図 11-7 の絵を描いた子は最初はいくつかの出来事を並べて書き、しばらく自分の絵を眺めた後で、時間による経過をはっきりと表現しようとして時間の区切りの線を入れ始める工夫をしている。うまく時間経過を表すための子どもなりの工夫である。映画では動き＝時間を表現することは容易だが、これらを平面上にどのように表現するかということは絵画でも大きな挑戦なのである。

　子どもにとって大事なことは視覚的に正確に表現することではなく、自分の経験の「痕跡」を表すことである。むしろこれが表現の根源としてあるものだろう。メルロ＝ポンティは幼児が描くこのような「絵物語」的表現について以下のように述べている。「時間を一連の並列的な時点と考えている『合理的』な成人の眼には、こうした物語は隙間だらけで理解しにくいものに見

えることであろう。だがわれわれは生きている時間に従うなら、現在はまだ過去にふれ、過去を手中に保持し、過去と奇妙なぐあいに共存しているのであって、絵物語の省略だけが、その未来へ向かってその現在をまたぎ越してゆく歴史のこの運動を表現しうるのである」(1969, 邦訳 p.199)。画家が自分の表現にこだわって努力を続けることもありきたりの客観性にこだわってそれをメッセージとして伝えようとすることからはるかに遠ざかったところに目標を置いているからなのである。

(6) まとめ

人が自己の経験を形として表す、表現することの意味をデューイの思想から考えてみよう。デューイは"Art as experience（経験としての芸術）"(Dewey, 1934) の中で、人の表現行為について重要な指摘をいくつか行っている。この中でデューイは、人間のあらゆる表現行為の原点にあるものは自己の内部から外部へ向かって運動していこうとする衝動性(impulsion)で、それが表現として形になった時には内省（reflection）となって自分が何を表したかったのかその内容の意識をつくり、自己を自覚することになっていくと言う。ただ、外に出すということだけでは表現にはならない。例えば、子どもが泣くという感情の発露やくしゃみそれ自体はまとまった表現の形とはなってはいかない。表現となるためには、表現する手段である**媒体**(**medium**)と、表現していこうとする際の何からの抵抗がなければ自分が表現したいことも自覚できない。表現のためには表現のための材料も表現技法も必要だし、最も必要なのは表現の過程で自分の中で生じる葛藤や逡巡するという抵抗の過程がなければならない。表現は単なる感情の発露以上のものであるから、そこには表現したい意図や目的があり、表現することでその目的や意図もはっきりしてくる。この活動は外部へと向かっていくから公共的な意味を帯びたものになっている。

子どもがどう表現したらよいか考えあぐねたりする過程、画家が自分のスタイルの確立、自己の表現上の悩みの中で表現が形になり、また自己が言い表したいことや思考もはっきりしてくる。デューイは、これが人が表現へと

向かう根源にあるものだと考えた。

§2 子どもの内的イメージと知的写実性

　ここまで、描画の発達と子どもの描画をみる視点について述べてきたが、ここからは具体的な事例をみながら、子どもの描画で表現されていることを考察していこう。

　ここで取り上げるのは保育活動の一環として行われた、年長組の「お泊まり会」が終わった次の朝に幼児が描いた絵とその作成過程である。ここで描かれているものは、「お泊まり会」で経験したこと、楽しかったことを自分なりに出来事として切り取って描いたものである。その中で子どもたちがいかにして、自分たちが体験した「お泊まり会」という出来事を表現しているかをみていく。その際、描画と出来事との関係も重要なポイントになるので、子どもたちの絵のテーマとなった「お泊まり会」のおおよその流れをまずは述べておく。なお、筆者は保育者の手伝いとして全日程に同伴した。「お泊まり会」の流れをまとめると、表11-1のようになる。

　登園した子どもたちは、保育者とともに午前中にA市の中心部の公園に出かけ、そこで展望台に登った後に散歩をし、公園で遊んだ後、公園で昼食をとる。午後に幼稚園に戻り、近くの銭湯に行ったり、キャンプファイヤーの準備をしたり、夕食のカレーライスを作ったりする。その後、就寝の準備をし夕食をとった後、園庭で花火を楽しみ、2～3人一組で暗闇の中を宝探しに出かける「肝試し」を行う。最後はみんなでアニメの映画を観て一日を終える。翌朝、朝食をとり、後片づけと休憩の後、子どもたちは何人かごとのグループに分かれて、「お泊まり会」の様子を絵に描くことに取り組む。絵を描き終えた子どもは保育者に絵の内容を説明し、保育者はそれをメモ用紙に記入していく。このメモはキャプションとして描かれた絵の下に貼られ、絵は廊下に掲示されることになる。

　このような日程で進んだ「お泊まり会」について、子どもたちはどのよう

表 11-1　　　　　　　　「お泊まり会」の行動の流れ

○一日目
＜午前＞
登園
地下鉄で公園に行く
展望台に登る
公園散策（ビアサーバー、園芸コンテストを見る）
公園で昼食
＜午後＞
公園で遊ぶ（大きな滑り台、アスレチック、人工川など）
地下鉄で園の最寄り駅へ
帰園
スイカを食べて昼寝（保育者たちは子どもたちがスイカを食べている間に布団の準備）
男女一緒に夕食作り（カレー、デザート）
男児は銭湯へ行き、女児は夕食のサラダを作る
男児は銭湯から帰ってきてキャンプファイヤーを組み、女児は銭湯へ行く
夕食（カレー、サラダ、デザート）
花火（手持ち花火をした後に打ち上げ花火を見る）
肝試し（腕輪と手紙を受け取る）
映画
就寝

○二日目
＜午前＞
起床
朝食（各自、好きな具材を挟んでサンドイッチを作る）
「お泊り会」の思い出についての描画
帰宅

な絵を描いたのだろう。いくつかを紹介し、分析していく。

　図11-8は4名の年長児（いずれも仮名）が描いた「お泊まり会」の絵である。どの絵にも「お泊まり会」の日に体験した多数の出来事が一枚の絵の中に同時に描かれている。これらはいくつかの出来事とその時間経過を一枚の紙の上で表現しようとしているという意味で「**継時混交型**」とか、「**多面投影法**（rabattement）」と言われているものである。あるいは複数の視点から見たものを描いた場合には「**多視点画法**」と言われることがある。要す

アイの絵

モモカの絵

トシオの絵

アツシの絵

図 11-8　　幼児の「お泊まり会」の絵

るに、対象や出来事についていくつかの視点から見たものを一枚の紙の上に描き込んでしまう表現法である。「多視点画法」や「多面投影法」は幼児だけの表現方法ではなく、セザンヌが静物画を描く時に用いた技法やキュビズムのものでもある。これらは自分の体験したことや見たことの時間的経過を自分なりに物語としてまとめて描いているという意味で、先のリュケなどはこれらを「**絵物語**」と呼んでいた。

　このような絵を見たとき、一体何を子どもたちが表現しようとしているのかわからない時がある。特にトシオの絵は、雑然とした配置で描かれているためにこの絵についての解説がなければ理解することは難しい。それはわれわれ大人が絵を描いたり、観たりする時に持っているものとは幾分違う視点で子どもたちが絵を描いているからである。規範的な表現様式にもとづいた

絵画で使われているような、一つの視点を固定させて空間を表現するという、大人にとって馴染みのある表現方法では容易に理解することができないものである。

　図11-8のうち三つの描画について、それぞれ何が描かれているのかと、彼らが描いていった順番をＶＴＲ録画をもとにいくつかの段階に分けてみていくことにする。このＶＴＲの映像記録から彼らがどのようにして「**絵物語**」を作り出していったか、また最終的に一枚の絵として描かれたものの中にどのような対象が重ねて描かれていったか、その「痕跡」を明らかにすることができる。彼らの「絵物語」の作成は決してばらばらではなく、物語としてのまとまりを作りながら描いている可能性がある。このことも制作過程の分析から明らかにすることができる。

　分析結果を結論として先に言えば、彼らは一枚の紙の上にたくさんの出来事を重ねて描くという多層的表現を行っており、その表現順序は決してでたらめではない。一枚の紙の上に描かなければならないという制約の中で如何にして自分たちが一日の中でたくさん経験したことを、いわば「物語」として再現しようとした試みの結果である。絵物語として日本の絵巻物のような手法を取ることができない場合の次善の方法として、彼らは出来事を一枚の紙の上に多層的に表現しているのであり、物語の表現という視点からするとよく工夫された方法でもある。

　まずは、アイの絵についてみていく。アイの完成した絵には、表11-2のようなキャプションが貼られていた。先述したようにこれはアイが描画の直後に保育者に絵の内容を説明し、そのお話を保育者が書き取ったものである。このお話はアイが描かれているもの一つひとつを指差しながら保育者に行ったものである。これだけをみるとアイの絵は物や場面を一つひとつ描いていったもので、時間的な表現は希薄であるようにみえる。

表 11-2
アイの絵のキャプション

> これ2つともすべりだい。
> これはプレッピーのもってきたかご。
> これブランコ。これはき。
> これはふとん。これはおほしさまと
> くも。よるになってきてちょっぴり
> くらい。これはH園。
> これはキャンプファイヤーしているところ。
> これアイ。これはたいよう。
> これはゆうごはん。これはほうちょで
> ちょきちょきしているところ。これはかぜ。

　しかし、描画の過程をみてみると、アイの絵を時間表現であると考える根拠がみえてくる。図11-9（1）〜（3）はアイの描いた内容を3つの段階に分けてみたものである。アイは最初に「お泊まり会」で寝る準備と夕食、そしてその後に行われた花火（図11-9（1）②）と図11-9（2）の⑤のキャンプファイヤーを描いている。これらは夕方の出来事であり、時間的にまとまっている。次の図11-9（2）になると、⑥から⑩までは公園でブランコや滑り台で遊んだことを描き、⑪園舎でH園に帰ってきたという順番で描いている。これらの出来事は日中のことである。つまり時間の順番としては図11-9（2）が先に起きていたことである。そして最後に図11-9（3）では、夜の肝試しで見つけた宝物（⑬）と、その時の暗さを表すための星や雲などが描かれている。表11-2では保育者に説明する都合上、絵の中で目についたものから順に描かれたものすべてを説明していったのかもしれないが、実際に絵を描いている場面をみてみると、アイの絵は「夕方の出来事」「日中の出来事」「夜の出来事」という三つの時間的にまとまりのある場面が重ねて描かれたものであることがわかる。

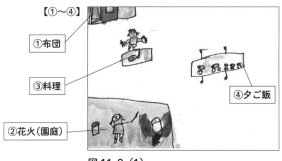

図 11-9（1）
アイの描画過程（1）

図 11-9（2）
アイの描画過程（2）

図 11-9（3）
アイの描画過程（3）

このように、一見すると一枚の紙の上に描かれているものは順番も配置もでたらめに描かれているように見えるが、絵を描いていく過程を分析していくと、アイにとって一日の中で楽しかったこと、印象深かったことがまとまって描かれていることが分かる。

図 11-10（1）～（3）のモモカの絵、そして図 11-11（1）～（3）のトシオの絵では彼らが体験した出来事の描き方がやや複雑になっているが、決してバラバラに描かれることなく、いくつかの時間的まとまりを持って描かれている点ではアイの絵と同じである。モモカの場合は、図 11-10（1）で、公園で遊んだ後、午後になって幼稚園に戻ってみんなで近くの銭湯に行ったこと、その後就寝の準備をしたことが先に描かれている。図 11-10（2）では、夜の肝試し、そして図 11-10（3）では午前中の公園でブランコ、滑り台で遊んだこと、そして翌朝の朝食のことが描かれている。このように実際の出来事の時間的経過通りではなく、子どもが印象深かったこと、楽しかったことが描かれている。

モモカが描画で印象深かったこと、楽しかったことを表現していることは、描画について保育者に話している場面でも確認できる。表 11-3 は、モモカの絵につけられていたキャプションである。これはモモカの絵に関するモモカ自身のお話を保育者が書き取ったものである。しかし実際にモモカが完成した描画について保育者に説明する場面では次の事例 11-1 のようなやりとりがされていた。

表 11-3
モモカの絵に関するお話

まずねるじゅんび。 しろいやまのすべりだい。 おふろにはいってからだあらって プレッピーから腕輪をもらって あさごはんたべてブランコをして おわった。

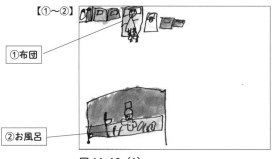

図 11-10（1）
モモカの描画過程（1）

図 11-10（2）
モモカの描画過程（2）

図 11-10（3）
モモカの描画過程（3）

§2 子どもの内的イメージと知的写実性

事例11-1　描画についてのモモカの説明

　保育者が「説明してください。」というと、モモカは、「まず寝る準備」と、絵の左上部分を指差しながら答える。その後、右下の黒く塗ってあるあたりを示しながら、「プレッピーの判子のこういう腕輪とかもらって、月のこういう紙（肝試しのスタンプ帳）が…」と話し始め、肝試しの思い出を描いていない部分まで語りだしたので、保育者は「それは絵に描いてあるの？」と言って仕切りなおす。
　その後、保育者が「これは？」と言って、「滑り台」（図11-10（3）の⑥）のあたりを指した後、「次どこ教えてくれる？」と促す。その後、モモカはゆっくりと、「しろいやまのすべりだい」「おふろにはいってからだあらって」「プレッピーから腕輪をもらって」「あさごはんたべて」「ブランコをして」と話し、自分の描いた絵に関する説明を終えた。

　事例11-1の中でモモカは、布団（図11-10（1）の①）の部分を指差しながら「まず寝る準備」と説明した後、肝試し（図11-10（2）の③）の部分を指差しながら、「プレッピーの判子のこういう腕輪とかもらって、月のこういう紙が…」と言って、絵に描かれていないことも思い出しながら詳細に説明しようとしている。ここでモモカが言っているのは、肝試しで指定の場所に行くとご褒美の腕輪が置いてあったことと、そこで指定の場所に行ったことを証明するために月のマークの判子を押したことである。しかし、モモカの絵には、腕輪らしきものがテーブルに置いてある様子は確認できるが、判子のマークまでは描かれていない。それをみてとった保育者が仕切り直したために、モモカはそれ以上肝試しの説明を続けなかった。そして、その後に保育者の質問に答える形で滑り台（図11-3（3）の⑥）についてコメントし、後は表11-3のようなコメントになったのである。
　つまり、本来のモモカがしようとしていた描画の説明は、画面右下に大きく描かれた肝試しについて、絵を手掛かりにしつつ描かれていなかった具体的なことも含めて思い出を振り返るようなものであったのではないだろうか。また、単に描いたものが何かを説明しただけの滑り台の説明に比べて、肝試しや銭湯（図11-10（1）の②）の説明では「腕輪をもらった」「体を洗った」という行為や出来事に言及しながら説明している。そしてそれらは早

い段階で描かれ、画面に占める割合も大きい。滑り台やブランコが最後に、余白に描かれていることも、モモカの描画の中で、銭湯や肝試しの優先順位が高かったことの証左であろう。

　描画の過程や完成した絵、そしてそれに関する説明の発話から、モモカにとっては、銭湯に行ってみんなでお風呂に入ったことや、肝試しをしてご褒美の腕輪をもらったという「お泊まり会」の午後の出来事が強く印象に残っており、この午後の時間を中心に描画が組み立てられていることがわかる。このように、子どもは描画の中で、客観的な空間や時間にとらわれず、自分にとって重要なことや思い出深い出来事を中心にして、自己の内的な時間を表現しているのである。同時に、モモカが絵をみながら肝試しに関するより具体的な思い出を語ろうとしたように、子どもは自分で描いた絵をみながら思い出を再構成しているとも考えられる。

　図 11-11（1）～（3）のトシオの絵は、はじめの図 11-11（1）では公園で遊んだことや、展望台に登ったこと、そして夏祭りのビアガーデンのために置かれていたビアサーバーの機械など、珍しかったものを描いている。次に描いたのは図 11-11（2）の部分で、夜になって幼稚園の庭で楽しんだ花火と（⑩、⑪、⑯）、その前後に公園にある噴水（⑫）や花壇（⑮）を描いている。図 11-11（2）では幼稚園の夜の花火と昼の公園の出来事が混在して描かれているが、後の図 11-11（3）になると夜の花火や植木で作られた恐竜（⑰）のことを描いている。このように必ずしも出来事の時間順序通りに配置されてはいないが、あくまでも描く順番も自分にとって印象として強く残っていることをまとめて描いており、彼らなりに意味を持った順番で絵物語を作り出していることが分かる。

　このように、公園での思い出を中心に友達や花火など様々なものを画面いっぱいに描いたトシオだが、絵に関する説明はあまりしていない。トシオの絵とともに貼られていた紙に書かれていた説明を表 11-4 に示した。トシオが実際に話している場面をみても、これ以上のことは言っておらず、お話だけでトシオが絵にどんな意味を込めたのかを知るのは難しい。しかし、描画のプロセスの観察から、トシオの絵は、公園での散策と夜の花火という2つ

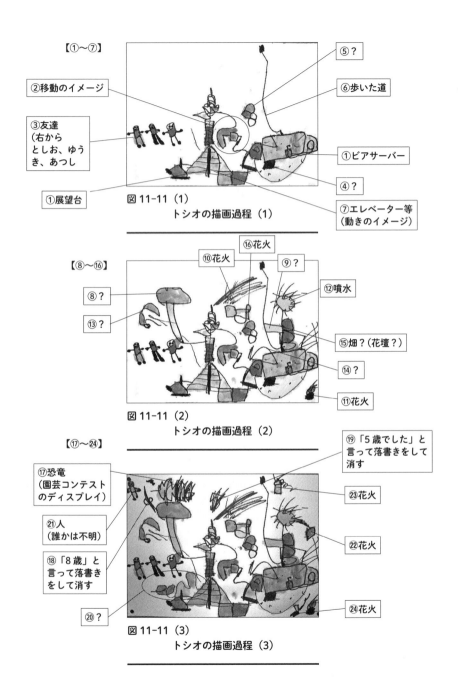

表 11-4
トシオの絵に関するお話

てんぼうだい。とうきょうタワーみたい。 あおいのとしお。ゆうと、あっち キャンプファイヤーたいちょう。

の時間が重ね合わされたものであることと、いくつかの線はトシオ自身の移動のイメージを表していることがわかる。

　ここまでみてきたように、幼児の絵には複数の出来事や光景が重ねて表現され、本来は複数の紙に描かれるべきものが一枚の紙に重ねて描かれており、そこには多層的な表現の形式が用いられている。子どもたちの絵は彼らなりの表現行為と意図にもとづいたものであることがよく理解できる。あるいは、子どもたちは絵を描く対象の空間配置や絵としての空間構成を優先させることはない。従って、彼らはまだ描いていない余白があるとそこに想い出したことを描き込んだり、自分が描いた絵から触発されて、次に描くべきことが出てくるといった幾分即興的な描き方になっている部分もある。もちろん、そこで描かれているのは子どもたちにとって描くべき優先順位がつけられたものである。

　メルロ゠ポンティは「表現と幼児のデッサン」（1969）の中で次のように言う。幼児や一部の芸術家が描こうとしていることの「目標はわれわれの視線や、潜在的にはわれわれの触覚やわれわれの耳、それに偶然性や運命や自由についてのわれわれの感情をふるわせる限りでのこの対象やこの光景とのわれわれの接触の痕跡を紙上に記すところにある。必要なのはある証言を沈殿させることであって、情報を提供することではないのだ」（邦訳 pp.122-123）。要するに、自分が体験したこと、感動したことを絵画として表現することが表現行為の本質であり、それは決して視覚的に共有可能なことだけを目指した規範的な表現手段である平面遠近法で表現することが目的なのではない。

　子どもたちがこれらの描画によって表現したいのは、自分たちの行為や経験の**運動イメージ**、そして、それらを束ねた「出来事」の**時間イメージ**であ

る。これが人間のイメージの本質であり、根源である。幼児の描画はまさにこの人間の根源的な表現行為の原型である。ここから幼児の描画に含まれる時間表現の問いが出てくる。

§3　出来事としての経験とその表現

　ここで見てきたいくつかの幼児の描画は空間の表現ではなく、彼らが体験したこと、出合った出来事を表現したものであり、いわば彼らの生活の中で起きている時間（**カイロス・タイム**）の表現でもある。彼らの時間表現には時間と時間の間（要するに出来事の間）に別のことが挿入されていたり、自分にとって大きな意味を持たない出来事は省略されたりしている。われわれ大人はこのような出来事を言語化し、記憶の形で表象化するが、このような中で起きている変形の過程も同じである。ドゥルーズは運動や出来事についてわれわれが持ったもの（イメージ）は時間イメージの形になっていくことを指摘していた（1983, 1985）が、それと同じように幼児が体験したことは彼らなりの時間イメージとして再構成されている。この時間イメージは描画という形の表象によって表現されている。時間イメージは運動イメージから完全に独立してはいない。相互作用を起こしている。時間イメージも具体的な形を取って展開される運動や出来事とそれらのイメージに支えられている部分があるからである。特に幼児の場合は、具体的な出来事や事物との関わりによって自分たちの時間イメージを具体化していることが多い。

　子どもたちは動きの軌跡をそのまま描くことで彼らの時間の流れを具体的に表現しようとする時がある。先に紹介したトシオの絵が典型的である。図11-11（1）の②や⑦にあるように、公園を移動した様子や、展望台にエレベーターで登った時のことをそのまま移動の軌跡として線で表現している。それ以外にもたくさん自分が動いた様子を動線で表している。自分の移動は形としては残らない。しかし、運動としてたしかに空間の中を動いたことは自分の経験として残っている。見えないものを見えるようにするのは表現の

主要な役割であり、また目的である。

　もう一度、メルロ＝ポンティの「表現と幼児のデッサン」（1969）を取り上げてみよう。彼は次のように言う。

> 　幼児はその「絵物語」において、物語の継起するいくつかの場面を結びつけてただ一つの像にしたり、背景の恒常的な諸要素を一度だけしか描かなかったり、あるいは物語のある瞬間にふさわしい登場人物たちの態度の一つ一つを一度に描いたりするが（中略）時間を一連の並列的な時点と考えている「合理的」な成人の眼には、こうした物語は隙間だらけで理解しにくいものに見えることであろう。だが、われわれが生きている時間に従うなら、現在はまだ過去にふれ、過去を手中に保持し、過去と奇妙な具合に共存しているのであって、絵物語の省略だけが、その未来へ向かってその現在をまたぎ越してゆく歴史のこの運動を表現しうるのである。それは「多面投影法」が対象の見える諸局面と見えない諸局面との共存を表現したり、対象がしまいこまれている家具のうちに、その対象の秘めやかな現存を表現したりするのと同じようなことなのだ（1969，邦訳 pp.123-124）。

　このようなメルロ＝ポンティの問題意識は彼の「時間論」とも繋がってくる。彼は時間の問題を『知覚の現象学』の第3部・時間性の中で詳しく論を展開している。ここで次のように言う。「＜出来事＞というのは、客観的世界の空間的・時間的全体のなかから有限な観察者によって切り取られてくるものなのである」（1945，邦訳 p.307）。これは少し分かりにくい文章だが、要点を述べると、時間というのは自分の活動と切り離された物や**出来事**それ自体にあるのではなく、あくまでもこれらの物に対して自分自身が関わりをもっているものから生まれるというのである。それでは時間は意識なのかというと、彼はそうではなく、あくまでも物との関わりの中で生まれてくるという。時間を物や出来事という客観にも、そして意識という主観の中にも求めることはできないのである。

このように、子どもは描画表現の中で自らの体験を描くという時間的な表現を行う。そしてそれは、自身の体験を振り返り、記憶を再構成して再び自身の中に位置づけなおす活動なのである。描画に限らず、子どもの表現活動で育まれるものは、表現技法や創作意欲といった、表現活動そのものに関わるものだけではない。自らの体験を自分自身の印象や価値観をもとに再構成し、自分や他者に表現するという、人間の記憶やコミュニケーションの根本的な部分の基礎を育てるのもまた、表現活動なのである。

文献

ドゥルーズ，G. 1983 シネマ1＊運動イメージ 財津 理・斎藤 範（訳）2008 法政大学出版局．
ドゥルーズ，G. 1985 シネマ2＊時間イメージ 宇野邦一他（訳）2006 法政大学出版局．
Dewey, J. 1934 *Art as experience*. New York: Perigee Books.
エング，H. 1931 児童の描画心理学 深田尚彦（訳）1983 ナカニシヤ出版．
ガードナー，H. 1980 子どもの描画―なぐり描きから芸術まで― 星 三和子（訳）1996 誠信書房．
片岡杏子 2016 子どもは描きながら世界をつくる―エピソードで読む描画のはじまり― ミネルヴァ書房．
ケロッグ，R. 1969 児童画の発達過程―なぐり描きからピクチュアへ― 深田尚彦（訳）1998 黎明書房．
リュケ，G. H. 1913 子どもの絵 須賀哲夫（監訳）・吉田博子他（訳）1979 金子書房．
メルロ＝ポンティ，M. 1942 行動の構造 滝浦静雄・木田 元（訳）1964 みすず書房．
メルロ＝ポンティ，M. 1945 知覚の現象学1 竹内芳郎・小木貞孝（訳）1967 みすず書房．
メルロ＝ポンティ，M. 1952 間接的言語と沈黙の声 粟津則雄（訳）2002 木田 元（編）メルロ＝ポンティ・コレクション4・所収 みすず書房 38-129．
メルロ＝ポンティ，M. 1964a 眼と精神 木田 元（訳）2002 木田 元（編）メルロ＝ポンティ・コレクション4・所収 みすず書房 165-226．
メルロ＝ポンティ，M. 1964b 見えるものと見えないもの 滝浦静雄・木田 元（訳）1989 みすず書房．
メルロ＝ポンティ，M. 1969 表現と幼児のデッサン 木田 元（訳）2001 木田 元（編）メルロ＝ポンティ・コレクション3・所収 みすず書房 118-126．
大場牧夫 1996 表現原論：幼児の「あらわし」と領域「表現」萌文書林．

第12章 幼児、ロボットと出会う：保育におけるICTの可能性

　昨今の情報通信技術（ICT）の進歩は目覚ましく、それらの技術を用いた機器は、現代のわれわれの生活においてほぼ不可欠なものになっている。そのような情勢を受けて、近年、中等・高等教育だけではなく、初等教育や幼児教育、保育のなかでも子どもとICTとの関わり方やICTを用いた教育・保育のあり方が盛んに議論されるようになっている。

　このICTと教育との問題に関しては、様々な対象があり、課題も多く提起されている。コンピューターゲームの是非、スマートフォンの使用、タブレット端末や電子黒板の活用の仕方、メディアリテラシーに関する教育のあり方など、現在の教育・保育問題の中でも中心的なもののひとつであろう。

　ICT技術の進歩の中で注目すべき分野のひとつとして、ロボットの開発がある。昔はロボットと言えば工業や作業用の機械が主であったが、近年では、SONYのAIBOやSoftBankのPepperなど、人間との交流や対話を目的としたロボットも多く作られ、子育てや介護での利用の可能性も模索され始めている。そういった問題を踏まえ、本章では、ロボットと幼児とのインタラクションに注目する。人とロボットとの関係はどういった特徴を持っているのか、何をもたらすのかといったことを事例から分析し、その中から見えてくる保育におけるロボットの可能性について議論していきたい。

§1　ロボットがどこまで「人間」であるべきか

（1）心を感じるということ

　人は生命体である。それは物質とは区分される。その前提にあるのは、生命と物質は相容れない、対立する概念として我々が持っているからである。工業用ロボットをはじめ、最近登場している夏目漱石を擬したアンドロイドも、金属、ゴムやプラスチック、金属という物質である。ロボットや人工知

能の開発で一般的に目指されるのは、より人間に近いものである。人間らしい見た目、話し方、発話への対応、発想の飛躍などである。あるいは、人間ではなく昆虫や魚、犬などの動物でも良い。とにかく、既存の動物の特徴を分析し、それらを忠実に再現しつつ、動物の持つ環境への対応力も持たせることがロボット研究の中での大きなテーマとしてあるだろう。われわれが人型ロボットや犬型ロボットなどに対して「すごい」と感じるのも、そのロボットがいかにモデルである動物をリアルに再現しているかを目の当たりにしたときであろう。それらを実現するには高い技術水準が必要であり、目指すべき目標、技術力を測る指標としては有効なものであろう。

　これらの「リアル」は、あくまで生物と機械を区別した上での感覚である。しかし、われわれはふとしたきっかけから、ロボットを機械の塊、物質とは見なくなるときがある。その典型は人型ロボットの完成形である「鉄腕アトム」である。そうなると、生命と物質とを区分している私たちの「常識」に揺らぎが起きてしまう。

　それでは、どうして人は機械という物質に生命を持ったものと感じ、受け止めてしまうのだろうか。機械に生命を感じてしまうのは、決して稀なことではない。あるいは機械のようなものに魂を入れてしまおうとする発想を人間は持ちたがるとも言える。人は人間の代替えを可能にするものを創り上げて、そこに人間と同じような魂、あるいは生命を与えることをしてきた。人間は自らの手で、人間と同じような働きをする物質を作ろうとした。このようにあえて物質に生命を与え、人と物体の間の境界を壊そうとしようとしてきた一方で、人は物質とは隔たるものだという矛盾する発想も持っている。そこでは、「**アニミズム**」という考えで、生命と物質とは違うという「有機的な生」を保持しようとした。

　アニミズム（animism）は人間の原始性として生物・無機物を問わないすべてのものの中にアニマ（霊魂、もしくは霊）が宿っているという考えである。人間は理性的に発達していく中で、「**アニミズム的思考**」は減少していくと説明されている（例えば、ピアジェ）。幼児から児童への発達に伴って、全てのものに心があるとする考えから、自発的な運動をするものに心がある、

そして最後には心があるのは人間と動物だけであるというように変わっていくという訳である。だが、このような説明は正しいのだろうか。例えば、幼児はしばしば特定のぬいぐるみや物を手許に持ち続け、それらを愛着の対象にすることがある。このような「移行対象」となった事物に生命を感じているかは疑問である。いわば一種の「お守り」と同じようにしていることが多い。あるいは、幼児はぬいぐるみや人形を自分の子どものようにして扱い、時にはミルクを飲ませるといった遊びをすることがある。この時も、子どもは単にママゴト遊びとして使えるモノとしているだけで、そこに生命を感じることはない。モノを別な意味を与える表象としているだけである。

また、従来のアニミズム的思考に関する発達論では説明できないものに、かつて SONY が開発・販売した犬型ロボットの AIBO に大人が愛着を持ち、ペットと同じように扱い、盛んに声をかけたり働きかけたりしていたという社会現象がある（ちなみに 2006 年に生産中止になった AIBO は、2018 年に新型の犬型ロボット aibo としてリニューアルされた）。そうなると、アニミズム的な思考は児童期からは消えるということでは説明できなくなってしまう。この種のアニミズムを使った説明は、対象に対して人が持つ思考様式だけを問題にしており、人が対象とどのように関わっているのかという視点が欠落している。幼児がロボットをどのように受けとめ、またどのような相互的関わりを持とうとするのか説明ができない。

人がロボットに生命を感じることについて、アニミズムとは違った説明をするのに、「**生気論**（vitalism）」がある。アニミズムと生気論の違いは、アニミズムは生物を霊魂があるかどうかで区別するという発想で、具体的には生物が自分で生きて、成長していくこと、感覚を持ち、思考をするという能力を持っているとするものである。これに対して、生気論は個体に魂や心があるかどうかを問わないで、個体を構成しているものが物質であったとしても生命原理のもとに動いているかどうかということである（山口, 2011）。

生気論では「生命原理」の条件として、対象を構成している物質が自然法則にしたがっているということで、まさにロボットは「生命原理」の条件を持つことになる。人がロボットに対して生命を持ったもののように受けとめ

るのは生気論からすると当然のことになる。ロボットに限定しないで、人間を生気論の立場からまさに人間機械論を唱えたのはデカルトである。デカルトの『情念論』(1649)はまさに人間の身体を機械の動きとして説明している。例えば、デカルトの『情念論』では、情動変化は動悸や血糖値などの身体的変化となって表われ、これらが「動物精気」と呼んでいるものに反映していく。そして、この動きが脳内の「松果体」に変化を伝え、情動反応を感知していく。このように、機械として人間の情動の振る舞いを説明している。「松果体」はいわば理性の中枢で働くもので、人間の自由意志がここで展開されている。ここでは、人間を理性的存在、あるいは精神というものを身体機械とは区別する唯心論を考え、唯物論と唯心論の二元論がある。生気論では、ロボットに私たちが生命を感じるのは不自然なことでないが、どうして、私たちの思考様式はそうなるのだろうか。このことが説明されなければならない。問題は生命か非生命かではなく、そこに記号という役割があるかどうかということである。相互行為を開始することを可能にするものがロボットにあるかどうかが問題なのである。

　それでは私たちが物質に生命という意味を与え、相互行為が可能だと感じるのには何が必要なのだろうか。実は、それは物体の側にあるのではなく、私たちがある条件が整った時に物質に意味を与えてしまうということである。このことを坂本は『機械の現象学』(1975)の「人造人間」で、人間は自然や社会をシステム化して秩序づけを行い、さらに人間は自分自身をシステム化していくと言う。そして、このシステム化された自己をモデルにしながら対象を見ていく（p.286）。ここがポイントである。そして、最近、郡司は『内部観測』(1997)の「適応能と内部観測」で、生命を情報機械として理解すること（ここではロボットのことを想定してみる）は、それを観察する側の人間がシステムとしての情報機械と類似していることで推論するという「擬似的解決」をしているからだと言う。もちろん、そこには自分が持った理解の枠組みでアナロジーとして成立ができるかどうか、共通性を持ったものと見なすという創造的な解釈が必要である。

　このような理解の仕組みを考えてみると、動いたり、話したりするロボッ

トと人間との関係性は人と人との関わりとも、モノと人との関わりとも違った独特のものである。岡田（2010）は、物事の理解には二つの仕方があると言う。われわれがロボットの動作をみたり発言を聞いたりした時、われわれはその動作や発話は設計者があらかじめ設定したプログラムによるものであるということを、少なくとも理屈の上では理解している。このように何かの出来事に対して、それが自然法則やプログラムによるものであり、意志の介入は存在しないという対象理解の姿勢を「設計的な構え」という。この「設計的な構え」は特に技術者や研究者にとってはごく普通の視点であるし、そういった専門知識を持たない大人でさえ、人工物の動作は人間が設計したものであるということは承知している。その一方で、ロボットと対話し関わっていると、いかに理屈の上で理解していようとも、動作や言葉の裏に、ある種の意図を感じ、それに応答しようとしてしまう。こういった、出来事に対して意図を感じ取り、その意図を探ろうとする対象理解のあり方を「志向的な構え」という。この「志向的な構え」は普通、対象が物体や自然現象である時にはあまり起こらず、動物や人間に対しては強く起こる。岡田によれば、ロボットとは、接する人間にとって、「設計的な構え」も「志向的な構え」も取り得る、幅を持った存在である。さらに言うならば、生物とは違ったモノとしての身体を持ちながら、自ら不規則に動いたり、人間の問いかけに様々な反応をするなど、モノとしての性質と生物としての性質の両方をわれわれに提示する存在であり、モノに極めて近いが人格を感じさせる他者であると言える。

(2) 人間とロボットとのコミュニケーション

非有機的なもの、つまりロボットに対して人間に特有な有機的生を感じるのは応答している時であり、もっと正確に言えば、応答的であると私たちが受けとめた時である。

例えば、先に挙げたAIBOに関して言うと、AIBOは必ずしも完成されたロボットではなく、人間の働きかけに複数の単純な応答をするだけであるが、逆にこれが人間からの積極的な関わりを引き出し、愛着を引き出し、生

命的存在になっている。AIBO が十分に応答的でないことがかえって人間の方で AIBO の動作を様々な形で解釈・推論し、AIBO の行動に意味を与えている。

　人とロボットの関わりを考えた時に、ロボットをより人間に近づけることが不可欠な条件ではないことが、岡田（2014）の「む〜（Muu）」というクリーチャー（仮想生物体）や「ごみ箱ロボット」、あるいは小嶋（2014）の「キーポン」といった、いずれも不完全なロボットの振る舞いから分かる。

　「む〜」は目が一つで、手足もなく、「むー、む」と声を出す程度だが、むしろ明確な応答をしないからこそ、人に「何を言いたいのか？」と意味の推測や解釈を促すし、「む〜」がモノをつかめないのであれば、人が取ってあげるという行動を刺激してくる。「ごみ箱ロボット」も同じで、子どものそばに来て箱型の姿を屈める動作をする。この動作が子どもにロボットがごみを入れて欲しいという解釈を促し、子どもがごみをごみ箱にいれるとこのロボットは「ペコリ」とお礼の動作をして、周辺を動き回る。これだけのやり取りだが、明らかに意味のある応答関係を生み出している。応答性は子どもの側の推論と解釈が生み出している。小嶋の「キーポン」も、人の視線に合わせて目の動きや身体動作で反応するように作られた雪だるま型のロボットであるが、人型ロボットのような複雑な身体動作はしない。だが、この「キーポン」は、アイコンタクトや共同注意によって子どもの注意を誘い、子どもとキーポンとのコミュニケーションを促すことを可能にしている。キーポンは柔らかいシリコンゴムで作られており、生物的な触感を持ち、キーポン自身が自然な動きをするように作られているのが特徴である。具体的には、キーポンはうなずき、首振り、頭を傾げる、上下に伸縮をするといった複雑な動きをする装置で作成されている（図 12-1）。キーポンの本体は高さおよそ 12 センチの黄色い色をしたロボットだが、キーポンの顔には二つの小型カメラやマイクロフォンが装着され、またこのロボットが乗っている下の筒の中には多数のモーターとワイヤによって複雑な動きを可能にしている。キーポンとその内部の装置は次のようになっている（図 12-2）。

　このような装置によって、子どもがキーポンの方を見ると、キーポンは子

図 12-1
キーポンの本体とパソコンによる操作画面

図 12-2
キーポン内部の装置

どもの方を向いてまさにアイコンタクトや同じ対象を一緒に見ているという共同注視を行っている。また、キーポンが上下に伸び縮みしたり、傾けるといった反応をすることで、興味を示したり、楽しいといった感情を示すことで、子どもとの間で情動の共有が生まれている。しかも、これらの動きがスムーズで、機械にありがちな動きに伴う機械的な音がほとんどしないのも大きな特徴である。人の動きにはメカニックな動きと音はないからで、ここでもキーポンはまさに本論でも述べた人の動きや反応と同じような振る舞いをするという生命原理のもとに動くことを実現している。これが人にキーポンを単なる機械的なロボットであるという印象を超えて人らしさを感じさせている。小嶋はキーポンと保育園児との関わりを長期間にわたって観察を行い、子どもたちがキーポンに絵本を見せたり、言葉を教えるといった積極的な関わりをキーポンが誘い出していることを明らかにしている。

　ここで取り上げた「む〜」や「キーポン」という単純な造形のロボットと人間との関わりをみて分かることは、コミュニケーションの土台には、視線や注意の共有から相手の意図を推測したり、解釈する行為があるということである。「む〜」や「キーポン」は、ロボット自体が複雑なやり取りをするのではなく、むしろ単純化することによって人間側からの視線や注意の共同、行為を誘い、かつそれを支えることで、人間との関係を結んでいるのである。岡田（2012）の言う「弱いロボット」という考えは、ロボットの動作や発

話が不十分なところを人間の側から意味を見出し、共有していこうとする行為を始めてしまうということである。このような不十分さは、複雑な応答装置を組み込んだロボットよりも人間の積極的なコミュニケーションを誘発する。このような例は、応答的な関係が成立する条件として人には関わろうとする意思があること、相互行為を誘い込むようなロボットに必要なものが何であるかを示唆してくれる。

ミリカンは『意味と目的の世界』(2004)で、動作として表現したものは単にその意味を記述することを表す「記述的側面」だけでなく、相手に行為として行うべきことを示す「指令的側面」を持っているという。彼女が行為として持っている記号の働きを「**オシツオサレツ（pushmi-pullyu）記号**」と呼んでいるもので、行為にはオシツ面、つまり記述的側面とオサレツ面、指示的側面の二つの意味を同時に表しているということである。例えば、動物を例にしてミリカンが述べているのは、ウサギの危険—足叩きは、ウサギの危険を記述するものであるが、同時に近くにいるウサギに隠れるように指令をするということである。人間の場合だと、岡田の「ごみ箱ロボット」では、「ごみ箱」が周りを動き回っている様子を人に与える（記述的側面）、かつ、同時に、このロボットの動きは「ごみ箱」に入れることを人に指示する。もっと言えば、このロボットの動きを見た時に、人がこの指示的側面を意味として持ってしまう。ロボットの側からすると人にごみを入れるという動作を誘い込むのである。この場合、「ごみ箱ロボット」と人の行為の間ではギブソンの言う「**アフォーダンス**」が成立している。

ロボットと人とがどのような相互的関わりが可能になるかを考えていく時に、ロボットからどのような「指示的側面」を人が感じるか、ロボットに何か関わろうとする「誘い込まれてくる」ことを人が持っているか否かが重要な視点である。つまり、人間と同じようになるような対話機能や身体的応答を実現しようとして複雑な装置を実装させたロボットを前にした時、人はロボットが示す「記述的側面」を受けとめようとする受動的態度を持ってしまう。いわば指示を待つ状況が生まれてしまう。だが、実際は、ロボットには人間と同じような応答が困難な状況が多々ある。そのような状況に直面した

途端に、人はこのロボットは不完全な機械であり、どう関わったらよいのかが分からないと感じる。逆に、「**弱いロボット**」は、ロボットとどのように関わればよいか「指示的側面」を人が推し量ろうとする方向に向かわせる。ミリカンの言う行為、ここではロボットが出す「記述的側面」と「指示的側面」の同時提示は幼児とロボットの関係を考えていく理論的視点を提供している。

　つまり、人間や動物のコピーとしてのロボットではなく、人間とも他の生物とも違った知性や独特のコミュニケーションの形式を持つ者としてロボットを位置づけ、ロボット単体のスペックや知能だけを考えるのではなく、人間との間に起こっていることをみることが重要なのである。

　そのような他者とのコミュニケーションで重要になってくるのが、お互いの間での意味の共有である。そしてそこで決定的な役割を果たすのは「モノ」ではなく「コト」である。岡田（2010）は「コミュニケーションでは『コト』という側面もある。コミュニケーションを支える場であるとか、関係性であるとか、そのダイナミクスは『コト』としての側面もある」（p.215）と述べ、人とロボットとの関わりが可能になるためには「コト」としての場が生まれてくることが必要であると指摘する。こういった「コト」を共有し、コミュニケーションの背景を共有することで、「モノ」の"意味"を共有していくことになる。この"意味"は辞書的、命題的なものではなく、個人と個人の間で共有される、あるいは完全には共有されていなくても、お互いの意思を伝えあい、理解するための媒介として機能するものである。

　こういった、「コト」の共有の中でお互いの間で意味が生成されていき、関係性の変化をもたらして新たな「コト」を生むという枠組みは、人間同士のコミュニケーションの中では当然のように起こっていることであるが、その内実やもたらされるものはお互いの関係性によって異なった独自のものである。そうであるならば、人間とロボットとの関係性もまた、人間同士の関係性とは違ったものを生み出して然るべきであるし、むしろその独自性を肯定的に捉えることによって、人間とロボットがコミュニケーションを取ることの意義が見えてくるのではないだろうか。

そして、そういった問題を子どもの心理発達という側面からみていくことによって、保育の中にロボットやコンピュータを取り入れる意義や、その際に考えることのヒントが得られると考えられるのではないだろうか。

ここからは、ロボットと幼児の関わりの事例をみながら、その中で何が起こっているのか、発達という観点からどのように考えることができるのかを述べていく。

§2 ロボットと子どもの交流：他者理解や共感の本質を知る

ロボットと子どもとの関わりをみるための例として、実際の保育の現場にロボットを入れてみた佐藤らの研究（一部は佐藤・長橋, 2018）を紹介し、そこから見えてくるものを考察していく。

この研究はヒト型ロボット・Naoと保育園児とのインタラクションを主に各保育室における遊びの場面を中心に観察、記録を収集したものである。観察期間は、年長児を対象にしたトライアウトとして3回（2015年1月、2月、3月）の観察実験を1か月に1回のペースで各約1時間半程度行った。その後、本調査の観察として年長児（5歳）、年中児（4歳）、そして年少児（3歳）を対象にして2015年5月から1か月に1回のペース計8回の観察実験を行った。この本調査の観察では年長児に対しては継続して8回(5月、6月、7月、8月、9月、10月、11月、1月）の観察を行い、その前後であわせて数回の回数で年中児、年少児の観察も行っている。本調査の年長児を対象にした観察では、およそ1時間半前後の観察を行った。年中、年少児の場合は、1時間以内の範囲で観察を行っている。ここで年長児とNaoとの関わりと年少児、あるいは年中児と年少児とNaoとの相互行為展開の違いを比較することが可能になっている。全ての観察は3台のビデオカメラで撮影・記録された。1台は固定カメラで全体の様子を撮影し、2台のカメラは二人の観察者が手持ちカメラでインタラクションの様子を観察・記録した。この間、保育士が同席して、必要に応じて子どもたちへの言葉かけなどを行っている

が、基本的には子どもたちとNaoとの自由な関わりを尊重している。Naoに関しては、発話や動作の制御を人の手で行うWizard of OZ（WOZ）法を用いていて、ロボット操作者が離れた場所から無線で操作を行っており、AIでの制御は行っていない。

観察実験は基本的には各保育室で行ったが、各保育室における幼児とロボットとのインタラクションの前に、毎回、ホールで保育園児全員が集まって子どもたちの前でNaoが発話や動作を演じて見せるという場面をおよそ20分間程度設定している。このことから保育園児たちはNaoとの関係をより親密にする機会となっている。

ここで登場してくる子どもたちの名前はすべて仮名にしてある。本人の顔が特定できるものはプライバシー保護のために画像を加工している。まずはトライアウトのデータである、2015年1月から3月の事例をみていく。

(1) 子どもとロボットが遊ぶまで

1月22日にNaoが保育室に訪れた当初には、子どもたちの方からはNaoに関わろうとはしない様子がみられた。次の事例は、そのような様子がよくみられるものである。

事例12-1　Naoに話しかけられない子ども

子どもたちはカプラ（すべてのピースが同規格の積み木）で遊んでいる。Naoが歩き出すと、ナミはNaoを指さしながら「わ、見て見て見て、動いてる」と言う。しかし、すぐに手元に視線を戻し「こわいこわい」と呟きながらカプラを積んでいく。Naoが「こわい？」と聞くが、はにかんで答えない。保育者が「『こわい？』って」とナミに言うと、「ちょっとこわい」と答えるが、続けて「だって崩れたら、けっこう大きくしたから…」と言う。保育者は「こっち（カプラ）の話かい」と言う。

この事例の中でのナミの発話は、保育者との会話が主であった。また、Naoの問いかけもあるが、それに対して子どもはすぐに答えない。みかねた保育者がNaoの質問を改めて子どもに伝えるが、子どもはNaoではなく保

育者に対して答えている。ここでは保育者が子どもたちとNaoとのコミュニケーションを取り持とうとしているがうまくいっているとは言えない。子どもたちにとって離れてみている分には珍しく楽しいロボットではあるが、自分たちの遊びのなかに入ってくるとなると、どう接したらよいかわからないようであった。動作に注目している点からも、嫌悪したり無関心であったりするわけではないが、慣れない他者への戸惑いを感じているようであった。次の事例12-2、事例12-3にもそれは見てとれる。

事例12-2

「何してるの？」

Naoが「みんな、何してるの？」と聞くと、ナミは保育者に対してカプラを振ってみせる。それに対して保育者は「教えてあげて」と言う。ナミは照れたように「ちょっとユリコちゃん」とユリコにじゃれつく。さらに保育者が「教えてあげて」と促すと「カプラって積み木」とNaoに教える。その後、Naoは「楽しそう」と続けるが、ナミは目を逸らしてカプラ積みに戻る。

その少し後、ナミは「カプラよりも違うのやった方が」と言う。保育者が「Nao君に見せてあげたいもの無い？」と言うと、ナミは「これやろ、トランプ」と提案する。保育者が「言ってあげて」と言うとナミは「モトミさん（保育者）に言ってる」と言って、Naoに直接話しかけなかった。

ここでもやはり子どもたちはNaoと関わることについて、戸惑いや恥ずかしさを感じている。もちろん、子どもたちはNaoの動きなどをよく見ており、してみたい遊びを上げていることからも、Naoに興味を持っていることがわかる。しかし、それと同時にNaoとどう関わって良いかわからないのである。Naoを嫌ったりしているわけではないが、そのままでは一緒に遊ぶというのは難しい。どうしたら良いかわからないというのはNao（Naoを操作している人）も同様であった。Naoは園での子どもたちの遊びなどについてはよく知らないために、遊びを提案することは難しい。そうなると、子どもの方から遊びを提案してもらう必要がある。しかし子どもの方もNaoのできることや、性格や好みをつかみかねていて、どのような遊びを提案するべきかわからない。観察の最初の30分程度は、このように子どももNao

も双方ともになかなかうまく動き出せないという状態であった。

　ここまでは、Nao の働きかけに園児は答えられないし、園児は Nao にどう働きかけたらよいかわからない状態であった。しかし、『妖怪ウォッチ』の話をきっかけに、保育者を介さない園児と Nao との関わりが出てくる。

事例12-3　『妖怪ウォッチ』の話

　子どもたちが『妖怪ウォッチ』について話していたのを Nao が聞き、「『妖怪ウォッチ』？」と話に入ろうとする。そこで保育者がナミちゃんに「知ってるか聞いてごらん」と促す。促されてナミちゃんは「『妖怪ウォッチ』知ってる？」と質問し、それに Nao は「ジバニャン（『妖怪ウォッチ』の看板キャラ）」と言い、知っていることを示した。その後も少し『妖怪ウォッチ』の話が続き、Nao がキャラクター名を挙げ、子どもがそのことについて話したりしていた。

　ここで園児と Nao は『妖怪ウォッチ』というアニメのキャラクターについて少し話しただけであった。しかし、その少しの話を通して、園児にとって Nao はよくわからないロボットという存在から、共有可能な話題を持った存在になったと考えられる。ここで、園児と Nao との間で「コト」の共有が起こったと考えられる。そう考えると、園児と Nao との間のコミュニケーションの土台は、ここからつくられ始めてきたと言える。

　こういった土台があることによって Nao の発話への園児の対応が徐々に変わっていく。次の事例 12-4 は、事例 12-3 の後、少しずつ Nao と話した園児たちが、事例 12-2 と同じ「何してるの？」という問いを Nao から向けられたときの対応である。

事例12-4　再び「何しているの？」

　ナミとユリコがパズルをしていると、Nao がそちらに近づいていく。ユリコがそれを見て「ねぇ、こっち来たよ」とナミに言う。するとナミは「あ、Nao 君」と Nao に笑いかける。そして Nao が「何してるの？」と聞くと、ナミは「パズル。この『ワンピース』の」と答

えて、完成図が書いてある箱をNaoの方に向け、ユリコもそれを受け取ってNaoに見せる。Naoが「『ワンピース』？」と聞き返すと、「あの、着るワンピースじゃなくて…」とナミが説明し、Naoが「海賊のやつ？」と促すと、ナミは「ん？　何だって？」と聞き返す。そこでユリコは「海賊のやつ？　だって」とナミに言う。Naoがもう一度、「海賊？」と聞くと、ナミは「ちょっと違う」と答える。

　ここでのナミとNaoとの会話は、何をやっているのかというNaoの問いにナミがパズルと答え、補足として絵柄についても教え、その絵柄についてのNaoの質問や確認に対しても答えていくという形になっている。また、ユリコも一緒にNaoとのコミュニケーションを取っている。

　やり取り自体は非常に簡潔なものであるし、話題も特に変わったものではないが、先に取り上げた事例12-1や事例12-2の様子からみると、大きな変化が見て取れる。ここでのナミとユリコの様子は、事例12-1や事例12-2のように保育者を介していてさえ恥ずかしがっていた状態に比べると、格段に親密さが増している。ナミが自分からNaoに話しかけ、微笑みかけ、質問と応答のやり取りをし、ユリコもそのやり取りに加わりながらNaoと関わっている。この変化は、事例12-3のようにNaoとの直接的なコミュニケーションを行い、話題を共有できたことが大きく影響していると考えられる。

　このように、Naoに慣れた頃、園児たちはトランプを始める。観察者らもNaoがどのようにトランプに参加できるのか分からなかったので、特に働きかけや補助などもできず、とりあえずNaoをトランプが行われているテーブルに着かせた。Naoも「見ているだけ」「できないけどね」と言うが、園児たちはNaoを遊びに引き入れようと工夫をし始める。

事例12-5　Naoを遊びに加えようとする

　子どもたちはテーブルに着いてトランプのババ抜きを始める。少しすると、ナミは「Nao君にも一応、配っておくか」と言って、カードをNaoの前に置いていく。そこでNaoが腕を上げ、手を開くと、ユリコが「持てるかな？」と言いながらカードを差し出す。ユリコが差し出したカードをNaoが持つと、ナミは「持った！　すごい」と喜ぶ。相変わらず子ども同士でカード交換をしていたが、Naoが「これ使わないの？」と言うと、ナミは「使うよ。

ちょっと貸して」と言ってカードを引いていく。保育者が「Nao君何か持ちたいって」と言うと、ナミは新しいカードを持たせる。少ししてまたナミがカードを引き、新しいカードを持たせようとして「手、開いて」と Nao に言う。

事例12-6　Naoと子どもたちがトランプで遊ぶ

　1ゲームが終わると、Nao が1枚より多くのカードが持てないかを子どもたちが試し始める。ナミが「5枚くらい持てたらみんなとやれると思う」と言って、持たせてみようとしながら「でも1枚引くときに手、放しちゃうからさ」と言う。Nao は5枚のカードを持つことができた。保育者が「1個だけ引くのは難しいかもね」と言うが、ナミは「ちょっとカナちゃん、抜いてみて、1枚」とカナに言う。カナが Nao のカードを1枚だけ抜くことに成功すると、ナミは「できた！じゃあ、Nao 君も一緒にできるじゃん」手を叩く。そして「Nao 君、できるよ、もう」と言葉をかける。

　ここで園児たちは、「見ているだけ」と言いながらそばにいた Nao にカードを持たせてみたり、それができたら持っているカードを引いて、あたかも一緒にババ抜きをしているかのようにゲームを進めていく。そして、「5枚くらい持てたらみんなとやれると思う」と言ったり、カードを放さず1枚だけ抜き取ることが可能なのかを試したりして、積極的に遊びに加えようとしている。これは、カプラ遊びをしながら Nao を遠巻きに見ていた事例12-1の頃とは全く対照的である。すでに Nao は子どもたちにとって、異質な戸惑いの対象ではない。もちろん、子どもたちは Nao が自分たちとは違った存在であることはしっかり理解している。それは、カードを持たせる枚数を考えたり、抜き取ることができるのかを試したりしていることからも明らかである。同じ人間の子どもにそういったレベルでの探りを入れることは無い。その点では、親しくなった上でも、Nao はあくまでロボットであり、人間とは異質な存在であることを、子どもたちは十分に承知しているのである。しかし同時に、そういった異質性を踏まえた上で仲間に引き入れたいと思う

からこそ、Nao には何ができて何ができないのか、一緒に遊ぶにはどういう工夫が必要なのかを考えているのである。

　ここまでに取り上げた事例は1月のものであるが、その1か月後の2月に2回目の観察を行った。その際には、担任の保育者が休んでいたためか、園児たちは少し緊張している様子がみられた。Nao との関わりについても最初は消極的であった。観察者に、「積み木渡してみなよ。持つかもしれない」などと促されても、照れているような様子をみせてなかなか近寄ろうとしない。その様子は、事例12-1 の様子とよく似ていた。しかし、そんな中でも、Nao と「コト」を共有した経験は子どもたちと Nao との関係性を変化させていた。

事例12-7　　積み木を持たせてみる

　ユリコは保育者に促されて、Nao に積み木を渡すことになったが、ナミが「じゃあ二人で行こう」と言って手をつないできたので、ナミと手をつないだまま Nao の前に行き、上向きに開いている手に積み木を乗せた。ナミが「はい、良いよ、持って」と言うと、Nao は指を閉じて積み木を持つが、手首を返して指を開き、積み木を落とす。それをみてナミは「あ～、落ちちゃった。あ～、落として何か作ろうとしてるのかね」と言いながら Nao に近寄ってもう一つ積み木を渡す。子どもたちは Nao に積み木を持たせたまま積み木遊びを続けつつ、子ども同士で話をし、時折はさまれる Nao の質問に答えたりしていく。

　この事例の中では、ナミが Nao に積み木を手渡した後に「はい、良いよ、持って」と声をかけたり、子ども同士で話したりしつつも、Nao の質問に答えている様子がみられた。また、積み木を落とした Nao をみて「落として何か作ろうとしてるのかね」と、Nao の意図を考え、新しい積み木を渡している。これは前述した岡田の言うところの「志向的な構え」であり、相手を意志あるものとみなし、その意志を探ろうという関わり方である。こういったことから、子どもたちは Nao を単なるロボットではなく、心を持った存在のように受け入れていることがみてとれる。

　一方で、ここでの観察では、それ以上 Nao との関わりが展開せず、子どもたちは Nao の前で積み木や人形を使って建物や家を作るという活動に終

始した。これは、保育者が違うことによる子どもの微妙な気持ちの変化や、Naoとの関わりが1か月空いたことによる戸惑いもあるだろうが、行われていた遊びが積み木遊びであったことも理由の一つだったと考えられる。積み木遊びに必要なのは、積み木をつかむことだけではなく、つかんだ積み木を適切な位置に合わせ、力加減を調整して置くことである。そういった繊細な動作はNaoには難しく、積み木を置いたり並べたりする遊びには参加できなかったのである。

さらに1か月後の3月に行われた観察で、子どもたちは、最初からNaoを持ち上げたりして積極的に関わっている。子どもたちは、保育者に「Nao君と何したい？」と聞かれ、トランプのババ抜きをやることになった。

事例12-8　再びトランプ遊び

ナミがトランプを持ってくると、子どもたちはNaoと一緒に、床に車座になる。引いたり引かれたりの順番が多少あいまいだが、子どもたちはNaoからカードを引いたり、Naoにカードを渡したりしながらババ抜きを進めていった。途中で年中児が来て、年長児とNaoとのトランプをみていく。

この事例の最初の時点で、子どもたちは1月（事例12-5、12-6）にNaoとトランプで遊んだことをしっかり覚えており、子どもたちにとってババ抜きは、Naoと共有が容易な「コト」として機能している。ルールの厳密な把握には欠けるものの、カードを持ち、子どもに引いてもらうことが可能で、Naoが引くときには、その代わりにカードを1枚渡せば良いということがわかっているので遊びは比較的スムーズに進んでいく。

ゲームが終わった後に、子どもたちは「次何する？」と言い合い、Naoにも「何したい？」と聞くが、ナミは「遊びの名前知らないかもしれない」と言ったり、ミカが「Nao君、何ができるんだろう？」と言ったりしながら、Naoにできそうなことに合わせて、次の遊びを話し合っていく。

ここでは、ババ抜きを一緒にしたという「コト」の共有が、別の遊びもできるかもしれないということを考えるために重要な役割を果たしていると考

えられる。それと同時に、Nao にできることとできないことが遊びを通してみえてきたことで、遊びを考える際にも「Nao 君、何ができるんだろう」という視点から考えることにつながっている。

そして次の遊びはすごろくということに決まった。

事例12-9　サイコロ振れるかな

ナミがすごろく盤とコマ、サイコロを持ってきて、子どもたちは自分のコマを決める。Nao にも希望を聞き、Nao は星形のコマを使うことになった。

保育者が試しに Nao の手にサイコロを乗せてみると、Nao はサイコロを掴み、手首を返しながら指を開いて、サイコロを振ることができた。保育者と子どもたちは歓声を上げながら手を叩き、すごろくが始まる。Nao の手番からとなり、サイコロを振ると1の目が出た。ナミは Nao のコマを1つ進めた。

この事例で子どもたちは、Nao にできる動作に関して予想しながらゲームを選んできている。そして、サイコロを振れることを確認するとゲームを始めた。さらに、ナミはごく自然に Nao のコマを動かしている。Nao が小さいものを拾い上げたり、モノを所定の位置に置くことが苦手だということを、ごく自然に理解し、補助を買って出ているのである。

ここでみられた子どもたちの様子は、年少児をお世話するお姉さんそのものであった。保育園という、0歳児からの子どもがいて、その中での年長（5歳児クラス）という立場の彼女たちではあるが、遊びたい気持ちは年齢相応である。そこにできることに制限がある他者——今回の場合は Nao ——が入ってくることは、本来ならば足手まといができて避けたい事態であると考えられる。しかしここで彼女たちは、そんな様子はまったく見せず、ごく当たり前のように Nao への配慮と積極的な援助を行っている。

このような子どもの行動がみられた理由のひとつには、短いながらもこれ

までNaoと共有してきた「コト」の積み重ねがあるだろう。ロボットであるNaoには、当然できることとできないことがある。しかし、その中でできることを最大限に利用し、できない部分は他の子が補えば、Naoと一緒に遊ぶことができることを子どもたちは経験してきたのである。このような「コト」の経験とNaoと遊びたいという気持ちが、事例12-9のすごろく遊びを成立させているのである。

　事例12-9の後、Naoとのお別れ（その日が最後であることは伝えてあった）ということで、子どもたちは鍵盤ハーモニカで『キラキラ星』を演奏してNaoに聴かせた。ロボットに演奏させるのではなく、Naoに演奏を聴かせてあげたいという子どもたちの中では、Naoはモノとしてのロボットではなく、友達としてのロボットであったのであろう。

(2) Naoと共有できる遊び：できることとできないこと

　ここからは、2015年5月以降に観察された、年長児（5歳児）クラスと年少児（3歳児）クラスでの様子について取り上げていく。

　年長児たちは、Naoとは保育園児全員が集まったホールでの経験も3回ほどしていることもあって、保育室でNaoと最初に対面した時も積極的に話しかけ、関わりを持っている。例えば、5月に観察された次のような会話である。

C（幼児）：好きな食べ物は？
Nao：リンゴかな。
C：散歩できる？
Nao：できるよ。
C：歩いているものね。
　　︙
C：ようかい体操できるの？
Nao：まだできないんだ。
C：前、やってたよ。

Nao：覚えてないな。

　この後、子どもたちは積み木のカプラを Nao に持たせて一緒に積み木遊びを試みるが、前述したように、Nao は積み木を持つことはできても積むことは難しく、Nao 自身が「難しい。見てる」と子どもに発言している。それで子どもたちは Nao は積み木を一緒に作ることができないと判断して、そばで地下鉄と駅、家を作り、その様子を見ながら、Nao が質問し、子どもが答えるというやり取りを続ける。その後、子どもたちは新しい遊びを提案する。

C：ジェンガ（バランスゲーム）やろう。
Nao：やろう。できるかな？
C：「できるかな」だって。
Nao：（積み木を持つ）
C：持ったね。ここに置いて
Nao：（うまく積めない）
Nao：できなかった。

　ここでは、Nao は積み木をうまく積めないため、子どもたちとの遊びに参加できず、話しかけたりする程度の関わりしかできなかった。だが、子どもたちは Nao に積み木を持たせてみたり、新しい遊びを提案しようとして、Nao と遊びを共有しようという動きをしていることが分かる（図 12-3）。
　1 か月後の 6 月には、積み木で一緒に遊ぶことは難しいと判断したのか、年長女児が Nao に絵本を読んで聞かせていた。一人の女児が Nao に絵本を読み聞かせていると、他の女児も別の絵本を持ってきて、長い時間、読み聞かせをしていた（図 12-4）。
　Nao が話を聴くことができることを前提にしたものである。さらに、隣にいる女児は Nao が絵本に目を向けてきちんと聴いているかを確かめて、Nao の視線を気にしている。ここで Nao が故意に視線をそらす仕草をするが、

図 12-3
積み木(「ジェンガ」)遊び

図 12-4
Nao に絵本読み

図 12-5
お手玉を教える

図 12-6
あやとりを教える

すかさず女児は Nao に絵本に視線を向けることを促す指さしの動作をしている(図 12-4 中の丸で囲んだ部分)。

　7月以降の数回の場面では年長児たちは Nao に「あやとり」を見せたり、「お手玉」で一緒に遊べるかどうかを試みている。Nao も「あやとり」を試み、女児が遊び方を教えることをしている。このように、子どもたちは Nao とどのような遊びが可能なのかを探しながら、積極的に関わっている。年長児は継続して Nao と関わる中で、相互行為の可能性を実感している(図 12-5、図 12-6)。子どもたちは Nao との遊びとして、子どもたちが知っていることを教えるという形で関わることをしている。

11月になると、年長児・女児たちはNaoと「カード当てゲーム」で言葉による相互行為遊びを行っている。子どもたちはNaoにカードを持たせ、その絵柄をNaoに答えてもらうという遊びである。その中では以下のようなやり取りが繰り返された。

C：「（この絵は）何だ？」
Nao：「にわとり」（わざと間違う）
C：「違う。羊。見えるでしょ」（笑いながら）

　子どもとNaoは会話のアドリブを楽しんでいる（図12-7）。子どもたちはNaoがカードの絵を見て、そこに何が描かれているのかを分かっていることを前提にして、会話のやり取りをしている。子どもたちはNaoとは言語的やり取りが十分に可能であること、そのレベルでは自分たちとの違いを感じていないことが分かる。
　年長児はNaoとは他の子どもと遊んでいるかのような印象を持ちながら相互的な関わりをしている。いわば一緒に遊ぶことができるロボットとして位置づけている。年長児はNaoが動きとして表現したことを記号レベルで意味的に共有できる存在として捉えている。人間が相互行為として展開しているのは基本的には言語による記号的意味である。その意味では、年長児はNaoと十分に関わっていくことが可能になっている。
　ところが、年少児はNaoとはこのような言語的記号で関わることをしていないことが数回の観察を通して見られる。年少児は図12-8のようにNaoに一方的に積み木を握らせる行為を繰り返し行うだけで、相互行為的発話は一切出さない。記号以前の世界の身体レベルでしか関わることができない。意味は本来は具体的な経験を基礎にしていることを考えると、年少児のNaoとの関わりはこの身体レベルの経験という意味の原初的なものにこだわっているとも言える。逆に、年長児の場合は、Naoとは経験を共有していることを捨象して、言語記号とその意味レベルで相互行為をしているとも言える。人間とロボットの関わりの可能性はこのレベルで可能になっていることを示

図 12-7　「カード当てゲーム」

図 12-8　年少児の Nao の関わり方

すものである。

§3　ロボットの中にある「弱さ」とその意味

　以上にみてきたように、子どもたちと Nao は遊びという「コト」を通して交流しながら、仲を深めていった。それは言い換えれば、意味を共有できる場での相互のやり取りによって関係を深めていったということである。この共有は、当初は保育者の仲立ちにより可能であったが、それでもなおぎこちないものであった。しかし、『妖怪ウォッチ』の話やパズルを見せるやり取りを通して、Nao と「コト」を共有する可能性を園児たち自身が感じ、少しずつ Nao の発話に答えられるようになっていった。それと同時に、Nao に対して話しかけたり遊びに誘ったりし、さらには一緒に遊ぶためにどうすればよいのかを考えるようになっていった。そこには人型ロボットの Nao の中に人格を見出し、自分たちの仲間に引き入れようとするという関係性の形成がみられた。
　ここで取り上げた子どもたちと Nao が共有した遊びは、子どもたちと Nao が共有する「コト」として有効に働いたと考えられる。
　子どもたちが Nao と一緒にやったトランプ遊びのババ抜きは、カードを

つかむ、カードを引く、揃ったら捨てるという比較的単純な動作で構成されていて、何ができればそれらしく遊べるかということが考えやすい。また、すごろくにしても、サイコロを振ることとそれに従ってコマを進めるという構造の遊びであり、複雑なやり取りは必要とされない。「カード当てゲーム」にしても同様である。そして、そういった構造の単純さゆえに、Nao が遊びに加わるためにはどのようなことができればよいのか、できないことに関してはどのように代替すればよいのかということを焦点化して考えることができたのだと考えられる。それに際しては、子どもたちの方で、Nao の手の動きを確かめたり、「できる？」と聞いてみたりしながら、細かい動作に関しては子どもや観察者がフォローすることで一緒に遊ぶことが可能になった。そのように考えると、積み木をつかめても積むことができない、あるいは持たせてもらわなければつかめないという、不器用さの露呈は子どもたちに失望を与えるというよりは、一緒に遊ぶために必要な手助けやルールのアレンジを子どもたち自身が考える手掛かりになったと位置づけることもできる。

こういった不器用さや弱さということに関して、岡田（2012）は、「弱さ」に出会うと、人は相手へ関心を持ち、意思を推測し、何かしらの行為を行っていくということを、「弱い」ロボットと幼児や障害者、高齢者との関わりの中で論じている。そこには、普段は「弱い」者とされ、世話をされる存在となっている人たちが、ロボットに対してはむしろ進んで世話をする側、気を使う側になっている姿が描かれている。これは本章の最初の方で述べた「志向的な構え」でロボットをみるということにもつながってくる。

そういった「構え」を持ち、相手を助けるためには、曖昧にでも「コト」の枠組みを共有している必要がある。遊びの文脈やルールは、子どもとロボットとが共有しやすい「コト」の枠組みであると考えられる。その中では個々の振る舞いや意図は、ルールや役割とともにある程度予測しやすいものとなる。

そして、Nao がそういった「弱さ」を持ったロボットであるからこそ、"子どもが"演奏を聞かせてあげたり、"子どもが"絵本を読み聞かせてあげた

りといった、子どもがロボットのために何かしてあげるという行為を引き出せたのである。これは、人間がロボットを利用し奉仕させる、という人間とロボットとの間に本来想定される関係とはまったく逆の関係性である。

　大型の商業施設などでの案内ロボットであるなら、ここでみてきたような、ゆっくりとした「コト」の共有の積み重ねによる関係性の形成などは求められないだろう。そこで求められているのは、客が情報を得るための道具としての完全性だろう。ましてや、人間の側からロボットに何かしてあげるということなどあり得ない。せいぜい定期的に整備をするといった、道具の手入れが関の山である。一方で、家庭や保育施設、福祉施設などで、そこにいる人たちと関わり、仲間として過ごすようなロボットに求められるのは、人間ができないことの補助ももちろんだが、いかにしてそこにいる人たちの言葉や行為を引き出し、色々な「コト」を共有するかである。場合によっては、後者の役割の方が、そこに生きる人にとってずっと重要になるかもしれない。そういった観点からすると、遊びという「コト」は、人とロボットとが「コト」を共有する際の有力な足掛かりであると考えられる。

　異質性や「弱さ」を受け入れ、協同するための方策を探っていくことは、人間関係の根源の部分である。乳児期や幼児期の初期には、子どもは圧倒的に助けられ、配慮される側である。しかし、発達に伴って、配慮されるだけの存在ではなく、自律し、今度は年少者を助ける存在としての役割も求められるようになる。そういった幼児期の発達の中で、異質な存在であり、ある点では人間より「弱い」ロボットと関わることは、異質性と「弱さ」を認識し、その上で一緒に過ごすにはどうしたらよいかを考えるという、他者を理解し受け入れるときの基本的な考え方をクリアにしてくれる。

　年長児と年少児との Nao に対する関わり方の違いにも注目しなければならない。ドゥルーズが『差異と反復』（1968）、『意味の論理学』（1969）で指摘しているように、人間が意味世界を生成していく過程には、まず、身体・運動レベルの経験があり、この経験内容を言語的意味として抽象化していくことがある。意味の内実をつくっているのはこの下位の「深層」と上位の言語的意味世界の「表層」で、二つは互いに依存する関係になっている。年

少児は Nao とは言語的な関わりをしないで、もっぱらモノを Nao の指で捕まえさせることを繰り返している。子どもたちは Nao の身体動作として指でモノを掴むことができることを知っているからである。年少児は Nao とは身体レベルで関わることに終始している。これはいわば人間の意味世界の原初形態である。もちろん、Nao もこのような年少児の動きに対して言語で応答することはできないので、子どもが与える積み木を指で挟むことで応答する。

　年少児に見られるロボットとの関わり方は、ロボットと人間との間でどのような行為が互いに誘発されていくかを考えた時に、一つのあり方を示唆してくれる。例えば、岡田が言う「**弱いロボット**」の「ごみ箱ロボット」や「む〜（Muu）」は身体レベルで人間の行為を誘発し、相互行為を始めていくきっかけをつくっていた。ドゥルーズの「深層」の世界こそが人間が持つ意味世界の原型をつくっているとすると、ロボットと本来の経験に根ざした意味を共有していくことの限界を示している。人間とロボットは違った身体を持っており、世界への関わり方そのものが違うのである。

　年長児は、人間の中にある言語による記号的意味世界とその意味体系という「秩序」を使ってロボットと関わっている。いわばリアルよりもヴァーチャルな世界でのロボットとの共生の形である。それはロボットにとっても可能な相互行為のモードではある。

　最後に、ロボットと幼児の遊びから保育、教育の現場での子どもたちと保育者・教師との関わりに一つの示唆を与えていることを指摘しておこう。保育の現場では、幼児、特に年齢の低い子どもは保育者に向かって身体動作で自己の意志や願望を伝えていくことが多い。ミリカンは、動作として表現されたものには意味を記述する「記述的側面」と相手にして欲しいことを示す「指令的側面」の二つがあることを指摘していたが、この二つはワンセットとして働いており、しかもこれはウサギの親子の間で展開されていることを述べたものであった。生きているものが持っている原初的な行動様式と言ってよいものだろう。それは人間も同じように持っている。人は行為が持っている指示的側面、あるいは関わりを誘い込んでくるものを敏感に身体で感じ

取っている。そのことを鯨岡は複数の著書で、保育の現場で子どもと保育者の間で生まれる「接面」、つまり、子どもと大人が間主観的、両義的、相互主体的に関わり合っている場や状況で子どもの出す行為を適切に意味として感じ取ることの重要性を指摘していた（例えば、鯨岡、2016）。鯨岡が使っている事例としてこういうものがある。保育者が午睡で子どもを眠りに誘うために子どもに添い寝をしていると向こうの方でもう一人の子どもが上半身を起こして保育者にまなざしを送っている。保育者はこの子が「先生、きて、ぼくもとんとんして」という思いを持っていたことを察知して、「わかったよ、もうちょっと待っててね」という思いを無言で頷いてみせたのである。鯨岡が観察した保育者と子どもの間の一瞬の間で起きている注意の共有、そして意図の共有と同じことは、前のところでもみた小嶋の開発したキーポンがみせる注意の情動の表出で、身体レベルでの共同性を実現しているのである。これらの場面ではまさにミリカンの言う「**オシツオサレツ**（pushmi-pullyu）**記号**」が身体レベルで展開されていたのである。保育者が子どもとの間で豊かな関係を築き、子どもの成長を支えていくための最も小さな保育実践の単位はここにある。それは決して言葉だけによるやりとりではないということであり、またこれを可能にしているのは子どもと保育者との関わりの蓄積、つまり関係の歴史である。

　教育や保育にICTを取り入れるというとき、単に便利な道具としてだけではなく、機械が持つ人間に対する「弱さ」に着目し、「弱さ」との関わりを通して、人間関係の根本にあるものを問い直すという位置づけも有効なことではないだろうか。そして、経験の共有を通した人間関係の発達に独特の形で寄与する「他者」の一つとして考えてゆくことが必要だろう。

　ここで紹介した子どもたちとNaoとの関わりにはそういう示唆が含まれている。

附記：キーポンを実際にデモンストレーションしていただき、さらにキーポンの装置の内部を見せていただいた小嶋先生に感謝致します。また、小嶋先生からはキーポンの写真の掲載についても快諾をしていただきました。

文献

ドゥルーズ，G. 1968 差異と反復 財津 理（訳）1992 河出書房新社.
ドゥルーズ，G. 1969 意味の論理学 岡田 弘・宇波 彰（訳）1987 法政大学出版局.
デカルト，R. 1649 情念論 谷川多佳子（訳）2008 岩波書店.
郡司ペギオ幸夫 1997 適応能と内部観測 郡司ペギオ幸夫・松野孝一郎・レスラー，O. E. 内部観測・所収 青土社 98-200.
小嶋秀樹 2014 ロボットのやりとりに意味が生まれるとき 岡田美智男・松本光太郎（編著）ロボットの悲しみ──コミュニケーションをめぐる人とロボットの生態学・所収 新曜社 101-121.
鯨岡 峻 2016 関係の中で人は生きる：「接面」の人間学に向けて ミネルヴァ書房.
ミリカン，R. G. 2004 意味と目的の世界 信原幸弘（訳）2007 勁草書房.
岡田美智男 2010 コミュニケーションと感覚価値 鎌田東二（編著）モノ学・感覚価値論・所収 晃洋書房 209-221.
岡田美智男 2012 弱いロボット 医学書院.
岡田美智男 2014 「ともに」あるロボット 岡田美智男・松本光太郎（編著）ロボットの悲しみ──コミュニケーションをめぐる人とロボットの生態学・所収 新曜社 1-37.
坂本賢三 1975 機械の現象学 岩波書店.
佐藤公治・長橋 聡 2018 人型ロボットは幼児と遊ぶことができるか：精神と物質の二元論を考える 北海道文教大学論集，19，25-36.
山口裕之 2011 ひとは生命をどのように理解してきたか 講談社.

発達の心配がある子どもとその保育

　学校教育には特別支援教育が導入され、個々の教育的ニーズを把握し、子どもの持てる力を高め、生活や学習上の困難を改善又は克服するための適切な教育を通じて必要な支援を行うことが求められてきた。同時に、保育の場では、早期療育の重要性から、早期発見と早い時期からの適切な支援が必要とされている。文部科学省は「通常の学級に在籍する発達障害の可能性のある特別な教育的支援を必要とする児童生徒に関する調査」(2012)において、全国の通常学級に発達障害が疑われる児童生徒が6.5％いると推計し、支援が必要とされながら配慮がなされていない児童生徒がいる実態を明らかにしたが、保育の場においても同じような現状が起きていることが推測される。

　発達障害とは、子どもの発達の途中に問題が生じた状態をいう。主に、言語や認知、運動、社会性などの発達に遅れや偏り、歪みが現われる障害である。その障害は、程度は軽度から重度まであり、その症状の現れも多様である。また、幼児期は「子どもらしさ」と発達障害の区別がつきにくく、特に障害の程度が軽度の発達障害の場合は、軽度であるがゆえに、理解されにくいこともある。

　保育の場では、発達に心配があり病院を受診したとしても「発達障害の疑い」などとされ障害の判断が難しい子ども、また、保育者にとって「なんとなく気になる行動をする」、「人との関わりが気になる」など対応が難しいと感じられる子どもが増えてきているとよく耳にする。近年、保育の場ではこのような子どもは「気になる子ども」と呼ばれ、この子どもたちへの取り組みが大きな課題となっている。その姿の具体例のいくつかを示すと、一対一では落ち着いて過ごすことができるが、集団に入ると落ち着きがなく集団から抜け出そうとする。感情をうまくコントロールできない、友達とトラブルが多い、身勝手と思えるような言動や行動が見られる。また、知的な遅れは見られないのにも関わらず、話題があちらこちらに飛び何を話していたのかわからなくなったり、自分の興味のある話題を相手の反応を気にせず延々と

話し続けたりする。さらには、話し手の言外にある気持ちが全く理解できない場合もある。保育者はこのような「気になる子ども」に対し、その理解や対応に難しさを感じることがある。発達障害のある子どもや「気になる子ども」を理解し、適切な支援を行うことは簡単なことではないが、障害名にとらわれるということではなく発達障害に関する基本的な知識を持っておくことは大切である。ここでは、代表的な発達障害の基礎知識と共に、保育の場において子どもの将来を見通しながらどのような支援を行えばよいのかを考えていく。

§1　発達障害とは

　発達障害は人間の発達期における様々な障害を一つのカテゴリーとして表現したものであるが、定まった定義というのは存在しない。発達障害という言葉は、福祉、教育、行政、あるいは医学などの広い分野において使われているが、何を「発達障害」とするかは共通していないのが現状である。

(1) 福祉・教育・行政における発達障害
　我が国では、2005年4月「発達障害者支援法」が施行され、発達障害とは「自閉症、アスペルガー症候群その他の広汎性発達障害、学習障害、注意欠陥多動性障害その他これに類する脳機能の障害であってその症状が通常低年齢において発現するもの」と定義された。国や地方公共団体の責務として、発達障害の早期発見、早期療育、その他の適切な支援を行うことが明記されている。この法は、これまで知的障害のない発達障害者に対する施策がなかったこと、障害福祉の対象が身体、知的、精神の3障害に限定されていた不合理性を埋めるために作られた法であるので、この法律の定義の中では知的障害は発達障害に含まれず、障害福祉においては、知的障害と発達障害は別の制度で支援されることになっている。

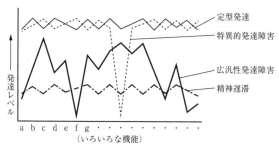

図 13-1
発達障害のパターン

(山崎, 2008)

(2) 医学における発達障害

　発達障害に対する診断には、アメリカ精神医学会の「精神障害の診断と統計の手引き（DSM）」や WHO が発表している「国際疾病分類（ICD）」が用いられることが多い。ここでは、DSM における発達障害の概念について説明する。1980 年に発表され大きな関心を集めた DSM-Ⅲは、1987 年にその改訂版 DSM-Ⅲ-R が出版され、精神遅滞、広汎性発達障害、特異的発達障害（言語障害、学習障害、運動障害）の 3 障害の上位概念が、発達障害とされた。精神遅滞は「全般的な遅れ」、広汎性発達障害は、「広汎な領域における発達の質的な歪み」、特異的発達障害は、「特定の技能領域の獲得の遅れまたは失敗」が特徴であると記載された。これにしたがって発達障害を図式的に整理すると図 13-1 のパターンとなる（山崎, 2008）。

　1994 年 DSM-Ⅳの中では、発達障害という括りは消え、「通常、幼児期、小児期または青年期に初めて診断される障害」というカテゴリーの中に発達障害は含まれている。2013 年 DSM-5 が発表され、神経発達障害という新たな区分が作られたが、この内容はこれまでの発達障害の概念とほぼ重なっている。DSM-5 では、「神経発達障害とは発達的時期に発症する条件を持つ一連の障害である。その障害は典型的には発達早期、しばしば小学校入学前に現れ、個人的・社会的・学業あるいは職業的な機能を損なう発達的な欠陥により特徴づけられるものである。発達的な障害の幅は、学習や実行機能

の非常に特殊な制限から社会的スキルや知能の全体的な欠陥まで幅がある」と定義された（宮川，2014）。この神経発達障害には、知的障害、自閉症スペクトラム障害、注意欠如・多動性障害、コミュニケーション障害、特異的学習障害、運動障害（発達性協調運動障害など）、チック障害群などが含まれる。

§2 代表的な発達障害

(1) 知的障害（精神遅滞）

　これまで、**精神遅滞**と**知的障害**はほぼ同じ対象を指す言葉として用いられてきた。精神遅滞は医学診断名や学術用語として用いられ、知的障害は教育や福祉、法令上の用語として使用されてきた。

　広く用いられてきた精神遅滞の定義は、DSM-Ⅳによるもので、一般的に次の3つの要件を指すことが多い。明らかに平均以下の知的機能であること、適応能力がその子どもの年齢に対して期待される水準より低いこと、これらが、発達期（通常は18歳以下）に現れるということである。知的機能は一般的に知能検査によって得られる知能指数（IQ）が70以下という値が基準となる。また、適応能力については、意思伝達、自己管理、家庭生活、社会的・対人的機能、地域社会資源の利用、自律性、発揮される学習能力、仕事、余暇、健康、安全などの領域において二つ以上の領域で適応行動に著しい困難があるかどうかという点で判断される。

　精神遅滞の原因ははっきりしない場合が多い。明らかな医学的原因が見られる場合を病理型の精神遅滞と呼ぶが、一般によく知られているのはダウン症候群などの染色体異常を原因とするものである。病理的原因には、他に胎生期や出生後の感染、薬物や毒薬などによる中毒、栄養障害、代謝異常、外傷などが挙げられる。原因がはっきりしないのは、生理的原因とされるが、その数は病理型より多いとされ、その障害の程度は軽度のものが多い（五十嵐，2002）。

DSM-5では、精神遅滞は用語改定により知的障害に変更された。また、重症度評価の指標であった知能指数での分類を止め、生活適応能力が重視され、実生活上の困難さが重症度評価の指標とされることになった。それらは主に学力領域、社会領域、生活自立能力領域に関して、それぞれの具体的な状況から軽度、中等度、重度、最重度の判定を行う形になった（杉山他, 2014）。

　知的な遅れは、低年齢であるほど、精神も身体も未分化で全体として機能しているので、幼児の場合、身体の各部分の動きや全身運動、食事行動なども含む全機能の発達状態が知的機能の発達の目安となる。具体的には首のすわり、一人歩き、有意語を話し出すのが遅くなることが多い。保育の中では、言葉の数がなかなか増えない、物事の理解が難しい、保育者の言っていることがわからない、何をしていいのか判断ができずに他の子どもより行動が遅れるなどの様子が見られ、基本的生活習慣の獲得にも時間がかかることがある。知的障害が重度の場合は、乳幼児期に障害が発見されるが、障害が軽度の場合では、学童期まで気づかれないこともある。

(2) 自閉症スペクトラム障害

　これまで自閉症を代表とする社会性の発達障害を示すグループは、様々な広汎な領域の発達の問題を引き起こすという意味で**広汎性発達障害**と呼ばれてきた。自閉症および広汎性発達障害は、ウィング（1996）の3つ組と呼ばれる①社会性の障害、②コミュニケーションの障害、③想像力の障害とそれに基づく行動の障害の3つが基本的な障害とされた。

　社会性の障害は、幼児期の時に親を求めない、目が合わない、集団に入れない、平気でどこかに行ってしまうという特徴的な行動に始まって、人と双方向の交流ができない、興味や感情を共有、共感できないといった社会的相互反応の問題に展開していく。コミュニケーションの障害は、言葉の遅れから始まり、言葉が出てきても相手の言葉を繰り返すエコラリアや同じフレーズを繰り返すような独特の言語表現や会話が困難なことがある。また、比較的言語の障害が少ない場合でも、言葉の意味理解が字義通りの解釈にとどま

り状況との関係での言葉の理解が弱く、比喩や冗談がわからないことがある。想像力の障害とそれに基づく行動の障害は、一般的にこだわり行動といわれるもので、興味の対象がきわめて限られていたり、特定の儀式や順序に固執したり、くるくる回るような常同的な行動に固執したりする傾向がある。この３つの領域の機能の遅れや異常が自閉症および広汎性発達障害の基本的特徴であるが、自閉症および広汎性発達障害のその障害像は多様である。知的能力においても様々なレベルがあり、最重度の知的障害から知的障害がない場合がある。DSM-Ⅳの診断カテゴリーでは、自閉性障害、レット障害、小児期崩壊性障害、アスペルガー障害、特定不能の広汎性発達障害の５つの障害群が広汎性発達障害の下位項目とされていた。しかし、DSM-5では広汎性発達障害と呼ばれていた障害名を、**自閉症スペクトラム**障害と改め単一の障害の連続体と定義した。自閉症スペクトラム障害の診断基準も３つ組から２つ組に組み直され、①社会的コミュニケーションおよび相互関係における持続的障害および②限定された反復する様式の行動、興味、活動の２つの領域にまとめられた。そして②の下位項目に知覚過敏性・鈍感性などの知覚の異常の項目が追加され、知的レベルに関わらず、先に述べた２つの特徴が見られれば、自閉症スペクトラム障害と診断されることになった。なお、こだわりや固執性はみられないが、自閉症スペクトラム障害と共通するコミュニケーションが困難な状態にある場合は、かつては特定不能の広汎性発達障害という診断に分類されがちであったが、DSM-5では、社会的コミュニケーション症と診断されることになった。保育の場において、表13-1のような姿が自閉症スペクトラム障害のある子どもの特徴としてあげられる。

　ウィング（1996）は、広汎性発達障害のある子どもたちの行動を理解するため、表13-2のように彼らの社会参加の仕方を４つのタイプに分けたが、これらのタイプを知り、「障害」という視点からだけでなく、パーソナリティや行動のバリエーションという視点から子どもを理解することも可能である（田中，2004）。

表 13-1
保育の場で見られる自閉症スペクトラム障害のある子どもの姿

社会性の障害	他人への関心が乏しく、よく一人で遊んでいる 視線が合わない・表情が乏しい 人の気持ちを理解するのが苦手
コミュニケーションの障害	話し言葉の発達障害（言葉を発しない、会話が成り立たない） 言葉の理解の遅れ（指示や言葉かけを理解できない） 反響言語（オウム返し）が多い、CMやアニメのセリフを繰り返す 人の表情や場を読むことができない 呼んでも振り向かない 言語的な能力が正常でも冗談や比喩を理解できない
想像力の障害とこだわり	手のひらをひらひらさせる、ぐるぐる回るなど同じ動作を繰り返す 物のにおいをかぐ、感触を楽しむ 特定のものを持つこと、切ることにこだわる 日課や習慣などの変更に弱く、抵抗を示す 物を並べる、展開性の乏しいあそびの反復、ごっこ遊びが苦手
その他	特定の音、光、匂い、感触に過剰に反応する、あるいは鈍感

表 13-2
自閉症スペクトラム障害のある子の社会参加のしかた

社会参加のタイプ	特徴
孤立タイプ	最も多くみられるタイプ。集団から離れ一人でいることが多い。人に興味をもつことがなく、話しかけても反応に乏しく、表情もないことが多い。しかし、無関心な様子の中にも強い警戒心を持っている。
受動タイプ	最も少ないタイプ。他人からの接触を受け入れ、視線も合いやすく、あからさまには他人を避けないけれど、自分から積極的に人と関わることはない。
積極・奇異タイプ	従来アスペルガー障害のある子どもに比較的多いタイプ。人に関心があり、積極的に関わろうとするが、相手の感情や表情を読み取ることは難しいので、関わり方は一方的で自分が関心をもっている話に終始する。うまくいかないと攻撃的になることもある。
形式ばった大げさタイプ	青年期後期以降に見られるとされる。非常に礼儀正しく堅苦しくふるまう。ルールも厳格でマニュアル的な対応を行ない、場面や状況に応じて対処することは難しい。

（ウィング，1996）

(3) ADHD（注意欠如・多動性障害）

DSM-5 では、**ADHD** は行動障害群から神経発達障害群に移動された。原（2014）によると ADHD のある子どもが失敗する原因は、どうすればよいのかを理解していないためではなく、物事の結末を予測して、行動、言語、感情、思考、注意、時間管理の自己管理をするのが未発達なためであり、これらの自己制御機能の発達障害と理解できるという。ADHD の基本症状は

表 13-3　保育の場で見られる ADHD のある子どもの姿

- 椅子に座っていても、手足を動かしそわそわ動いている
- 座っていることを要求される状況でも席を立ってしまう
- 一つの遊びに集中できない
- 外の刺激に反応し、すぐに注意が他に移ってしまう
- 忘れ物や物をなくすことが多い
- ぼーっとしていて人の話を聞いていないようにみえる
- しばしば毎日の活動を忘れてしまう
- 一方的なおしゃべりが止まらない
- 質問が終わらない前に答えてしまう
- 他の子がやっていることを妨害し、邪魔をする

　気が散りやすく、集中力がなく、忘れ物やよく物をなくしたりする「不注意」、じっとしていられず動き回る「多動性」、予測や考えなしに行動を起こしてしまう「衝動性」の3つがある。幼児期においては、多少の多動があってもそれは3歳以下の子どもにはよくあることで「子どもらしさ」と見なされ、子どもによってはわずかに話し言葉の発達が遅いという傾向もあるが気がつかれにくいことが多い。しかし、4歳を過ぎても年齢相応の落ち着きが見られないのが ADHD の特徴である。保育の場で見られる ADHD のある子どもの特徴を表 13-3 に記す。これらの特徴が著しく、また、家庭や保育の場など2つ以上の状況で見られる場合、ADHD が疑われる。ADHD は事故やけがのハイリスク要因となる可能性もあるので注意が必要である。

　ADHD の3つの症状は、成長とともに自然に改善する傾向があり、多動性は8歳前後で収束に向かうことが多いと言われている。大人になっても残存しやすい症状は、不注意の症状で、その症状によって忘れ物をしたり、学習や仕事に集中できなかったりすることがある。一方で、ADHD は周囲の理解と支援の有無によっても症状の経過に影響が出てくると言われている。幼少期から叱責経験や失敗経験のみが繰り返され、自尊感情が低下すること、また、反発心が大きくなることにより基本症状の軽減とは逆に精神的合併症状を示す場合がある（齊藤，1999）。

(4) 学習障害（LD）

　DSM-5 では、「**限局性学習症（SLD）**」に名称変更されたが、我が国は学

習障害（LD）としてまとめて使用しているので、ここでは**学習障害（LD）**として説明していく。

　学習障害とは、「基本的に全般的な知的発達に遅れはないが、聞く、話す、読む、書く、計算する又は推論する能力のうち特定のものの習得と使用に著しい困難を示す様々な状態を指すものである」（文部科学省,1999）とされる。LDは言語性と非言語性の障害に大別できる。LDの発生メカニズムとしては、発生原因として推定される中枢神経の機能障害によって、情報処理能力に偏りが生じるとされる。つまり、視覚情報としての文字や図形などや聴覚情報としての音声言語や音などを入力し（見る・聞く）、その情報を脳で統合・記憶し（処理・統合）、脳で処理・判断された情報に基づいて出力する（話す、書く）に至る情報処理過程のどこかで困難さがあると考えられている。そして特定の学習能力の習得と使用の困難さによって教科学習や生活面での困難が生じることがある（霜田，2010）。症状が明らかになるのは就学後なので、乳幼児期には医学診断は難しいが、保育現場にLDリスクのある子どもは存在する。具体的には、日常動作におけるきわめて不器用な子ども、おしゃべりはできるのに指示が通りにくい子ども、対人関係や行動の問題が前面に出る子どもなどが挙げられる。しかし、これらはLDがあると判断された子どもの乳幼児期を振り返った際の傾向であり、必ずしもLDを予測する要因になるとは限らない（田中，2004）。

§3　子どもの発達アセスメント

(1) アセスメントとは

　子どもの発達を理解し、支援を行っていくために不可欠なのが**アセスメント**である。アセスメントとは、評価、あるいは査定と訳されることが多い。アセスメントは、子どもの発達水準や認知特性などを理解し、支援計画の作成への手がかり、効果の測定など、実際の支援を進めるにあたって非常に重要な役割を果たす。

子どもの発達のアセスメントの方法として代表的なものとして**発達検査**や**知能検査**があげられる。しかしながら、アセスメントを通して子どもを理解する場合には、発達検査や知能検査などのアセスメントツールだけでは不十分である。アセスメントを支援につなげるためには、心理検査だけでは十分に把握できない子どもの情報を収集し、実施した心理検査の結果と統合して解釈していくことが必要となる。すなわち、直接、子どもに対して実施する心理検査だけでなく、子どもの日常の行動を観察して集めた情報や保護者から困っていること（課題の確認）や生育歴、家族歴、これまでの生活環境、終日どのような生活を送っているのか、さらには、コミュニケーションの取り方、接し方のコツ、好きな遊び、苦手なこと、現在や過去に受けてきた支援の確認などを聞き取って集めた情報もアセスメントに必要となる。また、アセスメントは個体の能力の評価にとどまらない包括的なアセスメントが必要である。次に、アセスメントの手段である代表的な発達検査や知能検査、及び行動観察の進め方のポイントについて述べていく。

(2) 子ども理解のための心理検査

　子どもの発達の段階を捉えるために使用されるのが発達検査・知能検査である。発達検査を通して得られた得点を換算し、子どもの発達の速度を年齢で表すのが発達年齢である。発達年齢は、発達の全体を合わせて求められることもあるが、運動、言葉、社会性などいくつかの機能領域などに分けて求められることがある。

　発達の側面のうち、特に知的発達に注目したものが精神年齢である。知的発達は、この精神年齢を実際の年齢（生活年齢）で割って100をかけた**知能指数（IQ）**で表される。

$$知能指数（IQ）＝精神年齢 \div 生活年齢 \times 100$$

　例えば、「5歳でIQ75」ということは「3歳9か月ほどの知的発達をしている」ということを意味している。知能指数は、理論上は平均100であり、

一般的に知的障害を判断する基準は、知能指数70以下とされる。

　発達検査や知能検査は、子どもと検査者が一対一で行う個別式のものが多いが、発達検査の中には、養育者の日常観察に基づいて子どもの発達に関する項目について回答する質問紙方式のものや、検査者が養育者から聴収して子どもの情報を得る間接検査などがある。

① 新版K式発達検査
　発達評価は、通常その年齢において典型的と考えられる行動や反応をもとに、対象児者の行動や反応がそれらに合致するかどうかを評価することで行われる。検査は検査者と子どもが、緊張感が和らぎ信頼関係をとれた状態で、実施手引書に示されている手続きに従い、検査道具を使用しながら行う。検査項目は328項目あり、適用年齢は0歳から成人である。この検査では、子どもの発達を「姿勢・運動（P-M）」「認知・適応（C-M）」「言語・社会（L-S）」の3つの領域、および全領域で発達年齢、発達指数が得られる。また、3つの領域に分けて発達を捉えられるので、領域間の得意・不得意を理解することができる。

② 遠城寺式・乳幼児分析的発達検査法
　この検査では、移動運動、手の運動、基本的習慣、対人関係、発語、言語理解の6領域に分けて子どもの発達を分析でき、評価しやすい検査である。特別な器具や技能がなくても評価できるように作られ、検査結果は、発達グラフに表して、一見して発達の程度を把握できるようになっている。適用年齢は生後1か月から4歳8か月までである。検査項目の一部は、子どもに検査項目の行動ができるかどうか実際に観察する場合もあるが、日常生活における子どもの行動を養育者から聞き取ることで検査が実施できるようになっている。

③ 乳幼児精神発達診断法（津守・稲毛式）
　この検査は、質問紙に書いてある子どもが日常活動できることできないこ

とについて、養育者がチェックする間接検査である。年齢に応じて3種類（1か月～11か月、1歳～3歳、3歳～7歳）の質問紙がある。0～3歳用は、主に家庭生活で示す行動から、また、3～7歳用は、主として幼稚園等における生活場面に即してみていく。対象年齢によって領域は若干異なるが、「運動・探索・社会・生活習慣・言語」の5つの領域で子どもの発達を理解するように構成されている。検査結果は、発達年齢及びプロフィールによって示される。

④ 田中ビネー知能検査

　田中ビネー知能検査はウェクスラー式知能検査とともによく用いられる代表的な知能検査である。対象年齢は2歳～成人である。この検査は、ウェクスラー式とは異なり、一般知能を包括的に測定する。これは、知能を各因子に分かれた個々の能力の寄せ集めと考えるのでなく、一つの統一体としてとして考えるビネーの考えに基づく。年齢ごとに、言語、動作、記憶、数量、知覚、推測、構成などから問題が構成されている。実施の手順としては、子どもの生活年齢と等しい年齢級の課題から検査を始め、一つでもパスができない課題があった場合には年齢級を下げて実施し、全課題をパスできる年齢級の下限を特定する。全課題をパスできた場合には、上の年齢級に進んで、上限を特定する。検査の結果から精神年齢、知能指数を算出する。

⑤ WPPSI知能診断検査

　ウェクスラー式知能検査は、年齢段階に応じて、WPPSI, WISC, WAISに分かれる。WPPSIは、対象年齢は3歳10か月から7歳1か月である。この検査は、全体的な知能水準を示す全検査IQだけでなく、言語性知能と動作性知能の2つのIQを測定する。検査内容は言語性、動作性を測定するいくつかの下位検査から構成されている。個人間差のほかに、個人内の知能の状態像や2つのIQのバランスや下位検査間の個人内での得意・不得意を明らかにすることができる。

⑥ K-ABC 心理・教育アセスメントバッテリー

　この検査は、知的を認知処理能力と習得知識の2つに分けて捉える検査から構成されている。さらに認知処理能力を継次処理（情報を順番に一つひとつ理解し分析・処理していく能力）と同時処理（複数の情報をまとめ、一つの意味あるものとして処理する能力）の2つの能力に分けて捉えることによって、その子どもの情報処理の特徴を明らかにし、学習や指導に活かせる情報を得ることができる。対象年齢は、2歳6か月から12歳11か月である。

　これまで主な発達検査、知能検査について述べてきたが、アセスメントの資料として、これらの検査場面での行動観察も子どもを理解するための重要な手がかりになる。例えば、子どもが初めての場、初対面の大人に対してどのような反応をするのかを観察する。極端に緊張しすぎることはないか、あるいは人見知りをしないですぐに慣れて妙に馴れ馴れしく話しかけて来るのか。そして、時間の経過とともに行動がどのように変わるのか。これらの観察からは、人との関係の取り方が見えてくる。他には、検査中、言葉かけに対する反応や課題の意味ややり方がわからない時に検査者に参照の視線を送るのか、また、課題を終えた時に拍手や承認などを求めてくるのか、課題ができた時に喜ぶのかなどからは、対人行動を確認することができる。また、検査態度からは集中力、多動の有無、衝動性、こだわりなども観察することができる。さらには、手先の器用さや姿勢の保ち方、話し方など運動・言語面のアセスメントの重要なポイントになる。

§4　保育の場における発達支援のポイント

① 子どもの発達を理解する

　子どもたちは日々変化していく。保育所に入園した当時は言葉をやっと話し始め、やっと一人で歩くことができた1歳になったばかりの子どもが、2年もすると保育者とスムーズに会話ができるようになったり、走り回って鬼

ごっこができるようになったりする。このように子どもたちが変化する現象は「発達」と呼ばれる。発達の仕方は子どもによってそれぞれ異なり、個人差や個人内差も大きいものである。保育者は、発達の個人差や個人内差を発達の遅れや発達の偏り、発達の歪みの観点から整理することによって子どもの理解を深めることができる（園山，2007）。また、発達には、一般に段階や順序性があるが、保育者は子どもたちの発達のレベルを正しく把握し、子どもの発達にあわせた保育を行うことが必要である。

② 子どもの行動の特徴をつかむ

　子どもによって同じ障害名であっても障害の様子や程度は一人ひとり異なるのは先述したが、支援においてもたとえ同じ障害名であっても、一人ひとり子どもによって必要な支援は異なってくる。まずは、好きなこと、こだわっていること、不安を感じていることなど、子どもの普段の行動をよく観察し、理解しようとすることが大切である。子どもの行動のパターンや気持ちの表し方などがわかると、そこから支援のきっかけがつかめることがある（内山，2009）。

③ 子どもの困っていることを知る

　例えば、次のような子どもの行動、集団に入りたがらない、突然怒り出す、落ち着きがない、人の嫌がることを平気で言う、感情をコントロールできない、こだわりが強いなど発達障害のある子どもや「気になる子ども」の行動に、保育者は戸惑い、どのような対応をすればよいのか困惑することが多い。しかし、保育者が戸惑っている時には、その子どもたち自身はその何倍も困っているのかもしれない。いわゆる問題行動や気になる行動のほとんどは、特性が周囲にうまく理解されない、適切な支援が受けられないなど、ストレスが強い環境の中で現れていると言われる。

　内山（2009）によると、問題行動は氷山に例えることができると言う。氷山は大部分が水中にある。この沈んでいて見えない部分に問題行動の原因があり、水面上に出ている部分、すなわち目に見える部分が問題行動として現

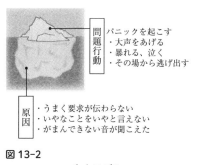

図 13-2　氷山モデル

(内山, 2009)

われていると捉えることができる。問題行動を減らしたり、なくしたりするためには、問題行動を引き起こす原因を解消し、氷山自体を小さくしていかなくてはならない。例えば、子どもがパニックを起こして大声を出す、暴れる、泣くなどしたとする。パニックを起こす原因として、うまく伝わらない、いやなことをいやと言えない、我慢できない音が聞こえたなどその他にも原因が考えられる。その子がパニックを起こす原因を探り、その解決を図らなければ、子どもはずっと混乱や不安の中で、パニックを起こさざるを得ない状況にいることになる。子どもをよく観察し、子どもの視点から問題行動が生じる原因を探っていき、適切な支援策を講じることで、問題行動を予防することができる。なお、表面上の問題行動が同じように見えても、子どもにより問題行動を引き起こす原因が同じとは限らないので、子ども一人ひとりの理解と配慮が必要である。

④ 子どものできること、興味があることに注目する

　発達障害のある子ども、気になる子どもに対して、できないことや苦手なこと、欠点に注目してしまいがちであるが、子どもは、できないことや苦手なことに直面することが多いと興味や自信を失ってしまうことがある。中には、こうした失敗体験が積み重なることによって、人を信じられなくなったり、人との関わりを避けたり、攻撃的な言動をとる場合もある。子どもの欠

点にばかり目を向けるのではなく、子どものできること、興味があることに注目し、その点を利用して子どもの活動の幅を広げることや、そこからその子が達成できる目標をスモールステップで設定するような工夫が子どもの生活の質を高めることにつながる。

⑤ 何をしたらよいのか子どもにわかる伝え方を工夫する

　子どもに言葉かけをするときの基本は、その子どもの発達段階に合わせて「簡潔に」「わかりやすく」「具体的に」伝えることがポイントになる。特に発達障害のある子どもや気になる子どもに対しては、言葉かけと同時に絵カードなどの視覚的な情報を提示すると、音声だけで伝えられるより理解しやすくなる。また、子どもが望ましくない行動をしたときには「〜してはダメ」という否定的な表現で注意するのではなく、「〜しようね」など肯定的な表現で具体的に子どもがどうふるまえばいいのかわかるような言葉かけが効果的である。

⑥ ほめて自己肯定感を高める

　発達障害のある子どもや気になる子どもは、園生活の中でまわりの子どもとトラブルを起こしたり、集団の活動に参加できなかったりするなど、叱られる経験や失敗が続いたりして、劣等感を持ちやすく自信を失いがちになる。このような行動に対し、保育者は早く改善させようとして、子どものつらさや不安を無視した対応を行ってしまうこともあるが、そのことが事態をますます悪化させることになりかねない。どんな小さなことでも目標を達成できたら、それを認め、しっかりほめることを意識して行うことが必要である。叱られるのでなく成功体験を積むことで「自分もできる」という実感や自信を持てるように保育活動の工夫をすることが大切なのである。温かく見守られ、自分のことを認めわかってくれる保育者がいるからこそ、子どもは人への信頼感が育つとともに自己肯定感を強め自信が持てるようになる。それを土台に子どもは新しい活動にも積極的に挑戦することができ社会生活も広がっていく。

文献

原 仁 2014 最新 子どもの発達障害辞典 DSM-5 対応 合同出版.
五十嵐一枝 2002 精神遅滞 次良丸睦子・五十嵐一枝（編）発達障害の臨床心理学・所収 北大路書房 10-30.
宮川充司 2014 アメリカ精神医学会の改訂診断基準 DSM-5：神経発達障害と知的障害，自閉症スペクトラム障害 椙山女学園大学教育学部紀要，7, 65-78.
文部科学省 1999 学習障害児に対する指導について（報告）.
文部科学省 2012 通常の学級に在籍する発達障害の可能性のある特別な教育的支援を必要とする児童生徒に関する調査.
齊藤万比古 1999 反抗挑戦性障害 精神科治療学，14（2），153-159.
霜田浩信 2010 LD・ADHD 伊澤信三・小島道生（編）障害児心理入門・所収 ミネルヴァ書房 156-177.
園山繁樹 2007 発達の理解 伊藤健次（編）新・障害のある子どもの保育・所収 みらい 33-50.
杉山登志郎・髙貝 就・桶泡圭介 2014 児童青年期の精神疾患 森 則夫・杉山登志郎・岩田泰秀（編）臨床家のためのDSM-5虎の巻・所収 日本評論社 18-61.
田中康雄（監修）2004 わかってほしい気になる子 学研.
内山登紀夫（監修）2009 こんなとき、どうする？ 発達障害のある子への支援（幼稚園・保育園編）ミネルヴァ書房.
ウィング，L. 1996 自閉症スペクトラム：親と専門家のためのガイドブック 久保紘章・佐々木正美・清水康夫（監訳）1998 東京書籍.
山崎晃資 2008 これだけは知っておきたい発達障害の基礎知識 山崎晃資他（編）発達障害の基礎理解・所収 金子書房 14-42.

事項索引
（五十音順、アルファベット順）

あ行

愛着（Attachment）　41, 138

アクティブ・ラーニング　iii, 221, 229

アジトスペース　173

足場づくり（scaffolding）　102

アスペルガー障害　296

アセスメント　299

アナーキースペース　173

アニミズム　264

アニミズム的思考　93, 264

アフォーダンス　270

安定的時期　21

異時同図法　246

意味されるもの　60, 238

意味するもの　60, 238

意味の論理学　287

運動イメージ　259

運動的投影　79, 155

絵本論：瀬田貞二子どもの本評論集　216

絵物語　245

遠城寺式・乳幼児分析的発達検査法　301

延滞模倣（後発模倣）　59, 156, 197

オープンスペース　173

オシツオサレツ（pushmi-pullyu）記号　270

大人になるっておもしろい？　213

か行

外言　96

カイロス・タイム　260

可逆性の操作　108

学習指導要領　iii

学習障害（LD）　298

家系調査　6

カスパー・ハウザー　11

仮説演繹的思考　111

家族ごっこ　178

活動の内面化　18, 59

からすのパンやさん　231

感覚運動期　17, 29, 58, 188

環境の応答性　14, 26

キーポン　268

危機的時期　21

危険因子　23

記述的側面　270

擬人的認識論　93

基礎レベルカテゴリー　99

擬鳥瞰図　242

気になる子ども　291

基本的信頼　139

ギャヴァガイ（gavagai）問題　67

共感的他者　202

共食　148

共通体験　200, 228

協同遊び　199

協同的な遊び　161, 228

限局性学習症（SLD）　298

虚構場面　163

具体的操作期　18, 108

クロス・マザー　42, 55

群性体　110

形式的操作期　19, 111

継時混交型　246, 249

系列化　109

ゲーム　154

結晶性知能　130

ゲド戦記　210

原空間　172

言語習得装置（LAD）　66

言語取得支援システム（LASS）　66

言語的思考　96

原始反射　53

剣淵町絵本の館　219

広汎性発達障害　295

国際疾病分類（ICD）　293

ごっこ遊び　60, 159

ことばへの道　216

ごみ箱ロボット　268

さ行

差異と反復　287

三項関係　37

シェマ　17, 30

自我　72, 121, 150

視覚的リアリズム　242

自我同一性　115, 118

時間イメージ　259

軸語（pivot word）　70

自己　121

志向的な構え　267, 278

自己感　34

自己成長　201

自己中心的思考　18, 91

自己同一性　115

指示的側面　270

自然スペース　173

自然的発達　20

自然との関わり　185

自閉症スペクトラム障害　295

自閉性障害　296

社会性の発達　115, 199

社会的コンボイ　129

社会的参照　39

集団の同一性　120

集団の独話　95

循環反応　29

順列組み合わせ　112

象徴　18, 60

象徴的スクリブル　236

衝動性　298

情動の調律　35

小児期崩壊性障害　296

所記　60, 238

職業選択　6, 115, 118

食行為の獲得　52, 142

自立　115, 118, 139

自律性　164

白い石版（tabula rasa）　9

しろくまちゃんのほっとけーき　226

人格の層理論　13

深層　287

身体運動　49, 192

身体行為　146

新版K式発達検査　301

シンボル的行為　157

心理社会的危機　116

睡眠　20, 52, 151

スガンさんのヤギ　213

スクリブル（なぐり描き）　235

砂遊び　169

砂場　171

生活体験　198

生活リズム　152

生気論(vitalism)　265

精神間　20, 139

精神障害の診断と統計の手引き（DSM）　293

精神遅滞　294

精神内　20, 139

成年式　5

前概念期　17, 59, 90, 195

前言語的コミュニケーション　35

全身運動　191

相互行為的発話　284

操作期　91, 107

双生児法　8

想像　218

想像の世界　84, 210, 226

粗大運動遊び　191

素朴生物学　93

た行

多視点画法　241, 249

多動性　298

田中ビネー知能検査　302

多面投影法　249

知的障害　292

知的自律性　16

知的リアリズム　239

知能指数　300

調節　16, 27

直観的思考　84, 90, 101

直観的思考期　17, 60

通過儀礼　5

出来事　259

転導推理　61

同化　16, 27

透視画法　244

トークン（代理貨幣）　100

土台となる強さ　117

トムは真夜中の庭で　212

な行

内言　96

内的なイメージ　239

内的表象　218

乳幼児精神発達診断法(津守・稲毛式) 53, 301

能記 60, 238

は行

媒介手段(mediational means) 145

排泄 52, 148

媒体(medium) 247

発達課題 114

発達障害 291

発達障害者支援法 292

発達段階説 17

発達の最近接領域論 102, 146, 162, 205

発達の普遍性仮説 101

反復発生説 2

一人遊び 199

表象 58, 195

表象(representation)作用 18, 59

表層 287

ファンタジー 211

ファンタジーと言葉 210

不注意 298

フレーム 85

文化的発達 20, 52, 145, 222

分類操作 108

平行遊び 162, 199

平面遠近法 242

保育所保育指針 ii

傍観 199

保護因子 23

本という不思議 217

ま行

道 173

身ぶり動作 62

ミラー・ニューロン 33

む～(Muu) 268

昔ばなしとは何か 214

命題的思考 111

目と手の協応 191

めのまどあけろ 229

もうひとつの幸福 213

モノの永続性 30, 193

モノの同一性 30

物の見立て 163, 168, 178

模倣(遊び) 154

モラトリアム(猶予) 115

モリヌークス問題　10

もりのなか　213

もりのへなそうる　227

や行

遊具スペース　173

融即　144

指さし　37, 62

妖怪ウォッチ　275

幼稚園教育要領　ii

幼保連携型認定こども園教育・保育要領　ii

夜の言葉　211

弱いロボット　269

ら行

ライフサイクル論　116

リクリエーション＝再創造　211

流動性知能　130

ルール遊び　154

レット障害　296

連合遊び　162, 199

わ行

ワイヤー・マザー　42, 55

アルファベット順

ADHD（注意欠如・多動性障害）　297

AIBO　265

aibo　265

DENVER Ⅱ デンバー発達判定法　49

high structure 遊具　168

K-ABC 心理・教育アセスメントバッテリー　303

KIDS乳幼児発達スケール　49

low structure 遊具　168

Nao　272

WPPSI 知能診断検査　302

人名索引
（五十音順）

あ行

石毛直道　148

今井むつみ　81

ヴァイラント（Vaillant, G. E.）　129

ヴィゴツキー（Vygotsky, L. S.）　15, 37, 95, 139, 159

ウィング（Wing, L.）　295

内山登紀夫　304

エインズワース（Ainsworth, M. D. S.）　42, 138

エッツ（Ets, M. H.）　213

エリクソン（Erikson, E. H.）　115, 139

エリコニン（Elkonin, D. B.）　89

エング（Eng, H. K.）　236

大西宏治　173

岡田美智男　267

岡本夏木　64

小川清美　169

長田 弘　217

小澤俊夫　214

か行

ガードナー（Gardner, H.）　235

かこさとし　231

笠間浩幸　170

加藤秀俊　131

ギブソン（Gibson, E. J.）　40

ギブソン（Gibson, J. J.）　270

キャッテル（Cattell, R.）　130

ギリガン（Gilligan, C.）　122

グールド（Gould, S. J.）　25

鯨岡 峻　35, 62, 289

栗山容子　168

クワイン（Quine, W. V. O.）　67

ゴールトン（Galton, F.）　6

コールバーグ（Kohlberg, L.）　118

小風さち　225

小嶋秀樹　268

ゴッフマン（Goffman, E.）　85

さ行

齊藤万比古　298

佐伯 胖　202

佐々木正美　139

柴田治呂　81

清水真砂子　213

下條信輔　11

霜田浩信　299

スキールズ（Skeels, H. M.）　13

スターン（Stern, D. N.）　33

瀬田貞二　216

仙田 満　172

ソーヤー（Sawyer, R. K.）　85

ソシュール（Saussure, F. de）　63

た行

ダーウィン（Darwin, C. R.）　4

ダイ（Dye, H. B.）　13

高橋たまき　168, 193

田嶋 一　5

田中康雄　296

谷川俊太郎　201, 229

チョムスキー（Chomsky, A. N.）　66

津守 真　53, 301

デカルト（Descartes, R.）　266

デューイ（Dewey, J.）　247

寺本 潔　173

ドゥルーズ（Deleuze, G.）　260, 287

ドーデ（Daudet, A.）　213

トマセロ（Tomasello, W. M.）　68

な行

根ケ山光一　148

は行

パーテン（Parten, B. M.）　199

ハーロー（Harlow, H. F.）　42, 55

ハヴィガースト（Havighurst, R. J.）　115

長谷川 宏　216

浜田寿美男　76

針生悦子　81

ピアジェ（Piaget, J.）　15, 27, 29, 58, 90, 101, 104, 107

ピアス (Pearce, A. P.) 212

廣松 渉 79

ファンツ (Fantz, R. L.) 45

藤永 保 2

ブルーナー (Bruner, J. S.) 36, 65, 98, 102

ベイトソン (Bateson, G.) 85

ヘッケル (Haeckel, E. H. P. A.) 2

ボウルビィ (Bowlby, J.) 41, 138

ホール (Hall, G. S.) 3

ま行

牧野桂一 191

松居 直 225

箕輪潤子 171

ミリカン (Millikan, R. G.) 270

無藤 隆 167

村上八千世 148

村中季衣 215

メルロ=ポンティ (Merleau-Ponty, J. J. M.) 144, 237, 259

森 楙 188

や行

柳田邦男 212

山田眞理子 191

横山 勉 174

ら行

リュケ (Luquet, G. H.) 239

ル=グウィン (Le Guin, U. K.) 210

ルリヤ (Luriya, A. R.) 71, 97

レビンソン (Levinson, D.) 127

ロゴフ (Rogoff, B.) 223

ロック (Locke, J.) 9

ロッシュ (Rosch, E.) 99

わ行

ワーチ (Wertsch, J. V.) 145

ワーナー (Werner, E.) 12, 23

わかやまけん 226

渡辺茂男 227

ワロン (Wallon, H.) 22, 72, 82, 144, 155

著者紹介
(執筆分担)

佐藤公治
北海道大学名誉教授　博士(教育学)

はじめに
第1章～第5章
第10章 §1
第11章 §1
第12章 §1(共著)

増山由香里
札幌国際大学准教授　教育学修士

第6章
第9章
第10章 §2～4

長橋 聡
京都橘大学専任講師　博士(教育学)

第7章
第8章
第11章 §2～3
第12章 §1(共著)、§2～3

青木美和子
札幌国際大学准教授　博士(教育学)

第13章

発達と育ちの心理学

2019年4月25日　初版第1刷発行

編著者　佐藤公治
発行者　服部直人
発行所　株式会社萌文書林
　　　　〒113-0021
　　　　東京都文京区本駒込6-25-6
　　　　TEL 03-3943-0576
　　　　FAX 03-3943-0567
　　　　http://www.houbun.com
　　　　E-mail: info@houbun.com

デザイン　尾崎行欧デザイン事務所
印刷所・製本所　中央精版印刷株式会社

定価はカバーに表示してあります。
落丁・乱丁本は送料弊社負担でお取替えいたします。

© Kimiharu Sato 2019, Printed in Japan
ISBN978-4-89347-339-4 C3037